L'opinion publique
à la fin du Moyen Age

d'après la *Chronique de Charles VI*
du Religieux de Saint-Denis

DU MÊME AUTEUR

Tribunaux et gens de justice dans le bailliage de Senlis à la fin du Moyen Age (vers 1380-vers 1550), Strasbourg, Publications de la Faculté des Lettres, 1963.

L'Occident aux XIVᵉ et XVᵉ siècles. Les Etats, Paris, Presses Universitaires de France, 1971 ; 6ᵉ édition, 1998.

Histoire et culture historique dans l'Occident médiéval, Paris, Aubier-Montaigne, 1980 ; 2ᵉ édition, 1991.

Politique et histoire au Moyen Age. Recueil d'articles sur l'histoire politique et l'historiographie médiévales (1956-1981), Paris, Publications de la Sorbonne, 1981.

Entre l'Eglise et l'Etat. Quatre vies de prélats français à la fin du Moyen Age (XIIIᵉ-XVᵉ siècle), Paris, Gallimard, 1987.

Un meurtre, une société. L'assassinat du duc d'Orléans, 23 novembre 1407, Paris, Gallimard, 1992.

Un roi et son historien. Vingt études sur le règne de Charles VI et la Chronique du Religieux de Saint-Denis, Paris, Diffusion De Boccard, 1999.

EN COLLABORATION AVEC FRANÇOISE LEHOUX

Les Entrées royales françaises de 1328 à 1515, Paris, Editions du Centre national de la Recherche scientifique, 1968.

BERNARD GUENÉE

L'OPINION PUBLIQUE
A LA FIN
DU MOYEN AGE

d'après la *Chronique de Charles VI*
du Religieux de Saint-Denis

PERRIN
www.editions-perrin.fr

© Perrin, 2002
ISBN : 2-262-01845-6

INTRODUCTION

Le 30 novembre 1357, Jean II le Bon était roi de France. Mais vaincu et fait prisonnier à Poitiers un an plus tôt, le 19 septembre 1356, il était en Angleterre. Son fils aîné, Charles, le futur Charles V le Sage, était alors un tout jeune homme. Il n'avait pas vingt ans. Aidé des officiers du roi son père, il faisait ce qu'il pouvait. Pourtant, menacé de plusieurs côtés, le trône vacillait. Et l'un des plus redoutables adversaires du pouvoir en place était Charles, qu'on dira plus tard le Mauvais, roi de Navarre et comte d'Evreux. Ce Charles était arrière-petit-fils de Philippe IV le Bel, petit fils de Louis X le Hutin par sa mère Jeanne. Ses prétentions à la couronne de France étaient justifiées aux yeux de tous ceux qui admettaient que sa mère, quoique femme, avait pu lui transmettre les droits qu'il revendiquait. Et Charles de Navarre, profitant des difficultés du roi Valois, s'agitait beaucoup.

Et donc, le 30 novembre 1357, jour de la Saint-André, vers huit heures du matin, il monta sur une estrade (« un eschaffaut ») élevée contre le mur de l'abbaye Saint-Germain-des-Prés, aux portes de Paris, et s'adressa à la foule des Parisiens qu'il avait convoqués au Pré-aux-Clercs. Ils étaient là « plus de dix mile ». L'orateur parla de longues heures. Il n'attaqua ouvertement ni le roi ni son fils. Il dit pourtant contre eux « assez de choses deshonnestes et vilainnes... par paroles couvertes ». « Et tout son sermon fu de justifier son fait ». La chronique qui nous rapporte cette « prédication » du roi de Navarre termine en disant que « le pareil sermon avoit fait à Amiens »[1]*.

Utilisant nos mots d'aujourd'hui, nous pourrions dire que le roi de Navarre avait fait là un effort de propagande pour se gagner l'opinion parisienne, et même, au-delà, l'opinion publique du royaume.

« Propagande » et « opinion publique » ont des histoires très parallèles. Le mot propagande n'existait pas au Moyen Age. C'est dans le mouvement de la Contre-Réforme que les papes créent, en 1597, une institution à laquelle ils donnent, en 1622, sa constitution et son nom définitifs, la *Congregatio de propaganda fide* (Congrégation pour la propagation de la foi). La Congrégation est bientôt connue sous le nom de *Propaganda*. En 1689, on parle, en français, de la Propagande, qui est donc une institution particulière. Au milieu du xviiie siècle, le sens du mot s'est élargi : Voltaire entend par propagande toute institution qui a pour but la propagation d'une croyance religieuse. La Révolution française est un moment essentiel de l'histoire du mot. D'une part, « propagande » quitte le simple plan religieux où il avait été cantonné jusqu'alors et désigne plus généralement toute association dont le but est de propager certaines opinions, en particuliers des opinions politiques. D'autre part, dès ce moment-là, le mot est employé pour désigner non plus une institution, mais l'action exercée sur l'opinion pour l'amener à avoir certaines idées politiques et sociales[2].

« Opinion » est un mot que le Moyen Age et les Temps modernes connaissent bien. Il désigne alors un avis, un jugement, un sentiment, une croyance

---

* Les notes sont en fin de volume.

qu'une personne peut avoir. Pour le *Dictionnaire de l'Académie française*, dans son édition de 1786, c'est encore le seul sens retenu. Pourtant, dès le XVIIe siècle, il est clair que La Fontaine ou Pascal, écrivant « l'opinion », pensent aux jugements ou aux sentiments que peut avoir non pas une personne, mais un groupe. Au milieu du XVIIIe siècle, « l'opinion » commence à désigner plus couramment l'ensemble des attitudes d'esprit dominantes dans la société. On parle donc bientôt de l'opinon du public. Et, à la fin du XVIIIe siècle, avec la Révolution française, apparaît sous les plumes de Chamfort (1741-1794), de Condorcet (1743-1794) et de Bernardin de Saint-Pierre (1737-1814) une expression nouvelle, « l'opinion publique ». Dans son édition de 1802, le *Dictionnaire de l'Académie française* consacre un paragraphe entièrement neuf à cette expression toute récente : « On dit *l'opinion publique*, *l'opinion générale* et simplement *l'opinion* pour signifier ce que le public pense sur quelque chose. *Il faut respecter l'opinion publique. Le pouvoir, l'empire, l'influence* de l'opinion. »

« L'opinion » pouvait se manifester dans n'importe quel domaine, celui des mœurs ou des coutumes, par exemple. Mais le marquis d'Argenson (1694-1757) et Jean-Jacques Rousseau, dans son *Contrat social*, en 1762, envisagent plus particulièrement l'influence de « l'opinion » dans le domaine politique, et soulignent le poids qu'elle peut avoir dans les affaires de l'Etat.

Ainsi, au seuil du XIXe siècle, la propagande et l'opinion publique, l'une influençant l'autre, sont devenues deux éléments étroitement liés, et essentiels, de la vie politique. Et, depuis deux siècles, la propagande a disposé de moyens sans cesse accrus, et le poids de l'opinion publique n'a fait que croître. Pascal disait déjà que l'opinion était « la reine du monde ». L'expression était passée en proverbe au XIXe siècle. On peut bien dire qu'aujourd'hui, dans la vie politique en particulier, l'opinion publique est un tyran.

Certains penseraient volontiers que ce tyran est né au moment même où apparaissaient les sens nouveaux de « propagande » et d'« opinion », et où s'imposait l'expression nouvelle d'« opinion publique », c'est-à-dire au xviiie siècle. Mais les « prédications » du roi de Navarre sont là pour nous prouver qu'au xive siècle déjà les princes se souciaient de ce que pensaient les gens, et travaillaient à les convaincre. Les moyens de la propagande n'étaient pas ce qu'ils sont aujourd'hui. Le poids de l'opinion publique était sans commune mesure avec son poids actuel. Mais, dans ce domaine comme dans tant d'autres, les réalités ont largement devancé les mots. On peut parler de propagande et d'opinion publique au xive siècle.

Peut-être un observateur attentif repérerait-il, avant 1300, les premiers balbutiements de la propagande politique, et les premiers succès de l'opinion publique. Pourtant, il semble bien qu'on puisse le dire, le xive siècle apparaît ici comme crucial. C'est alors que, en France en tout cas, s'affirme un Etat, se développe une propagande politique, et se manifeste vraiment une opinion publique. Depuis lors, cette opinion publique a pu avoir, au cours des temps, plus ou moins de vitalité. Le pouvoir a toujours dû compter avec elle.

Les médiévistes sont aujourd'hui bien convaincus de l'importance de la propagande et de l'opinion publique dans la vie politique à la fin du Moyen Age, c'est-à-dire aux xive et xve siècles. Ces dernières années, de nombreuses et belles recherches ont étudié la circulation des rumeurs et des nouvelles, qui formaient les esprits, et les efforts des gouvernants pour mieux les convaincre[3]. On commence à mieux savoir ce qu'ont pu être l'information et la propagande au Moyen Age. Mais comment les gouvernés ont-ils reçu, négligé ou rejeté toutes ces nouvelles plus ou moins tendancieuses ? Quelle a été leur efficacité ? L'opinion publique au Moyen Age n'a pas encore été l'objet des études systématiques qui seraient nécessaires.

L'historien qui voudrait aborder une telle étude ne serait pourtant pas complètement désarmé. Procès et lettres de rémission, par exemple, peuvent livrer des témoignages ponctuels du plus haut intérêt. Jean de Montaigu, grand maître de l'hôtel du roi, avait eu une fin tragique. Haï par le duc de Bourgogne, Jean sans Peur, il fut en octobre 1409 arrêté, condamné, décapité, puis pendu. En juin 1412, le même Jean sans Peur étant encore tout-puissant à Paris, en un procès plaidé en la Cour des aides, un plaideur d'Avranches croit avancer son affaire en rappelant l'attitude de son adversaire en octobre 1409 : « Quand le grant maistre d'ostel fut exécuté et que les nouvelles lui vinrent, il lui en despleust moult et dist publiquement que c'estoit mal fait, et maudist ceulx qui avaient ce fait [4]. »

Mieux que ces notations ponctuelles, l'historien dispose aussi de témoignages plus sérieux.

Le document que l'érudition appelle traditionnellement *Le Journal d'un Bourgeois de Paris* est en vérité le précieux témoignage qu'un clerc parisien nous a laissé sur la vie de Paris entre 1405 et 1449. Témoignage exceptionnel, car notre clerc est attentif à toutes les rumeurs, à tous les murmures, à tout ce qui se dit. Et il nous livre ainsi, par fragments, un vivant tableau de l'opinion publique parisienne dans la seconde moitié du règne de Charles VI. Il nous dit l'amour des Parisiens pour Jean sans Peur, leur joie quand le duc de Bourgogne entrait à Paris. Il nous dit aussi la haine mutuelle que se portaient les Armagnacs et le commun de Paris, et la tristesse du second lorsque, entre 1413 et 1418, les premiers furent maîtres de la ville – alors « le povre commun avoit moult de destrece au cuer » ; « n'osait nul parler du duc de Bourgogne » ; « les petiz enfans » ne chantaient pas sans risque « une chançon qu'on avait faicte de lui ». Les éclairages qui nous sont ainsi donnés sur l'opinion publique parisienne sont riches et vivants. Mais ils restent ponctuels et terriblement partiaux. Car le « Bourgeois » est un « Bourguignon », partisan convaincu du duc de Bourgogne Jean sans Peur. Son journal n'est que le témoignage sans nuances d'un « homme de parti borné [5] ».

De tout autre nature est la *Chronique de Charles VI* écrite en latin par un Religieux de Saint-Denis dont nous savons aujourd'hui qu'il fut pendant un temps chantre de l'abbaye et qu'il s'appelait Michel Pintoin [6]. Michel Pintoin, né vers 1349, mort en 1421, a écrit, entre autres œuvres historiques, l'ample chronique de quarante années (1380-1420) d'un règne qu'il a lui-même presque entièrement vécu.

Sa *Chronique de Charles VI* est une œuvre d'une ampleur exceptionnelle. Il a fallu six volumes à Louis-François Bellaguet pour en donner le texte latin et la traduction française de 1839 à 1852. Depuis lors, la *Chronique de Charles VI*, traditionnellement connue sous le nom de *Chronique du Religieux de Saint-Denis*, a été largement utilisée par les historiens, heureux d'exploiter le témoignage d'un contemporain bien informé. Ils pensaient en tirer des faits qu'ils croyaient bien assurés, et qui le sont souvent en effet. On s'est avisé depuis peu que la *Chronique de Charles VI* était tout autre chose qu'un témoignage naïf. Cette œuvre construite et travaillée est remarquable par de nombreux traits. L'un deux m'a récemment frappé. Conscient du poids de l'opinion publique dans la vie politique du royaume au temps de Charles VI, Michel Pintoin s'est attaché à en donner des analyses systématiques.

En veut-on un premier exemple ? En novembre 1386, le jeune roi Charles VI était en Flandre, dans le port de l'Ecluse, prêt à envahir l'Angleterre. Son armée était là. Ses courtisans étaient là, auxquels d'autres s'étaient joints, attirés par l'événement. C'est ainsi qu'était présent Michel Pintoin, qui put, quelques années plus tard, raconter ce dont lui-même avait été témoin[7]. Dès le mois d'août l'armée avait été prête à passer en Angleterre. Des difficultés politiques firent traîner les choses jusqu'en octobre. En octobre, le temps devint exécrable. Sur avis des gens de mer, le roi et ses conseillers renoncèrent. Les hérauts l'annoncèrent à l'armée.

C'est alors que Michel Pintoin, dans son récit, prend soin de préciser les diverses réactions qu'a suscitées cette annonce. Quelques-uns (*nonnulli*) en furent heureux (*gaudium*). Le plus grand nombre (*plerique*) regretta vivement (*dolor*) tous ces préparatifs inutiles. Ceux qui restaient (*reliqui*), trouvant qu'ils n'étaient pas assez payés de leurs peines, revinrent en France y reprendre leurs pillages. Et Michel Pintoin, non content d'avoir ainsi précisé quelles réactions s'étaient manifestées dans l'armée, et en quelles proportions, tient à expliquer les raisons de ces différentes attitudes : il y avait dans l'armée des groupes auxquels les mœurs, l'âge, la naissance et les idées donnaient des traits différents[8].

Cette conviction que les opinions des hommes sont multiples et dépendent de leurs passions, de leurs mœurs et de bien d'autres facteurs, Michel Pintoin l'a trouvée dans Cicéron, qu'il cite volontiers[9]. C'est elle, assurément, qui a poussé l'historien, dans sa *Chronique de Charles VI*, à être constamment attentif aux opinions des gens. Et ceci d'autant plus que l'expérience du règne de Charles V lui montrait bien quel pouvait être le poids énorme de l'opinion publique dans la vie politique du royaume.

En voici un remarquable exemple tel que Michel Pintoin nous le raconte[10]. Au printemps de 1405, le roi étant malade, son frère le duc d'Orléans, sans consulter personne, avait conçu le projet de s'approprier le gouvernement et les revenus du duché de Normandie. Il se heurta à une opposition générale, dont l'historien fait une analyse approfondie. A Paris, les gens sages (*circumspecti viri*), se plaçant sur le plan institutionnel, trouvèrent cette tentative peu convenable et inouïe (*indecens et insolitum*). Dans tout le royaume, les régnicoles murmurèrent. En Normandie même, le duc avait envoyé quelques Normands qui lui étaient favorables pour sonder les intentions de leurs compatriotes (*compatriotarum vota*). Mais la situation était bien claire. Le bruit circulait dans le peuple (*inter vulgales referebatur publice*) que le duc avait l'intention de destituer ceux qui étaient chargés de la garde du pays, et d'extorquer de l'argent à tous les habitants. Les commandants des places fortes du duché refusèrent d'obéir au duc. C'eût été à la fois illégal (*illicitum)* et contraire à leurs intérêts. Les Rouennais refusèrent d'être désarmés par les envoyés du duc : leur ville ne devait obéir qu'au roi seul (*solo regi subdite*). Devant cette volonté unanime, le duc d'Orléans se rappela peut-être qu'en 1392 seul le roi avait pu faire admettre aux Orléanais que leur duché fût détaché du domaine royal[11]. Il attendit donc que Charles VI revienne à la santé, dans la seconde quinzaine de juillet 1405[12], et lui demanda le gouvernement de la Normandie. Mais le roi ne voulut rien faire sans l'avis de son conseil. Le conseil délibéra en l'absence du duc. Les opinions furent partagées (*cum facta esset votorum dissonancia*). Une minorité fut favorable au duc, la majorité (dit Michel Pintoin, nous révélant ainsi sa propre position) s'en tint à la vérité. Elle jugea la demande du duc d'Orléans contraire à l'intérêt du royaume. Le puissant duc dut renoncer.

Aucun document ne vient confirmer la tentative du duc d'Orléans. Il est simplement assuré que le frère du roi a séjourné à Vernon, aux portes de la Normandie, du 20 au 24 juillet 1405[13]. Toute l'affaire est donc vraisemblable. Mais elle n'a abouti qu'à un non-événement. Et l'érudition n'a fait aucun écho au récit du

Religieux. C'est pourtant une admirable analyse des réactions de l'opinion publique et de leur efficacité. En consacrant un long récit à cet épisode sans lendemain, le Religieux de Saint-Denis laisse assurément percer une sourde hostilité envers le duc d'Orléans. Il montre bien aussi l'intérêt qu'il porte à l'opinion publique.

Ce constant souci de l'opinion publique dans la *Chronique de Charles VI* frappe plus encore si on le compare à d'autres récits contemporains. Les joutes qui se sont déroulées à Saint-Inglevert, entre Calais et Boulogne, du 20 mars à la fin d'avril 1390, ont eu un extraordinaire écho. Elles avaient été organisées par trois jeunes chevaliers français, dont Jean le Maingre, dit Bouciquaut, le futur maréchal de France. Chevaliers et écuyers étaient venus en grand nombre d'Angleterre, de Hainaut, de Lorraine, de plus loin encore. Plusieurs hérauts avaient, comme il se doit, relaté le déroulement des combats, en précisant les dates et les noms des combattants. Plus ou moins appuyés sur leurs procès-verbaux, quatre récits, au moins, nous sont restés des fameuses joutes de Saint-Inglevert[14]. Un poème anonyme et *Le Livre des Fais de Jehan le Maingre, dit Bouciquaut,* n'ajoutent rien à ce que leur ont appris les rapports des hérauts. Jean Froissart a tiré parti de ces mêmes rapports. Il a surtout suivi les récits que lui ont faits les participants venus d'Angleterre. Il se borne à raconter, l'un après l'autre, les combats qu'ont livrés les chevaliers anglais pendant la première semaine des joutes. Il n'enrichit cet interminable chapelet que pour faire état d'une de ces rumeurs dont il est si friand : Charles VI lui-même était tellement passionné de joutes qu'il aurait assisté à celles-ci incognito. Rumeur, d'ailleurs, qui, si l'on en croit l'itinéraire de Charles VI[15], a toutes chances d'être fausse. Froissart dit pourtant, en terminant son long récit, la réaction du roi, de son frère, et des seigneurs

lorsque les trois chevaliers français revinrent à Paris :
« Ils leur firent bonne chière, ce fut raison ; car vail-
lamment ils s'estoient portés et avoient gardé l'onneur du royaulme de France [16]. »

Dans le bref chapitre que Michel Pintoin a écrit
pour divertir son lecteur, et où il prend bien soin de
donner les noms d'une partie des combattants qui se
sont couverts de gloire, l'historien fait aussi état des
réactions que l' « emprise » a suscitées. Ses notations
ont une tout autre portée. Avant de publier leur défi
par la voix du héraut, Jean Bouciquaut et ses deux
compagnons avaient naturellement demandé l'autori-
sation du roi. Ils l'obtinrent difficilement car, nous dit
le Religieux de Saint-Denis, au jugement de tous les
gens sages (*omnium circumspectorum judicio*), l'entreprise était au-dessus de leurs forces. Charles VI, dont
on sait qu'il était passionné de joutes [17], donna finalement son accord.

La nouvelle, continue Michel Pintoin, suscita de
nombreux commentaires défavorables (*aures multorum obloquencium offendit*). Elle déchaîna l'envie
(*invidia*) des étrangers, qui reprochèrent aux Français leur orgueil (*superbia*). Tant que durèrent les préparatifs, on ne cessa pas non plus, du côté français,
de les accuser de témérité et d'orgueil (*semper temeri-
tati ac superbie ascribebantur inchoanda*). Pourtant,
Michel Pintoin fait maintenant état d'une évolution
de l'opinion. Tous n'étaient pas d'accord. Seuls
quelques sages condamnaient encore l'entreprise
(*nonnulli circumspecti aspernebantur agenda*). Et l'auteur nous laisse discrètement entendre que c'était
bien son avis à lui (*merito quidem*). Mais, au bout
d'un mois, l'heureuse issue de l'entreprise renversa
l'opinion : au mépris succèdent les éloges et la gloire
(*contemptum in laudem et gloriam*) [18]. L'étude du ren-
versement de l'opinion des sages devient le principal
intérêt du récit de Michel Pintoin. La *Chronique de
Charles VI* est bien la seule œuvre à nous donner,

pour ces temps-là, des analyses systématiques de l'opinion publique.

Cela posé, mon lecteur aurait sans doute préféré que je lui offre, sur l'opinion publique médiévale, une brève synthèse nourrie de quelques épis glanés ici et là. Je ne m'y suis pas risqué. C'eût été un travail énorme pour un résultat forcément illusoire. D'ailleurs, me souvenant du chevalier des *Contes de Cantorbéry*, je pourrais répéter après lui :

> *Dieu sait le champ que j'aurais dû labourer*
> *Et quels faibles bœufs tirent ma charrue* [19].

J'ai préféré m'en tenir à une entreprise plus modeste, à une étude systématique des analyses de Michel Pintoin. Peut-être apporterai-je ainsi à la construction à venir, que j'appelle de mes vœux, une pierre utilisable.

Le problème fondamental est le suivant. Nous disposons aujourd'hui de sondages, d'admirables enquêtes statistiques qui nous font bien connaître les tendances et les évolutions de l'opinion publique. Des chiffres sont pour nous l'instrument nécessaire et la garantie indispensable d'une analyse rigoureuse. Il va de soi que le Religieux de Saint-Denis, en 1400, ne dispose que de mots. Et tout le problème est précisément de savoir comment, avec des mots, il peut rendre compte d'une opinion publique dont il sait l'importance.

C'est à une étude systématique, quantitative et qualitative, des mots du Religieux de Saint-Denis dans sa *Chronique de Charles VI* que cet essai voudrait convier son lecteur. Peut-être cette étude permettra-t-elle d'éclairer quelque peu le problème de l'opinion publique à la fin du Moyen Age.

1

SENTIMENTS ET ATTITUDES
L'AMOUR ET LA JOIE

Définitions

Pour rendre compte de l'opinion publique, Michel Pintoin sait d'abord jouer d'un stock de mots qui lui permettent d'approximativement dire les sentiments éprouvés et les attitudes adoptées.

Voici d'abord les deux sentiments sur lesquels reposent la tranquillité de la société politique et la solidité de l'Etat : l'amour et la joie.

Considérons simplement la société civile telle que la voit le Religieux de Saint-Denis. Et tenons-nous-en à l'essentiel. L'amour y intervient dans deux contextes différents. Il y a d'abord l'amour que le droit naturel impose à des parents de se porter[20], l'amour mutuel (*amor mutuus*) qui peut lier deux puissants de même rang[21], et plus largement l'amour qu'éprouvent les uns pour les autres les gens de poids. Lorsque ces plus ou moins grands personnages se rencontrent, ils se disent leur amour en manifestant leur joie. Ils échangent des cadeaux[22]. Ils boivent ensemble[23]. Ils prêtent serment[24]. Joutes et repas sont les moments les plus attendus de cette sociabilité très codifiée. En 1387, le roi de France accueille de grands seigneurs à lui recommandés par le roi d'Angleterre « désirant accumuler les signes de joie » (*gaudii signa accumu-*

lare cupiens), il fit organiser plusieurs joutes (*hastilu-dia militaria*) dans les champs de Sainte-Catherine[25]. En février 1401, le captal de Buch vient à Paris. Le roi lui cède le comté de Foix. « Pour montrer toute sa joie » (*in signum exuberantis leticie*), il offre un grand festin au roi et aux principaux seigneurs, et, pour s'at-tirer l'amour (*amorem*) des autres chevaliers, il orga-nise joutes et tournois (*peractis hastitudiis et jocis militaribus*)[26].

Michel Pintoin note avec le plus grand soin tous ces « signes ». Ils marquent l'« urbanité » (*urbanitas*) des grands[27], garantissent leurs bons rapports et donc, par là, la paix du royaume. Mais ce sont des stéréotypes qui ne posent guère problème, qui ne per-mettent ni nuances, ni variantes dont l'historien puisse jouer. Tout juste peut-il constater que ces apparences ont été parfois trompeuses[28].

Une fois pourtant, le Religieux de Saint-Denis fait état des réactions de l'opinion publique devant une de ces « urbanités ». Il est naturellement le seul à nous en informer. C'était dans la seconde quinzaine de juin 1416[29]. La situation, en France en général, à Paris en particulier, était des plus tristes. Les Fran-çais avaient été vaincus à Azincourt le 25 octobre 1415. Beaucoup y étaient morts. Beaucoup étaient encore prisonniers. Le 19 avril 1416, au soir de Pâques, avait été découverte la conspiration qui aurait voulu livrer Paris au duc de Bourgogne. Le 2 mai, les principaux meneurs avaient été « décol-lés ». Tout au long du mois, la répression s'était abat-tue sur Paris. Le 15 juin, le vieux duc de Berry, l'oncle du roi, était mort. Pourtant, quelques jours plus tard, Nicolas de Gara, comte palatin de Hongrie, envoyé par l'empereur Sigismond pour faire avancer les négociations de paix entre l'Angleterre et la France, entrait dans Paris. Charles VI décida de fêter son arri-vée par « une de ces joutes militaires qu'on appelle tournois » (*militaria joca que hastiludia vocantur*). Le roi suivait d'autant plus volontiers l'usage qu'il était lui-même passionné de joutes[30]. Ni les sages ni le clergé n'étaient par principe hostiles à ces exercices militaires. Mais, cette fois-ci, la décision royale fut désapprouvée par « tous les sages » (*viris omnibus circumspectis*) et par le clergé (*in clericali ordine constituti*). Les sages la trouvaient des plus mal venues (*indecentissimum*). Le temps devait être celui du deuil, non du plaisir. Les sages n'évoquaient d'ailleurs nullement la conspiration bourguignonne et la répression qui s'était abattue sur Paris. Leurs arguments étaient que tous les proches parents du roi étaient encore retenus en Angleterre, et surtout la mort si récente du duc de Berry, le seul oncle du roi qui vivait encore. Pour les sages, le roi aurait dû respecter cette période de deuil familial. Les clercs argumentaient surtout que la décision du roi était fort injuste (*injustissimum*) parce qu'elle dilapidait en amusements superflus l'argent levé sur les habitants du royaume pour la défense de celui-ci. Michel Pintoin intervient lui-même pour mettre en cause les responsables qui avaient poussé le roi. C'étaient de jeunes courtisans qui obéissaient plus à leurs passions qu'à la raison.

Nous savons ainsi ce que pensaient, en cette fin de juin 1416, le clergé parisien, les sages et l'auteur, leurs positions et leurs arguments. Cela dit, c'est bien la seule fois, dans toute la *Chronique de Charles VI*, où l'un de ces nombreux signes d'amour et joie que se donnaient les grands pousse Michel Pintoin à une telle analyse d'opinion publique.

Autrement importante est la seconde forme sous laquelle se manifeste l'amour dans la société politique. C'est l'amour que le roi porte à ses sujets (*amor regis*), et l'amour que les sujets éprouvent pour le roi (également *amor regis*). L'amour « paternel » qu'un roi porte à son peuple est une des conditions fondamentales d'un bon gouvernement[31]. Et la solidité de l'Etat repose sur l'amour que des sujets doivent à leur roi, et qui assure celui-ci de leur fidélité[32] et de leur obéissance[33]. L'obéissance des sujets et la sollicitude du prince donneront au peuple la paix et la prospérité. Il vivra dans la joie la plus vive (*cum exuberanti leticia*)[34].

Malheureusement, l'expérience montre que l'amour est fragile et la joie fugitive. Le roi doit aimer son peuple. Il lui faut aussi considérer le bien commun (*bonum commune*)[35], l'intérêt général (*publica utilitas*)[36]. Et le souci de l'intérêt général peut se heurter, chez le roi, à l'amour qu'il doit à ses parents. En 1412, Charles VI décidait de prendre l'oriflamme et d'aller en Berry avec son armée pour mater son oncle Jean déclaré rebelle. Il sacrifiait ainsi l'amour qu'il devait à ses parents à la chose publique (*rem publicam amore consanguineorum preponens*). Mais Michel Pintoin ne cache pas que cette décision l'a scandalisé[37].

Chez les sujets, de même, l'amour du royaume (*amor regni*) et le souci de l'intérêt du royaume (*utilitas regni*)[38] peuvent conforter l'amour porté au roi ; ils peuvent aussi ne pas tout à fait coïncider avec lui. Les intérêts particuliers, l'ambition et la cupidité, peuvent venir contrarier l'amour dû au roi et au royaume[39].

Dans les dernières années du règne, de nombreuses villes du royaume montreront plus d'amour au duc de Bourgogne qu'au roi[40]. Bref, l'amour que les sujets portent au roi, la joie qu'ils lui manifestent varient selon les temps. C'est précisément un des grands soucis de Michel Pintoin que de bien rendre compte des manifestations d'amour et de joie des sujets au roi. Et son récit nous permet ainsi, pour peu que l'on y prenne garde, de mieux saisir les évolutions de l'opinion publique.

Analyses

La naissance des enfants du roi

Bien voir les différentes façons dont, sur quarante années, l'historien rend compte d'un certain type d'événement me paraît une bonne méthode pour suivre, avec son aide, les variations qu'il veut suggérer. Je prendrai comme premier exemple les passages où il mentionne la naissance des enfants du roi. Charles VI épousa Isabeau de Bavière le 18 juillet 1385[41]. Ils eurent, entre 1386 et 1407, douze enfants dont le mieux est peut-être de donner d'abord, pour plus de clarté, en un tableau, les dates de naissance et de mort.[42]

	NOMS	NAISSANCE	DÉCÈS	RSD
1	Charles	25 sept. 1386	28 déc. 1386	I, 454-456
2	Jeanne	14 juin 1388	Janvier 1390	I, 518
3	Isabelle	9 nov. 1389	13 sept. 1409	
4	Jeanne	24 janv. 1391	20 nov. 1433	
5	Charles	6 février 1392	13 janv. 1401	I, 732-734
6	Marie	24 août 1393	19 août 1438	II, 94
7	Michelle	22 janv. 1395	8 juillet 1422	II, 246
8	Louis	22 janv. 1397	18 déc. 1415	II, 522-524
9	Jean	31 août 1398	Avril 1417	
10	Catherine	27 oct. 1401	3 juin 1438	
11	Charles	22 fév. 1403	22 juill. 1461	III, 68
12	Philippe	10 nov. 1407	10 nov. 1407	III, 730

Donc, le 25 septembre 1386, la reine Isabeau accoucha de son aîné, qui était un fils. Les annales du royaume disaient rarement ce qui s'était passé à la naissance du fils aîné du roi. Souvent, cette naissance n'était même pas rapportée. Parfois, elle était tout juste mentionnée, sans autre détail. Ainsi, en octobre 1289, de la naissance de « Loys, l'ainsné filz du roy Philippe le roy de France », le futur Louis X[43]. Seules deux naissances de fils aînés du roi ont donné lieu à un plus long développement. Le premier est un récit de Rigord, dans ses *Gesta Philippi Augusti* [44], traduit en français par Primat dans les *Grandes Chroniques de France* [45]. Celui-ci nous dit la naissance de Louis, fils de Philippe Auguste (le futur Louis VIII), le 5 septembre 1187. Il ne parle pas du baptême. Mais il décrit longuement la joie des Parisiens. « Pour sa nativité, fu la citez si raemplie de joie et de liece que li borjois ne cesserent de vii jors et de vii nuiz de karoler à granz tortiz et à granz luminaires, et rendoient grâces à Nostre Seigneur. » Après quoi, il nous montre « messagier et corsier » envoyés « par toutes les provinces du roiaume pour denuncier au pople des citez et des bones villes la nativité de leur novel seigneur ». Et, ajoute-t-il, « quant les noveles furent partout seues, tuit en furent lié et rendirent grâces à Nostre Seigneur qui leur avoit doné et resuscité droit hoir de la lignie des rois de France ». Le second récit est beaucoup plus proche du règne de Charles VI. C'est celui que Pierre d'Orgemont fait dans la *Chronique des règnes de Jean II et de Charles V* de la naissance tant attendue de Charles, le premier fils de Charles V, le futur Charles VI, le 3 décembre 1368 [46]. Pierre d'Orgemont dit bien que, de cet « enfantement le dit roy et tout le peuple de France orent tres grant joie ». Après quoi il parle longuement des grâces rendues à Dieu par Charles V à Notre-Dame de Paris et Saint-Denis en France, et du baptême du nouveau-né. Tout juste si, à la fin de cette cérémonie religieuse curiale, on voit apparaître, en une phrase, la foule attirée par la « donnée » que fit faire le roi. Charles V, en effet, fit distribuer « viii parisis à chascune personne qui voult aler à la dicte donnée, et y ot si grant presse que pluseurs femmes furent mortes en la dicte presse ».

Michel Pintoin avait environ vingt ans à la naissance du futur Charles VI. Il était déjà moine de Saint-Denis. Il garda sûrement souvenir de l'événement. Et il avait aussi sûrement en mémoire le récit de Rigord lorsqu'il écrivit son chapitre sur la naissance de Charles, fils aîné du roi de France, le 25 septembre 1386. En effet, après avoir relaté en quelques mots la naissance et le baptême de l'enfant, il précise que, suivant l'antique usage (*mos antiquitus*) pratiqué à la naissance des fils aînés de nos rois, on envoya des courriers par tout le royaume (*longe lateque per regnum*). L'historien dit alors d'un mot que la nouvelle a rempli les cœurs des Français d'une joie ineffable (*corda Francorum inde ineffabili gaudio repleverunt*). Après quoi, à notre grande stupéfaction, au lieu de s'attarder sur une description banale et attendue des réjouissances populaires, il exhale ses plaintes : « Il eût été digne de la majesté royale de signaler cet heureux événement par quelque grand bienfait. Cependant, les églises ne furent pas dotées de riches aumônes, et l'on ne remit pas au peuple une partie des impôts, comme tout le monde l'espérait ». La naissance du petit Charles fut donc une opération médiatique ratée. La joie fut de courte durée. La déception des clercs et du peuple fut grande. Aucune tradition pourtant ne justifiait cette attente d'une quelconque libéralité royale. Mais, en 1386, les troubles des premières années du règne étaient encore tout proches. Les impôts restaient un problème obsessionnel. Et juste au moment de la naissance, l'annulation de l'expédition contre l'Angleterre qui avait entraîné de si grosses dépenses explique que les Français espéraient un geste. Ce geste ne vint pas. Et Michel Pintoin, après avoir dit leur amertume, par une de ces juxtapositions dont il a le secret, nous laisse deviner le fond de sa pensée. Il ajoute sans transition : « *Diu tamen heres regius non vixit* » (« mais l'héritier du trône ne vécut pas longtemps »).

La majesté royale est chose si importante que Dieu lui-même, par ses jugements redoutables, veille à ce que tous, même le roi, en respectent les exigences.

Loin des poncifs attendus, la naissance du premier fils du roi est pour Michel Pintoin l'occasion de laisser entrevoir ses propres perspectives, et de faire sentir à son lecteur le malaise encore profond de l'opinion publique.

Après Charles, Isabeau a mis au monde une petite Jeanne. En un chapitre de cinq lignes (« *De filia regis* »), Michel Pintoin dit sa naissance, son baptême et sa mort. Il ne parle pas de la joie des parents. Ni les Parisiens, ni les Français n'ont fêté la naissance de la petite fille. L'historien ne se rappelle même pas, écrivant plus tard, qu'elle a tout de même vécu 18 mois. La naissance des deux filles qui suivent cette première Jeanne, Isabelle et une autre Jeanne, n'est même pas mentionnée dans la *Chronique de Charles VI*. L'une et l'autre y apparaissent pour la première fois à l'occasion de leurs fiançailles ou de leur mariage. Charles et Isabeau eurent encore trois filles. Marie naît en août 1393 pendant la seconde crise de folie de Charles VI. Isabeau fait le vœu de la consacrer à Dieu si le roi recouvre la raison. Michel Pintoin rapporte cette naissance et ce vœu en un chapitre de quelques lignes. Comme Marie a été plus tard religieuse à Poissy, ce bref chapitre est d'ailleurs le seul des rares consacrés à une fille du roi qui précise dans son titre le nom de l'enfant (« *De nativitate domine Marie* »).

Michelle naît en janvier 1395, pendant la longue rémission qui a suivi cette seconde crise. « Le roi lui donna le nom de Michelle à cause de la dévotion toute particulière qu'il avait pour l'archange saint Michel. » C'est tout ce que l'historien nous en dit dans un bref chapitre intitulé « *De nativitate filie regine* ».

Catherine, née en octobre 1401, devait être un jour reine d'Angleterre. Mais sa venue au monde ne fut marquée d'aucune dévotion particulière. Michel Pintoin ne la mentionne pas.

La naissance d'une fille a-t-elle réjoui le cœur du

roi et de la reine ? La *Chronique de Charles VI* ne le dit jamais. En tout cas, les Français n'en ont jamais été prévenus ; ils ne l'ont jamais fêtée. La naissance d'une fille du roi n'est pas un événement politique ; elle ne peut être l'occasion d'un quelconque sondage d'opinion.

Le premier fils du roi, le petit Charles, était donc né et mort en 1386. Le récit de Michel Pintoin n'avait pas caché à son lecteur un certain malaise. Mais voilà qu'après trois filles, le 6 février 1392, la reine accouche d'un autre fils, lui aussi prénommé Charles. Le moment est particulièrement glorieux. Depuis quelques années, Charles VI a lui-même pris en mains les rênes du gouvernement. Il a 23 ans. Le roi et le royaume se portent bien. La naissance de Charles comble les vœux du souverain et de ses sujets. Michel Pintoin dit leur immense joie (*ingenti gaudio*) qu'aucun nuage, cette fois, ne vient assombrir. Il n'y a absolument rien de commun entre le latin de Rigord et celui du Religieux de Saint-Denis, mais la structure des deux récits est exactement la même. C'est le récit d'un moment privilégié où un roi et son peuple communient dans une joie profonde. Des courriers sont envoyés dans tout le royaume. Partout, comme à Paris, grâces sont rendues à Dieu (« *laudes debitas... creatori suo* », dit Rigord ; « *gracie Deo* », dit Michel Pintoin), on parcourt les rues avec des torches allumées à la main, on chante, on danse. Michel Pintoin ne doute pas que ce sont là les formes traditionnelles par quoi se manifeste la joie des Français à la naissance du fils aîné du roi[47]. Pour l'essentiel, si l'on en croit Rigord, c'est bien vrai. Reste que le récit du Religieux de Saint-Denis fait état de détails dont il est bien possible qu'ils aient été des additions du XIVe siècle : en 1392, des instruments de musique soutiennent les voix ; des jongleurs retiennent l'attention ; des tables chargées de vins et d'épices sont dressées dans les rues ; et surtout, outre les louanges à

Dieu, Michel Pintoin mentionne ce dont Rigord ne parle pas : le peuple, aux carrefours, a crié des acclamations en l'honneur du roi (*laudes regias*). A première vue, ce tableau de joie populaire peut paraître assez conventionnel. Comparé à d'autres tableaux antérieurs, ou à ceux que Michel Pintoin lui-même a déjà dressés, il est évident que l'historien a voulu faire sentir, à l'occasion de la naissance de Charles, en janvier 1392, quelques mois avant que le roi ne tombe fou, au moment où le royaume jouissait de la paix et de la prospérité, la joie profonde de tout un peuple.

Cette impression est encore renforcée par la façon dont Michel Pintoin rend compte de la naissance des autres fils du roi. Louis naît le 22 janvier 1397. Avant de parler de son baptême, l'historien dit simplement en cinq mots que sa naissance « a rempli les Parisiens d'une immense joie » (*cives Parisienses ingenti replevit gaudio*). Pas un détail sur les manifestations de la joie parisienne. Pas un mot sur la joie du royaume. Ne disons pas que Michel Pintoin n'a pas voulu se répéter. Il sait bien le faire, quand il le veut. Il est évident qu'il veut nous faire sentir que la naissance de 1397 n'a rien à voir avec celle de 1392. La maladie du roi crée des difficultés de plus en plus menaçantes. Et surtout, comme le petit Charles vit encore, la naissance d'un second fils est bien venue ; elle n'a pas, dans l'instant, d'importance politique. Elle peut réjouir le roi, la reine et les Parisiens. Il n'y a pas lieu de donner à l'événement une dimension nationale.

Le 31 août 1398, Charles et Louis vivant encore, le roi et la reine sont comblés par la naissance d'un troisième fils, Jean. Cet heureux événement familial n'a politiquement aucune portée. Il serait normal que la *Chronique de Charles VI* ne s'y attarde pas. Qu'elle ne le mentionne même pas pose un problème. Il faut dire que la situation de l'Eglise est alors pour la France la cause de graves soucis. Depuis 1378, l'Eglise est déchirée par un schisme. Il y a deux papes, l'un à Avignon, l'autre à Rome. Le roi de France a été depuis le début le plus ferme soutien du pape d'Avignon. Mais beaucoup commencent à penser, après vingt ans, que cette position n'est plus tenable. Pour rétablir l'unité de l'Eglise, le gouvernement songe à explorer d'autres voies. Il envisage de ne plus obéir au pape d'Avignon. En 1398, le problème de la soustraction d'obédience est l'occasion d'un grand trouble dans la vie politique française. A quoi s'ajoute qu'en 1399 et pendant plusieurs années une grave épidémie empêche le Religieux de recueillir normalement ses informations, et de rédiger paisiblement sa *Chronique*. Faut-il supposer un oubli de l'historien ou, ce qui n'aurait rien d'invraisemblable[48], la perte, par la suite, de quelques feuillets de la *Chronique* ?

Le 22 février 1403, en tout cas, le petit Charles, l'aîné, est mort depuis deux ans ; Louis et Jean sont vivants ; et Isabeau accouche d'un nouveau fils, auquel on donne à nouveau le nom de Charles. Celui-là est le futur Charles VII. Pour l'instant, il n'est que le troisième fils vivant du roi. La *Chronique de Charles VI* mentionne sa naissance, sans lui donner plus d'importance qu'elle n'en a. Elle dit la joie du roi (*cum exuberanti leticia*) qui, le lendemain, va remercier Dieu à Notre-Dame. Elle dit le baptême de l'enfant. Elle ne dit rien de plus.

L'examen systématique des naissances des enfants du roi telles qu'elles sont rapportées dans la *Chronique de Charles VI* nous apprend donc beaucoup. La naissance du fils aîné, pour peu que les circonstances s'y prêtent, est un grand événement où le roi et son peuple communient dans une joie profonde. La naissance d'un second fils comble de joie le roi et les Parisiens. La naissance d'un troisième fils n'est plus qu'un événement familial dont seuls le roi et ses proches, apparemment, se réjouissent. Quant aux filles, leur naissance n'est jamais qu'un événement familial. On peut supposer que leurs parents les aiment. Il ne viendrait pas à l'idée du Religieux de Saint-Denis de le dire jamais. Elles sont là pour aider à la dévotion ou à la diplomatie.

Les acclamations royales (laudes regie)

Lorsque le roi de France parcourait sa terre ou passait dans les rues des villes de son royaume, son peuple, nous dit une expression routinière, le recevait « à grant joie[49] ». A vrai dire, les chroniques ne vont jamais au-delà de ces mots conventionnels. Elles ne nous disent pas comment se manifestait cette joie. Mais dans l'épopée qu'il a consacrée à Philippe Auguste, la *Philippide*, Guillaume Le Breton expose en vingt-cinq vers comment le royaume et Paris ont accueilli le roi, en 1214, à son retour de Bouvines[50]. C'est bien l'amour du roi (*dilectio regis*) et la joie de la victoire (*gaudium leticia*) qui poussaient les gens à manifester. Et le poète de préciser comment se traduisait l'ardeur de leur âme. C'était par des chants et par des gestes[51]. Ils applaudissaient (*plausus*)[52] en même temps qu'ils poussaient des cris de joie (*jubila*)[53] ou chantaient des hymnes à la gloire, à la louange ou à l'honneur du roi[54]. Ces applaudissements, ces cris, ces chants furent l'essentiel, à quoi s'ajoutèrent les sonneries des trompettes (*classica*)[55] et pendant sept jours et sept nuits, éclairées aux torches, les danses.

Mathieu Paris, le grand historien qui a été la gloire de l'abbaye anglaise de Saint Albans au XIIIᵉ siècle, a-t-il eu le récit de quelque témoin ? Ou n'a-t-il pas plutôt été impressionné par les vers de la *Philippide* ? Toujours est-il que, dans sa *Chronica majora*, après avoir repris tout le récit qu'un autre historien anglais, Roger de Wendover, avait écrit peu avant, il ajoute de son cru une phrase où il décrit l'accueil fait au roi par Paris. Il y reprend les quatre mots essentiels de

Guillaume Le Breton : « *Cantibus et plausibus, classicis et laudibus* »[56]. Dans son *Roman des rois*, en 1274, Primat, qui suit pourtant Guillaume Le Breton, dit bien quelques mots sur « la très grant joie et la très grant feste que toz li poples fesoit au roi ensi com il s'en retornoit en France après la victoire ». Il dit bien, traduisant le poète latin, que les bourgeois de Paris « mostrèrent la grant joie de lor cuers par les actions de fors[57] ». Il renonce à toute précision.

Ainsi, on peut supposer que, au long des XIIIe et XIVe siècles, le peuple a acclamé ses rois sans que jamais les chroniqueurs aient éprouvé le besoin de dire autre chose que, parfois, en trois mots, sa grande joie. Dans la *Chronique de Charles V* encore, Pierre d'Orgemont s'étend sur les fastes de la cour et de l'Eglise. Le peuple, derrière, apparaît à peine.

Pourtant, dès le début de la *Chronique de Charles VI*, lorsque Michel Pintoin traite de l'entrée du jeune roi à Reims, où il va être sacré, le peuple est un peu plus présent. « Le roi, dit l'historien, fut reçu avec une joie inexprimable par le peuple des deux sexes qui l'acclamait et chantait ses louanges[58]. » Ces acclamations royales (*laudes regie*) vont ressurgir, de loin en loin, tout au long de la chronique. Et à l'observateur attentif des mots de Michel Pintoin, cette suite-là aussi peut dire beaucoup sur l'état de l'opinion publique.

Les acclamations royales ont un triple caractère. D'abord, elles sont traditionnelles. Mais, traditionnellement, et c'est une évidence pour les sujets de Charles VI, elles ne sont dues qu'à la personne du roi. Comme elles sont traditionnelles, elles sont attendues, voire suscitées par le pouvoir. Mais le peuple peut combler ou tromper cette attente. Comment donc le peuple manifeste-t-il sa plus ou moins grande joie ? Pour ce qui est des gestes, Guillaume Le Breton avait parlé d'applaudissements (*plausus*). Michel Pintoin n'emploie jamais le mot. Une fois, une seule, l'historien précise que des chevaliers et des écuyers, pour manifester leur joie, ont tendu les mains vers le ciel[59]. Est-ce ainsi que se traduisait la joie de voir le roi ? Avouons que Michel Pintoin ne nous aide pas à le savoir. Il ne s'attarde pas aux gestes. Mais les précisions qu'il donne parfois nous permettent de conclure qu'il y a, sous les *laudes regie* dont il parle, à la fois des chants et des cris. Les chants, qui peuvent être des hymnes, demandent un minimum de préparation et d'organisation. En revanche, en criant « Vive le roi[60] » et surtout « Noël[61] », le peuple exprime sa joie de façon toute spontanée. Ses chants et ses danses longtemps continués après le passage du roi disent mieux encore combien cette joie est sincère et profonde.

Ainsi, une dizaine de fois au cours de son récit, Michel Pintoin évoque cet important moment de la vie politique que sont les acclamations royales. En soulignant tel de leurs aspects, en taisant tel autre, et surtout en précisant bien les circonstances, et à qui sont adressées ces acclamations en principe dues au roi seul, l'historien nous en dit beaucoup sur l'état de l'opinion publique. Suivons-le pas à pas.

En novembre 1380, revenant de Reims, le cortège royal était entré dans Paris. Michel Pintoin dit bien qu'il y fut accueilli avec beaucoup de joie (*quanta leticia*). Mais l'historien ne s'attache pas à la décrire. Il s'étend en revanche sur ce qui l'a frappé : les énormes dépenses consenties par la ville (*quanto divite fluxu*) pour offrir aux Parisiens un spectacle plein de luxe et de nouveauté (*novitas*). L'entrée de Charles VI dans Paris a été l'occasion d'une grande fête organisée par la municipalité. Et Michel Pintoin dit moins la ferveur des sujets que la joie des badauds[62].

Revenant de Reims, avant d'entrer à Paris, les précédents rois s'étaient toujours arrêtés à Saint-Denis. En novembre 1380, le cortège des moines et les bourgeois de la ville avaient attendu Charles VI. En vain.

Le roi s'était hâté vers Paris. « Tous, nous dit l'historien, furent très mécontents »[63] de « cette transgression des usages ancestraux[64] ». Saint-Denis dut patienter trois longs mois : en février 1381, enfin, le roi, ses oncles, des princes et des barons vinrent y prier. On ne peut pas dire que ni le peuple ni les moines, après la gifle qu'ils avaient reçue, se montrèrent enthousiastes. C'est du moins ce que le Religieux voudrait nous faire comprendre. Les moines, nous dit-il, se conformèrent à l'usage, avec toute la pompe voulue. Quant aux Dionysiens, l'historien ne nous parle pas de l'ensemble du peuple ; il ne précise pas qu'il a manifesté sa joie. Il nous dit simplement que « des hommes et des femmes ont acclamé le roi[65] ». On ne saurait être plus tiède. À Saint-Denis, on aimait le roi. Mais on était susceptible.

Cette mauvaise humeur passagère n'est rien à côté des graves difficultés que le pouvoir allait bientôt connaître. En 1382, le poids des impôts fut à l'origine de révoltes à Rouen, à Paris, et ailleurs. Fin février, quelques centaines d'artisans rouennais imaginèrent une parodie où ils tournaient en dérision ce qui était bien à leurs yeux un moment essentiel de la religion royale. Ils forcèrent un bourgeois de la ville, riche et corpulent, à s'asseoir sur un trône (*in sede, more regio*) ; ils mirent le trône sur un char ; ils promenèrent le char par la ville ; et le roi malgré lui était salué par des acclamations pour rire (*laudes regias barbarizantes*)[66].

Les princes purent punir cette profanation. Ils n'étaient pas en position de mater la révolte parisienne. En mai, ils firent la paix avec la capitale. Les Parisiens eurent l'illusion d'être sortis de leur révolte sans trop de dommages. Lorsque, quelques jours plus tard, Charles VI rentra dans Paris, ils l'accueillirent, nous dit Michel Pintoin, « avec une joie inexprimable » (*cum ineffabili gaudio*), leurs acclamations royales (*laudes regias acclamancium*) étant soutenues par la douce mélodie d'instruments de musique[67].

Cette joie et ces acclamations étaient le fruit d'un malentendu. Aux yeux du Religieux, qui n'aimait pas le désordre, les Parisiens s'en tiraient à trop bon compte. A la fin de son récit, l'historien note avec satisfaction qu'ils ignoraient encore le juste châtiment qui les attendait. Et de fait, le 27 novembre 1382, à Roosebeke, le roi triomphait des Flamands. Il était maintenant maître de la situation. Il revint à Paris avec son armée. La crainte paralysait les villes où il passait. Les récits de Michel Pintoin, ardent mais lucide partisan de la majesté royale, sont le résultat d'un subtil dosage entre ce qu'il savait vrai et ce qu'il jugeait convenable.

Les villes picardes étaient moins compromises que Paris ou Rouen. Michel Pintoin note que le roi y est accueilli avec déférence, que le peuple l'acclame en vainqueur. Il ne va pas jusqu'à parler de joie[68]. Lorsque, en janvier 1383, le roi et ses oncles rentrent dans Paris, leur seul souci est de venger les injures faites à leur personne et à l'Etat. Ils ont choisi d'inspirer la peur. Ils n'ont que faire des acclamations et de la joie populaires. Ils ne demandent aux Parisiens que le silence[69]. A Rouen, le roi n'alla pas lui-même. Il envoya des commissaires pour châtier les coupables. Les Rouennais forcèrent le trait bien au-delà de ce que demandait l'usage. Quoique le roi fût absent, une foule d'hommes et de femmes criait aux commissaires les acclamations dues au roi seul et leur montrait les apparences d'une joie exubérante. Michel Pintoin n'est pas dupe de cette comédie excessive. Il sait qu'elle ne tendait qu'à amadouer les commissaires. Les châtiments ne se firent pas attendre, note l'historien pour finir, toute cette joie feinte laissa la place à un deuil public[70].

Après l'écrasement des révoltes urbaines de 1382, les rapports entre le roi et son peuple restèrent, pendant plusieurs années, tendus. Mais, comme l'a déjà montré l'étude des réactions publiques à la naissance des enfants royaux, la prise du pouvoir par Charles VI lui-même, en 1388, fut le point de départ d'une période heureuse où, pendant quelques années, rien n'assombrit l'amour que le peuple portait à son roi. L'entrée de Charles VI à Lyon, en 1389, au début de son voyage languedocien, en est un bon exemple. La ville marqua sa joie de voir le roi (*quanta leticia*) en organisant une fête extraordinaire. Entre autres démonstrations, plus de mille enfants, distribués dans les différents carrefours de la ville, firent entendre, au passage du roi, des acclamations bruyantes en son honneur (*qui regi pertranseunti laudes regias altissonis vocibus declararent*). A l'occasion de ce passage tant désiré, continue Michel Pintoin, les habitants passèrent quatre jours en bals et en divertissements[71]. La joie des Lyonnais ne fait pas de doute. Encore faut-il remarquer que dès l'entrée proprement dite, lorsque Charles VI parcourt les rues de la ville, l'historien insiste davantage sur le côté organisé de la cérémonie, et laisse plutôt dans l'ombre les manifestations spontanées auxquelles elle a pu donner lieu. Tant il est vrai que le rêve de Michel Pintoin est bien celui d'une société politique aux cérémonies bien ordonnées.

Mais, avec la folie de Charles VI, l'ébranlement des structures de l'Etat et le déchaînement des passions, les acclamations royales vont être de plus en plus détournées de leur fonction première, et devenir le moyen incontrôlable par lequel le peuple va crier ses fureurs partisanes. L'auteur de la *Chronique de Charles VI* est le témoin scandalisé et attentif de cette perversion.

Le 23 novembre 1407, le duc de Bourgogne Jean sans Peur faisait assassiner son cousin Louis, duc d'Orléans. Quelques jours plus tard, il avouait son crime et quittait précipitamment Paris. Mais, sûr de sa force et de l'appui des Parisiens, il y revenait dès le 28 février 1408 pour se justifier[72]. Il y était maître de la situation pendant quelques mois. Mais, pendant l'été, la révolte des Liégeois l'obligea à repartir vers le nord. La reine et les princes redevenaient les maîtres de la capitale. Malheureusement pour eux, Jean sans Peur triomphait des Liégeois à Othée le 23 septembre 1408[73]. Le 10 novembre 1408, la reine et les princes, entraînant le roi malade, jugeaient prudent de quitter Paris. Ils s'installaient à Tours. Jean sans Peur n'avait plus qu'à rentrer dans Paris, ce qu'il fit le 24 novembre[74].

Et là se produisit un événement inouï, que Enguerran de Monstrelet raconte tout au long : « Si crièrent plusieurs Parisiens à sa venue, par plusieurs quarrefours, à haulte voix Noël. Toutesfoiz en aucuns lieux il leur fut defendu qu'ilz ne criassent plus ainsi, pour cause de l'envie des seigneurs du sang royal. Et furent aucuns serviteurs du roy qui dirent à aucuns d'iceulx crians Noël, vous lui povez demonstrer et faire bonne chere et lie, mais pour lui, ne à sa venue, vous ne devez point ainsi crier. Mais ce non obstant, de tous notables hommes et gens d'auctorité lui fut faicte aussi grant honneur et réception comme ilz eussent fait au roy leur souverain seigneur[75]. » Ce récit détaillé montre bien ce qui était en cause. On ne pouvait crier Noël qu'au roi. Ceux des Parisiens qui avaient crié Noël au duc de Bourgogne avaient bien montré « que les Parisiens aymoient très fort icellui duc de Bourgogne[76] ». Michel Pintoin se contente de dire l'essentiel en quelques mots : « On avait manifesté une joie débordante en accueillant le duc avec des acclamations qui n'étaient dues qu'au roi » (*pre exuberanti leticia laudes solo regi debitas clamaverunt*)[77]. Et le Religieux note le vif déplaisir des princes qui étaient à Tours. Le duc de Bourbon, en particulier, reçut quelques semaines plus tard une délégation parisienne lui reprochant vivement d'avoir accueilli le duc de Bourgogne avec des acclamations royales (*laudes regias exclamasse duci Burgundie ingredienti in urbem*)[78]. Mais Michel Pintoin, ardent dévot de la majesté royale, sourcilleux défenseur des honneurs dus au roi, ne voudrait pas que ce scandale attire sur les Parisiens la colère du roi et des princes. Il glisse donc dans son bref récit une précision : « Dans la foule d'hommes et de femmes, il y avait quelques Flamands et quelques Bourguignons qui, voyant leur seigneur, ont manifesté une joie débordante en lui criant des acclamations qui n'étaient dues qu'au roi. » Par cette précision dont on a le droit de penser qu'elle est bien suspecte, et par cette simple phrase si habile, Michel Pintoin reconnaît le scandale, le minimise (« quelques », *nonnulli*), et dégage la responsabilité des Parisiens. Il termine son récit en faisant comprendre que les princes auraient tort d'en faire un crime à toute la ville (*et crimen hoc toti imputaverunt civitati*)[79].

Le 9 mars 1409, à Chartres, la paix était apparemment rétablie entre le roi, les princes et le duc de Bourgogne. Jean sans Peur regagnait le premier Paris. Charles VI venait à son tour le 17 mars. Les Parisiens, heureux de cette paix, de la présence du duc de Bourgogne, du retour de leur roi, accueillirent ce dernier en lui faisant une fête comme on n'en avait pas vu depuis deux cents ans. Le « Bourgeois de Paris » et Monstrelet précisent que tout le monde criait joyeusement « Noël »[80]. Pourquoi Michel Pintoin ne dit-il rien de cet accueil triomphal, où les acclamations royales retrouvaient leur fonction légitime ? Je ne saurais dire.

En tout cas, par la suite, tout se passe en vérité comme si le vieil historien, traumatisé par le scandale de 1408, prenait une sorte de plaisir amer à souligner combien les acclamations royales dont il témoignait étaient maintenant bien loin de la noble liturgie de naguère. Il les fait toujours apparaître à contre-temps. On a l'impression qu'il s'applique à montrer comme ces manifestations de joie sont devenues

inappropriées, douteuses et dérisoires. Inappropriées
parce qu'elles ne s'adressent plus au roi. Douteuses,
parce qu'il leur arrive de n'être plus sincères. Dérisoires, parce qu'elles fêtent les paix incertaines et
constamment violées d'une interminable guerre civile
comme s'il s'agissait de grandes victoires remportées
sur les ennemis du royaume.

Nous voici en octobre 1412. La paix d'Auxerre vient
d'être conclue. Les princes, la reine, le roi rentrent à
Paris. Il y a quelques flottements dans les témoignages qui nous sont restés[81]. Ce qui est sûr, c'est que
Charles VI rentre à Paris le 23 octobre. Les Parisiens
mènent grande joie de la paix conclue, font grande
fête de luminaires, « de boire et de mengers », et
crient tout le jour et toute la nuit : « Noël » et « Vive
le roy ». Ainsi du moins sont d'accord pour le dire le
« Bourgeois de Paris » et Enguerran de Monstrelet.
Curieusement Michel Pintoin ne souffle mot de l'entrée de Charles VI. En revanche il s'étend sur l'entrée
de la reine Isabeau. C'est là qu'il parle de chants, de
danses, d'acclamations royales. Mais toute sa phrase
semble tendue à montrer qu'elles étaient inappropriées et dérisoires : « Lorsque la reine fit son entrée,
le peuple fit preuve d'une joie si débordante qu'il l'ac-
clama comme si elle était le roi, et qu'il revenait après
avoir triomphé d'ennemis du royaume[82]. »

Au printemps 1413, Paris avait connu des journées
d'émeutes. Le commun avait terrorisé les bourgeois
et poussé les princes à fuir la ville. Appuyé sur le
commun, le duc de Bourgogne avait été maître de
la capitale. Mais au début d'août, en quatre jours, le
pouvoir « cabochien » s'était effondré. Le 23 août,
Jean sans Peur quittait précipitamment Paris. Le
31 août, les princes y faisaient une entrée qu'on a pu
dire triomphale[83]. En réalité, Michel Pintoin est le
seul à décrire cette entrée, et son récit est loin de suggérer un quelconque triomphalisme. Les bourgeois
étaient acquis aux princes, mais le commun restait

hostile. Et donc, nous dit le Religieux, les princes parcoururent les rues de Paris. Il y avait à tous les carrefours des bourgeois (*burgenses, cives*) armés de toutes pièces. Ils étaient là pour leur faire honneur (*ad decorem*), et aussi pour contenir le commun (*ne viam impedirent populares*). Les princes souhaitaient que des acclamations leur fussent criées (*ut ipsis pertranseuntibus altissonis vocibus laudes regias conclamarent*). Ils montraient ainsi que le scandale de 1408 avait amorcé une évolution irréversible, que le légaliste qu'était notre historien continuait de désapprouver. Il marque à la fois sa réprobation et l'hostilité du commun en nous livrant un détail remarquable : pour que quelques cris de « Noël » fussent poussés au passage des princes, il y avait quelqu'un (*quidam*) qui, devant eux, jetait à droite et à gauche des pièces d'argent (*eos quidam incitabat, huc illucque argenteam monetam proiciens*) [84].

En juillet 1414, le roi et son armée sont partis dans le nord du royaume pour mater le duc de Bourgogne. Le siège est mis devant Bapaume. La ville, après quelques jours, se soumet. Elle ne mérite pas, décide-t-on, que le roi y entre. Mais, trop heureux d'échapper au pillage, tous les habitants acclament la garnison qui y est dépêchée en criant Noël, « comme si le roi lui-même était venu en personne » (*ac si rex personaliter presens esset*) [85].

En 1418, pour la dernière fois, la *Chronique de Charles VI* parle d'acclamations royales. Le 29 mai, une petite troupe bourguignonne s'était emparée de Paris par surprise, et avait mis fin au pouvoir armagnac. En juin, émeutes et massacres avaient fait des centaines de morts [86]. Pour mettre fin aux troubles et à l'insécurité, les responsables parisiens supplient la reine et le duc de Bourgogne de rejoindre Charles VI qui vit, inutile, au Louvre, et de revenir à Paris. Et donc, le 14 juillet, Isabeau et Jean sans Peur entrent dans Paris. C'est bien, cette fois, une entrée triomphale, avec quelques nuances, toutefois, selon les témoignages. Le « Bourgeois de Paris », fervent bourguignon, dit que la reine et le duc ont été reçus avec honneur et joie, que « partout où ilz passoient, on crioit à haulte voix "Nouel" et pou y avoit gent qui ne plourassent de joie et de pitié[87] ». Selon Enguerran de Monstrelet, de même, les Parisiens ont manifesté leur joie en criant Noël. « A l'entrée desquelz fut menée en Paris moult grant joye pour la venue d'iceulx, et crioit-on Noël ! à haulte voix par tous les carrefours[88] ». Michel Pintoin, quant à lui, ne cache pas la joie débordante des Parisiens, mentionne leurs chants et leurs danses. Dans les rues et aux carrefours, la reine et le duc sont accueillis par des acclamations royales. Mais l'historien précise ce que crient tous les hommes et toutes les femmes : C'est « Vive le roi ! Vive la Reine ! Vive le duc de Bourgogne ! Vive la paix ! » (*Vivat rex et regina duxque Burgundie, et fiat pax*)[89]. L'historien se résigne à ce que, une fois de plus, les acclamations royales soient criées en l'absence du roi. Il reconnaît la joie populaire débordante. Mais il évite un « Noël » trop partisan. Il dédouble les cris de la foule, et encadre les « vive la Reine ! vive le duc de Bourgogne ! » par des acclamations plus consensuelles : « Vive le Roi ! Vive la paix ! » Car, depuis des années, pour tous les modérés comme Michel Pintoin, le seul recours, c'est bien le roi, le seul espoir, c'est bien la paix.

L'étude des acclamations royales fait ainsi ressortir le caractère complexe des récits de Michel Pintoin. D'un côté, ils disent bien le degré de ferveur de la foule, le plus ou moins d'amour et de joie qu'elle manifeste. D'un autre côté, le Religieux n'oublie jamais ce qu'elles ont d'abord été, et ce qu'elles devraient, selon lui, continuer d'être. Au début du règne, les acclamations royales étaient une liturgie réservée à la seule personne du roi ; à la fin, elles étaient devenues la manifestation spontanée d'une passion politique. En outre, l'historien de Saint-Denis peut mettre en doute la sincérité de ces acclamations. Enfin, il ne peut faire abstraction de ses propres positions. Il veut un roi qui impose la paix. Michel Pintoin se révèle ainsi un bon observateur et un fin analyste de l'opinion publique. Il constate les sentiments et les passions de la population. Il les intègre, en en rendant compte, dans son propre système de pensée.

Les processions [90]

A la fin du XIVᵉ siècle, les processions sont depuis longtemps un moment essentiel de la liturgie catholique. Mais, sous le règne de Charles VI, se sont multipliées les processions qu'on a parfois dites « spéciales », où l'on implorait le Tout-Puissant, entre autres, pour qu'il mette fin au Schisme (*pro unione Ecclesie*), pour qu'il garde le roi (*pro rege*) ou pour qu'il rende la paix au royaume (*pro pace*). Ces processions étaient décidées par les autorités ecclésiastiques. Elles leur étaient souvent demandées, avec plus ou moins d'insistance, par le pouvoir civil. Mais seule la présence d'un plus ou moins grand nombre de participants et leur attitude décidaient du succès ou de l'échec d'une procession. Comme la naissance des enfants du roi, ou comme les acclamations royales, les processions spéciales sont donc l'occasion de mieux connaître les réactions de l'opinion publique.

Et ce sont des occasions beaucoup plus fréquentes. Entre 1380 et 1422, j'ai trouvé la trace d'une centaine de processions ou de campagnes de processions, comportant chacune un plus ou moins grand nombre de processions. Divers documents nous en informent. Mais il y en a peu à parler du succès de ces processions. Leurs récits peuvent être riches. Ils restent tardifs et ponctuels. Là encore, la belle série des témoignages du Religieux de Saint-Denis est d'un incomparable intérêt.

De la centaine de processions ou campagnes de processions repérées, il y a d'abord toutes celles dont Michel Pintoin ne parle pas, une soixantaine au total. C'est peut-être, souvent, qu'il les jugeait peu importantes. Il y en a pourtant, parfois, qui ont compté, dont il ne parle pas. On voudrait bien savoir pourquoi. Quoi qu'il en soit, il en reste une quarantaine auxquelles il consacre quelques lignes. Il s'agit souvent d'une phrase convenue, toujours répétée. Ce sont les variantes de ce stéréotype qui sont riches d'enseignements et disent le plus ou moins grand succès d'une procession.

Sur cette quarantaine de processions dont il parle, Michel Pintoin précise simplement une dizaine de fois qu'elles ont été suivies par une multitude de gens. On peut admettre que ces processions-là ont eu plus de succès que les autres. Encore plus remarquables sont les rares processions où l'historien nous dit que la dévotion a poussé les participants à marcher nu-pieds, ou avec à la main un cierge allumé. Ces additions, ces variantes, d'autres précisions, plus exceptionnelles encore, nous permettent de bien mesurer, une fois la procession décidée par les autorités, son succès ou son échec.

Voici un bel exemple d'échec. En 1404, le duc Jean de Berry, l'oncle du roi, est à la veille de succomber à l'épidémie qui fait rage. Il demande qu'on prie pour sa guérison. Comme il a multiplié les dons de joyaux et de reliques aux églises, le clergé décide que des processions solennelles seraient célébrées pour lui. Mais, dit Michel Pintoin en continuant son récit, « j'ai su que beaucoup n'y assistèrent qu'à contrecœur. Ils osaient au contraire maudire ouvertement le duc pour le nouvel impôt qu'il avait décrété ». Le mourant les entend. Il remet au peuple le vingtième qu'il prélevait d'ordinaire sur tous les objets mobiliers. Il retrouve bientôt la santé[91]. La procession voulue par le prince et le clergé avait révélé un profond malaise dont le pouvoir avait bien dû tenir compte.

Inversement, les processions de mai à juillet 1412 offrent l'exemple d'un succès considérable, où les autorités ont été largement dépassées par la base. Accompagné des ducs de Bourgogne et de Guyenne, le roi était parti en Berry avec son armée pour mater le vieux duc Jean. Célébrées pendant que Charles VI était hors de Paris à la tête de son armée, les processions de 1412 continuaient, en un sens, une tradition vieille d'une trentaine d'années. En demandant à Dieu la santé du roi, la paix des princes et la tranquillité du royaume, elles semblaient tenir entre les deux partis balance égale. En fait, nombre de traits donnèrent à ces processions un caractère exceptionnel[92]. Le roi avait quitté Paris au début de mai. Dès le 23 mai, les pressions de la base étaient évidentes. Les autorités devaient céder. Et, le 30 mai, c'était la première d'une longue série de processions à bien des égards extraordinaire. Pendant six semaines, elles allaient tous les jours, ici ou là, sillonner Paris. Certaines furent célébrées avec une rare solennité. Elles furent suivies par des foules immenses d'hommes et de femmes qui allèrent nu-pieds, ce qui n'était pas fréquent, et un cierge à la main, ce qui ne s'était encore jamais vu sous Charles VI. Sous la neutralité des vœux traditionnellement affichés, le nombre et la ferveur des fidèles disaient assez avec quelle passion ils souhaitaient la victoire du roi en Berry. Ces démonstrations spectaculaires font des processions de 1412 un puissant révélateur de l'état des esprits à Paris à ce moment-là. Elles annonçaient les troubles de 1413.

Si l'on veut bien les mettre en série et les analyser minutieusement, la naissance des enfants du roi, les acclamations royales et les processions spéciales, telles que le Religieux en rend compte, se confirment les unes les autres et permettent de distinguer quelques grandes périodes dans les manifestations d'amour et de joie des sujets de Charles VI.

Après sa victoire à Roosebeke, en novembre 1382, le roi avait pu mater les villes révoltées où, pendant quelques mois, les acclamations royales avaient été contraintes, suspectes, ou carrément absentes. Au début d'août 1383, Charles VI était reparti en Flandre pour en chasser les Anglais. Le 30 août, les clercs allèrent en procession, nu-pieds, en portant des reliques, de Notre-Dame à Sainte-Geneviève. Depuis le début du règne, c'était la première fois que les autorités décidaient d'une procession spéciale. Elles voulaient assurément profiter de la nouvelle expédition pour ranimer l'amour de leur roi chez les Parisiens depuis peu écrasés. Mais la prudence s'imposait. Les laïcs ne furent pas invités à suivre la procession. Simplement, lorsqu'elle fut revenue à Notre-Dame, il y eut dans le cloître un sermon auquel assistèrent « un assez grand nombre de paroissiens[93] ». De cette procession presque confidentielle, où les religieux de Saint-Denis ne jouent d'ailleurs aucun rôle, Michel Pintoin n'éprouve même pas le besoin de parler. En septembre 1386, comme nous l'avons vu, la naissance du premier fils de Charles VI a donné lieu à une opération médiatique ratée. Il est bien évident que, pendant la minorité de Charles VI, les rapports entre le pouvoir royal et les Français ont été tendus et difficiles.

En 1388, le roi remercie ses oncles et prend personnellement le pouvoir. Ses sujets l'acclament de bon cœur. Ils accueillent la naissance d'un nouveau petit Charles, en février 1392, avec une joie sans mélange. Les années de pouvoir personnel sont un moment privilégié où le roi et son peuple communient dans le bonheur et la joie.

Mais Charles VI devient fou en août 1392. Pendant quelques années, le roi et son peuple continuent de communier dans la même dévotion et la même ferveur. En 1392 et 1393, des processions sont organisées dans tout le royaume, où un peuple nombreux suit le clergé, nu-pieds, dans un profond recueillement[94]. En 1393 naît la petite Marie, qu'Isabeau consacre à Dieu. En 1395 naît une nouvelle petite fille que le roi appelle Michelle, par dévotion à saint Michel. En janvier 1396, de nouvelles et nombreuses processions sont partout décidées. En particulier, sur ordre des oncles du roi, « les religieux de Saint-Denis renouvelèrent une cérémonie qui n'avait pas eu lieu depuis 1239 ». Ils allèrent en procession solennelle jusqu'à la Sainte Chapelle du Palais. Michel Pintoin la décrit longuement. Les religieux portaient de nombreuses reliques. Près de trois mille personnes des deux sexes les suivaient[95]. Pendant une dizaine d'années, l'affliction et la ferveur unirent les Français dans des manifestations consensuelles.

Et puis, dans la première décennie du XVe siècle, tout le système politique commença de gripper. Les naissances royales sont accueillies dans l'indifférence. Les acclamations de 1408 comme les processions de 1412 montrent le danger que l'irrépressible passion des Parisiens pour le duc de Bourgogne fait courir à l'Etat.

En 1413, les princes viennent à bout de la révolte cabochienne. Jean sans Peur quitte Paris le 23 août. Les princes y rentrent le 31. Nous avons vu que les acclamations qui les accueillirent ne firent illusion à personne. Le peu de succès des processions organisées en septembre, octobre et novembre confirma la persistante hostilité populaire. Le 6 septembre, en effet, tous les docteurs, maîtres et écoliers de l'Université et les bourgeois de Paris « firent une procession solennelle à Saint-Martin-des-Champs pour prier Jésus-Christ, le père de la paix, de consolider l'union et la concorde qui venaient d'être rétablies entre les ducs et les princes des fleurs de lis et les habitants du royaume[96] ». Et, nous dit encore le Religieux de Saint-Denis, « pendant plusieurs jours du mois d'octobre et du suivant, on fit à Paris et ailleurs des processions générales où l'on chantait des litanies et, chaque fois, au milieu de la messe, après le sermon, on lisait l'ordonnance royale à haute et intelligible voix pour recommander la paix et justifier la conduite des princes [97] ». Ainsi, les autorités civiles et religieuses avaient repris les processions pour tenter de convaincre les esprits. Mais il est bien clair que ces processions n'eurent aucun succès. Le récit de Michel Pintoin ne parle pas d'une assistance nombreuse. Il préfère même faire entièrement silence sur la participation des laïcs. Les princes avaient triomphé. Les partisans de la paix respiraient. Mais le peuple n'était pas aux processions auxquelles le pouvoir l'invitait.

La domination armagnaque sur Paris, qui a ainsi commencé en septembre 1413, prend fin le 29 mai 1418, lorsqu'une petite troupe bourguignonne s'empare de la capitale. En l'absence de Jean sans Peur s'ensuit une période où dominent les plus exaltés des Bourguignons. Désordres et massacres se succèdent tout au long du mois de juin. Pour les modérés, la situation devient intolérable. Les responsables commencent à se demander si le moment n'était pas venu d'une procession.

Le vendredi 24 juin, des députés de l'Université demandèrent aux chanoines de Notre-Dame de les aider « à trouver un moyen de pacifier le peuple par le moyen d'une prédication au cours d'une procession solennelle ». Les chanoines voyaient bien l'enjeu de cette procession, sa nécessité, mais aussi les risques qu'elle comportait. Le lundi 27 juin, ils délibérèrent. Fallait-il ainsi prêcher au cours d'une procession solennelle ? N'était-il pas bien dangereux, en ce moment, de rassembler le peuple et de prêcher sur la paix et la justice ? Il fallait agir avec la plus grande prudence. Finalement, les chanoines décidèrent qu'une telle procession pourrait avoir lieu, mais ils y mettaient plusieurs conditions. Ce serait à la requête formelle du Conseil du roi, et à la demande des échevins de la ville et des autorités universitaires, ceux-ci et celles-là rassemblés en grand nombre. La procession eut finalement lieu le dimanche 3 juillet. Ce fut, dit le « Bourgeois de Paris », « une des plus belles processions que on eust veu oncques[98] ».

Le fervent Bourguignon se réjouit du succès de cette procession. Or, Michel Pintoin n'en dit pas un mot. C'est donc que nous avions vu juste en soupçonnant des réticences dans le récit que l'historien a fait de l'entrée de la reine et du duc de Bourgogne à Paris le 14 juillet suivant. Le silence qu'il fait sur la procession du 3 juillet et le récit qu'il donne de l'entrée du 14 juillet nous disent bien à la fois l'enthousiasme d'une grande partie de la population parisienne, et le malaise des modérés dont Michel Pintoin fait partie.

Tout au long de la *Chronique de Charles VI*, Michel Pintoin rend compte de manifestations où transparaît l'amour des sujets du roi, de moments où éclate leur joie. A première vue, ces évocations semblent conventionnelles, répétitives et routinières. Si l'on veut bien les mettre en série et les comparer, les variantes dans les récits du Religieux, mais aussi ses silences, prennent sens. Ils nous informent à la fois sur ce que l'historien a vu, et, est-il besoin de l'ajouter, sur ce qu'il pense. On s'aperçoit au total que Michel Pintoin a ainsi mis à la disposition de son lecteur des baromètres dont le relevé permet de dessiner un premier fond de tableau où apparaissent les grands traits de l'évolution de l'opinion publique en France sous Charles VI.

2

SENTIMENTS ET ATTITUDES
DU MÉCONTENTEMENT À LA HAINE

De l'étincelle à l'incendie

Toute construction politique est soutenue par l'amour, et menacée par un ensemble de sentiments dont Michel Pintoin sait combien ils sont dangereux. Quand il en parle, l'historien reprend souvent la même image. Dès le début de la *Chronique de Charles VI* (1380) et presque jusqu'à la fin (1417), à quatorze reprises, on y retrouve l'image de la petite étincelle qui peut provoquer un grand incendie.

Ce cliché de l'étincelle (*scintilla*) et de l'incendie (*incendium*) est bien connu de l'Antiquité. On le retrouve dans une œuvre de saint Ambroise et dans un sermon de saint Augustin. Curieusement, il est très rare au Moyen Age[99]. D'où le grand amateur de clichés qu'était le Religieux de Saint-Denis l'a-t-il tiré ? En tout cas pas de ce modèle d'écriture qu'a été si souvent pour lui la chronique écrite à la fin du XIIe siècle par Guillaume de Tyr. Est-ce d'un quelconque recueil de proverbes ? Est-ce tout simplement du fonds culturel sur lequel vivait son temps ? C'est ce que j'aurais tendance à croire car, contrairement à son habitude qui est d'inlassablement reprendre la même formule dans les mêmes termes, Michel Pintoin ne coule jamais cette image-ci dans le même moule. Quatorze fois, les phrases sont différentes[100].

Elles disent pourtant toujours la même chose avec plus ou moins de détails. Une étincelle tombe sur de la cendre, parfois encore chaude, qui donnait l'illusion d'un calme trompeur[101]. Elle allume une flamme qui trouve de quoi s'alimenter[102]. Il en résulte un feu[103], qui détruit tout. Parfois l'historien accentue le contraste en précisant qu'une petite étincelle (*modica scintilla*)[104] est à l'origine d'un grand incendie. Comme, dans la *Chronique de Charles VI*, trois fois sur quatre, *incendium* évoque un effroyable incendie, qui a ravagé une maison, tout un village ou toute une ville, on peut bien penser que, sous la plume du Religieux, l'image de l'étincelle qui devient un feu dévorant n'est pas employée à la légère. Elle veut faire peur. Peur qu'un rien ruine un ordre politique si fragile. Derrière l'image souvent reprise transparaît une conviction profonde.

Au départ, il y a rivalité entre deux puissants[105]. Ou bien deux groupes qui se rencontrent sont composés d'hommes trop différents. Par exemple, à l'entrevue que les ducs de Bretagne et de Bourgogne eurent à Tours en 1391, il était évident que leurs suites étaient composées d'hommes dont le pays, la langue et les mœurs étaient différents[106]. Ou bien encore les demandes d'argent des princes sont à l'origine de graves tensions[107].

Il suffit d'un rien, d'un geste ou d'une parole dus à l'inconscience, à la témérité ou à l'arrogance[108] pour que ces différences, ces sourdes rivalités, ces tensions latentes nourrissent la petite étincelle du mécontentement (*modica displicencie scintilla*)[109].

Comme le mécontentement, l'indignation (*indignacio*) peut elle aussi jouer le rôle d'étincelle[110]. Ou bien elle est comme ces copeaux qui nourrissent la flamme naissante[111], ou bien elle est déjà l'incendie né des mécontentements[112].

La colère (*iracundia*), de même, peut naître de cette

provocation qu'a été l'étincelle et être à l'origine d'un grand feu [113].

Quant à la haine, omniprésente (*odium*), elle peut se dissimuler sous la cendre, être l'étincelle d'où naît le feu [114], le copeau qui le nourrit [115]. Elle est surtout l'incendie qui détruit tout.

L'image de l'étincelle et de l'incendie, dont Michel Pintoin use si volontiers, est donc l'occasion de beaucoup de variantes et de flou. Parfois, on croit saisir dans les mots une certaine graduation. Il semble qu'il y ait d'abord le mécontentement. Puis la petite étincelle du mécontentement provoque l'incendie de l'indignation [116]. Elle provoque surtout l'incendie de la vengeance [117], de l'inimitié [118] et de la haine [119]. Le plus souvent, il est bien impossible de distinguer une quelconque hiérarchie entre le mécontentement, l'indignation et la colère.

Mais, au-dessus de ces trois réactions, la haine est bien la pire. Et, fidèle au contraste de la petite étincelle et du grand incendie, l'historien prend bien soin d'adapter ses adjectifs à la violence des passions et à l'importance des événements. L'incendie peut être grand [120]. Il peut être immense [121]. Il est souvent inextinguible lorsqu'il éveille ou réveille une haine elle-même inexpiable ou inextinguible [122]. L'exceptionnelle gravité des événements de 1413 ne peut échapper au lecteur lorsque Michel Pintoin parle à leur propos de « l'incendie inextinguible d'une haine inexpiable [123] ».

Par les mots qu'elle s'associe, l'image de l'étincelle et de l'incendie permet donc de repérer les sentiments et les passions qui mettent en danger, aux yeux de l'historien, l'ordre social et politique. Il y a d'un côté le mécontentement, l'indignation et la colère, et de l'autre la haine inextinguible. Ces mots permettent au Religieux de Saint-Denis, parfois, de rendre compte de l'état de l'opinion publique. Il nous faut maintenant préciser, à sa suite, ces passions et leurs manifestations.

Le mécontentement, l'indignation, la colère

Displicencia, indignacio, ira, iracundia sont des mots fréquents dans la *Chronique de Charles VI*. *Displicencia* apparaît 118 fois ; *indignacio* 60 fois ; *ira* 34 fois ; *iracundia* 56 fois. Mais cela ne veut pas dire que chaque occurrence d'un de ces quatre mots entend qualifier l'opinion publique de tout ou partie du royaume. Loin de là.

Il y a d'un côté des individus dont le mécontentement, l'indignation ou la colère sont dangereux. Ce sont les puissants, les *superiores* [124]. Il y a d'un autre côté des groupes que ces passions rendent tout aussi dangereux, parce que, pour reprendre les images dont Michel Pintoin n'est pas avare, elles les enflamment comme une étincelle, elles les irritent comme une épine dans l'œil [125], ou un aiguillon dans la chair, ou du fiel. Or, dans la grande majorité des cas, trois fois sur quatre ou quatre fois sur cinq, selon le mot considéré, lorsque le Religieux évoque ces sentiments, ce sont des réactions de puissants [126].

Le mécontentement, l'indignation et la colère, Dieu peut les éprouver. A vrai dire, Michel Pintoin ne parle qu'une seule fois du mécontentement de Dieu [127]. C'est une réaction trop faible, qui n'est guère digne de sa puissance. En revanche, dans la *Chronique de Charles VI*, l'indignation de Dieu n'est pas rare, et moins encore sa colère [128]. L'indignation et la colère sont des réactions naturelles à la toute-puissance divine.

A l'imitation de Dieu, le roi éprouve mécontentement, indignation et colère. Et comme le roi de France est l'acteur principal de la *Chronique de Charles VI*, c'est le mécontentement, l'indignation et la colère du roi que le récit de Michel Pintoin évoque avec le plus de constance [129]. L'indignation et la colère sont si naturellement, si banalement attendues de la puissance royale que les sujets du roi doivent obéir aux décisions royales « sous peine d'encourir l'indignation (ou la colère) du roi ». C'est une disposition fréquente dans les ordonnances, que Michel Pintoin ne manque pas de recopier lorsqu'il en donne le texte [130].

A l'imitation du roi, la reine, les ducs, oncles et frères du roi, ont des mécontentements, des indignations et des colères redoutables, dont la *Chronique de Charles VI* est pleine. Parfois, très rarement, Michel Pintoin fait aussi état de l'indignation ou de la colère de quelques très grands serviteurs du roi : le chambrier, le connétable, un maréchal de France [131], surtout le maréchal Boucicaut qui « ne savait garder aucune mesure dans sa colère [132] ».

Bien entendu, tout un chacun peut éprouver quelque mécontentement, de l'indignation ou de la colère. Mais ces humbles réactions individuelles de la vie quotidienne n'intéressent pas Michel Pintoin. Il n'en parle jamais. Il écrit une chronique politique. Ce qui retient d'abord son attention, ce sont les mécontentements, les indignations et les colères du roi et des puissants, qui sont redoutables, qu'il faut toujours craindre, et qui éclatent souvent.

Parfois, entre *displicencia, indignacio, ira* et *iracundia*, on croit pouvoir saisir une certaine hiérarchie, on croit pouvoir comprendre que le mécontentement (*displicencia*) n'est qu'une première étape, qui peut mener à une réaction plus forte, comme l'indignation (*indignacio*) ou la colère (*ira*) [133]. En réalité, on ne peut rien attendre de précis de mots aussi malléables. Voici Charles VI. Il n'aime pas porter l'habit royal. Il le fait, nous dit Michel Pintoin « *cum displicencia* » [134]. Et voici maintenant le comte de Nevers, le futur Jean sans Peur. Après le désastre de Nicopolis

(1396), Bajazet l'épargne, mais fait passer tous les autres prisonniers au fil de l'épée sous ses yeux. Le comte, nous dit Michel Pintoin, supporta cette épreuve « *cum tanta displicencia* »[135]. Michel Pintoin n'a certes pas voulu parler ici, comme auparavant, d'un simple mécontentement.

Cette plasticité rend impossible de s'accrocher à une hiérarchie illusoire. Il est aisé de trouver des exemples où les différents mots sont de parfaits synonymes. *Ira* et *iracundia*, naturellement, disent bien la même chose. C'est toujours la colère[136]. Mais on peut dire que le meurtre du duc d'Orléans a suscité chez le roi aussi bien *indignacio* que *iracundia*[137].

Lorsque, en 1394, le pape Clément VII reçoit une lettre de l'Université de Paris, sa lecture le met dans une grande colère (*assurgens cum iracundia magna*). Il se lève et rentre dans sa chambre en donnant des signes de mécontentement (*cum nutibus displicencie cameram suam intravit*)[138]. Lorsque, pendant les troubles de 1413, une remontrance publique lui est faite, le duc de Guyenne est saisi d'une très grande indignation (*non sine indignacione maxima audierat*) mais il décide de ne montrer aucun signe de mécontentement (*nec tamen signum displicencie ostendere... statuit*)[139].

Tous ces mots ont en commun de dire les réactions du roi et des puissants devant la témérité, la désobéissance, et d'une façon générale devant tous les excès[140] qui menacent l'ordre établi, et sont propres à ruiner l'amour qui le fortifie et la joie qu'il engendre[141]. La colère des puissants est un fait majeur. C'est un des principaux ressorts de la vie politique.

La colère des humbles est elle aussi un fait majeur, lorsqu'elle secoue tout ou partie du corps social. Mais, tout compte fait, l'historien de Saint-Denis n'en fait pas si souvent mention. Par nature, la colère, l'indignation, et même le mécontentement sont d'abord faits de prince. Prenons le long récit de la commotion populaire de 1413. Le mot *displicencia* y apparaît douze fois. Une fois, il s'agit du mécontentement du roi, une fois du mécontentement de la reine ; sept fois du mécontentement du duc de Guyenne ; deux fois du mécontentement des princes. *Indignacio* apparaît quatre fois. Deux fois, c'est de l'indignation du roi qu'il s'agit ; une fois de celle du duc de Guyenne ; une fois de celle du duc de Bourgogne. *Ira, iracundia* apparaissent quatre fois. Une fois, c'est la colère du roi, une fois celle de la reine, une fois celle du duc de Guyenne. Même dans ces mois si agités, ce n'est guère par ces mots-là que l'historien de Saint-Denis rend compte des réactions populaires. Nous voici maintenant en 1418. Les crimes du bourreau Capeluche, à la tête de ses compagnons de révolte, provoquent la colère du roi, de la reine, du duc de Bourgogne et des conseillers du roi. Ils terrorisent la ville [142]. Aux yeux de Michel Pintoin, le mécontentement, l'indignation et la colère sont des réactions moins naturelles chez les humbles que chez les puissants. Elles existent cependant, d'autant plus notables que plus rares. L'historien s'en fait l'observateur attentif.

Donc, à cinquante-quatre reprises [143], Michel Pintoin fait état de colères, d'indignations ou de mécontentements collectifs. Disons, dans une première approche, que les groupes qui retiennent l'attention de l'historien se répartissent en trois grands ensembles. Il y a d'abord ceux qui se définissent par rapport au royaume. Ce sont les Français (*Francigene, Gallici*) ou, plus souvent les régnicoles (*regnicole*). A sept reprises, Michel Pintoin fait état expressément ou implicitement de l'opinion unanime de tous les habitants du royaume, ou du moins de tous ceux que concerne son récit [144]. A quoi s'ajoutent quatre passages où l'exact historien fait entendre qu'il n'y a pas unanimité.

Au début de 1414, la paix civile est menacée par le

mécontentement de quelques-uns (*nonnulli*)[145]. Lorsque, en 1418, Henri V fait frapper des pièces avec les mots « Henri, roi de France », beaucoup, nous dit-il, en sont mécontents (*non sine displicencia multorum*)[146]. En 1420, les Anglais, avant de conclure quelque trêve que ce soit, veulent que leur soit livré le pont de Beaumont-sur-Oise. Les gens du roi l'acceptent sans difficulté. Mais cette exigence suscite le mécontentement de la plus grande partie des régnicoles, nobles et non nobles (*nec sine displicencia plurium regnicolarum utriusque status*)[147].

Parfois, mais rarement, dans ce grand ensemble des régnicoles, Michel Pintoin fait état du mécontentement de tout ou partie de la noblesse[148], de tout ou partie des gens d'Eglise[149], ou de l'indignation du peuple[150]. Parfois aussi, et même assez souvent, il nous dit les réactions des militaires français en campagne[151]. Bref, au total, vingt-trois fois sur cinquante-quatre, c'est l'opinion de l'ensemble ou d'une partie des Français que Michel Pintoin signale.

Le second groupe dont l'historien rend compte, c'est, à quinze reprises, celui des habitants des villes. Ou, pour mieux dire, quatorze fois sur quinze, c'est le mécontentement, l'indignation ou la colère des Parisiens dont il fait état. Une fois de plus, on voit bien là à quel point la *Chronique de Charles VI* est une chronique locale.

J'ai distingué plus haut quatre passages où des militaires réagissaient incontestablement en tant que Français[152]. Mais, à sept autres reprises, Michel Pintoin fait état du mécontentement, de l'indignation ou de la colère des soldats, en évoquant parfois cette *ira militaris* qui leur est propre[153]. A propos d'un règne où les guerres sont si fréquentes, il n'est pas étonnant que la *Chronique de Charles VI* témoigne si souvent de l'état d'esprit des armées.

Outre ces trois grands ensembles (les Français, les Parisiens et les militaires), Michel Pintoin ne fait état du mécontentement, de l'indignation ou de la colère de groupes plus restreints qu'à l'occasion de deux faits divers dont l'importance ne peut que nous frapper immédiatement. C'est d'abord, en 1391, la crise qui aurait pu si mal tourner entre les suites des ducs de Bretagne et de Bourgogne[154]. C'est ensuite, en 1404, l'effroyable scandale qu'ont causé les serviteurs de Charles de Savoisy, un noble aussi riche qu'irritable, en perturbant par les pires violences une procession de l'Université de Paris[155].

Il faut enfin ajouter que, à six reprises dans la *Chronique de Charles VI*, *displicencia*, *indignacio*, *ira* et *iracundia* caractérisent les réactions de Flamands ou d'Anglais[156].

Cette analyse des groupes concernés était nécessaire pour mieux saisir les causes et les conséquences de leur mécontentement, de leur indignation, et de leur colère. Ces réactions sont loin de toujours menacer le groupe qui les ressent. Lorsque, en 1382, les Français vainqueurs pénètrent dans Courtrai, et qu'ils voient, suspendus dans la principale église, les éperons d'or et les bannières pris aux Français vaincus devant la ville en 1302, ils ne se rappellent pas (pas plus d'ailleurs que Michel Pintoin) la date de la bataille, mais la vue de ces trophées leur rappelle une douloureuse défaite, et tous ensemble en éprouvent un grand malaise (*tanta displicencia*)[157]. Lorsque, en 1418, rien n'était fait pour résister aux Anglais vainqueurs, tous les régnicoles en éprouvaient une grande indignation[158]. Souvent, ainsi, au cours de son récit, Michel Pintoin montre des Français, des Flamands ou des Anglais dont le mécontentement, l'indignation ou la colère marquent et renforcent la cohésion. Dix-neuf fois sur cinquante-quatre, une fois sur trois, nous avons ainsi une réaction qui soude le groupe. Mais, deux fois sur trois, le mécontentement, l'indignation et la colère des Français sont bien une menace pour le royaume. Les impôts réclamés par

l'Etat sont une cause constante de mécontentement[159]. S'y ajoutent, à partir du moment où s'opposent les princes, les passions politiques. On s'emporte
contre le duc d'Orléans, contre le duc de Bourgogne,
contre le duc de Guyenne[160]. Il peut exister, bien
entendu, d'autres causes plus précises de mécontent-
tement, mais ce sont bien là les deux raisons essen-
tielles. En 1416, des centaines de Parisiens ont été
compromis dans une conspiration destinée à chasser
les Armagnacs qui tenaient le pouvoir. Leurs
meneurs ont confessé à la justice les raisons des
conspirateurs. Ils étaient poussés par un double
mécontentement (*gemina displicencia mediante*). Ils
étaient d'abord accablés par des impôts exorbitants
et insupportables. Ils étaient ensuite favorables au
duc de Bourgogne, et voulaient travailler à son
retour[161]. En 1380, à Paris, peu après le sacre de
Charles VI, la joie récente (*recens gaudium*) avait été
troublée par le mécontentement (*displicencia*) et le
malaise de la population. Il y avait d'abord, analyse
Michel Pintoin, le joug pesant des impôts (*grave
jugum subsidiorum*), à quoi s'ajoutaient un désir
ardent de nouveautés (*novendarum rerum aviditas*) et
les discordes entre les jeunes et les vieux (*juniores,
majores*), entre les grands et les petits (*summi,
infimi*)[162].

Quelle qu'en fût la cause, les responsables politiques redoutaient ces mécontentements, ces indignations et ces colères. Ils savaient que la moindre
étincelle pouvait provoquer un grand incendie, que le
moindre trouble pouvait faire tout à coup passer une
multitude de la colère à la violence[163]. Michel Pintoin
le savait aussi. Il a été le témoin attentif de tous les
signes qui révélaient les réactions de l'opinion
publique.

De nombreux mécontentements s'apaisèrent d'eux-
mêmes, et n'eurent aucune conséquence immédiate.
D'autres furent l'étincelle tant redoutée. Le premier

moment de l'incendie était un silence lourd de menaces. Lorsque, en 1382, le gouvernement décida d'une nouvelle levée d'impôts, le mécontentement (*displicencia*), à Paris, fut considérable. Les gens d'autorité (*cives auctoritatis*), pourtant, gardèrent un profond silence (*cum summo silencio*). Ils savaient bien que le peuple allait réagir. L'attitude des petites gens (*populares*) fut en effet de mauvais augure. Ils froncèrent le sourcil (*erecto supercilio*)[164].

Déjà, en 1380, avant le sacre de Charles VI, les non-nobles (*ignobiles*) avaient réagi à la menace de nouveaux impôts et manifesté, par leur attitude, leur mécontentement. Michel Pintoin nous les montre agitant la tête, fronçant le sourcil, durcissant leurs traits[165]. C'étaient là les signes avant-coureurs d'un murmure.

Le murmure qui parcourt l'ensemble ou une partie des régnicoles, ou le peuple des non-nobles, est parfois le signe d'une position politique : hostilité au duc d'Orléans, à la duchesse d'Orléans, aux Armagnacs[166]. Le plus souvent, c'est le signe du mécontentement ou de l'indignation de contribuables auxquels on veut réclamer, une fois encore, un nouveau subside[167]. Quel qu'il soit, les dirigeants redoutent cet inquiétant murmure. Ils font tout, d'abord, pour qu'il n'y en ait pas[168]. S'il y en a un, leur premier souci est de l'apaiser[169], fût-ce au prix d'une reculade. Louis d'Orléans avait épousé Valentine Visconti, la fille du seigneur de Milan, lequel, sur le plan des sortilèges et des poisons, avait mauvaise réputation. Lorsque Charles VI devint fou, le bruit courut bientôt qu'il était ensorcelé par sa belle-sœur. Michel Pintoin a beau s'indigner, dire que c'était un bruit sans fondement (*procul dubio sine causa*), un propos absurde (*stultum propositum*), une pure diffamation (*diffamare*), il doit constater que « beaucoup de personnes des deux sexes murmuraient contre la duchesse d'Orléans » (*multi utriusque sexus contra eam murmurabant*). En

1395, quelques seigneurs, et le duc d'Orléans lui-même, furent d'avis que mieux valait, pour éviter tout scandale (*scandalum*), éloigner la duchesse de la cour et de Paris. Valentine ne remit les pieds dans la capitale qu'en 1407, après le meurtre de son mari[170].

En 1402, le roi étant malade et le trésor vide, le duc de Bourgogne décida une nouvelle imposition. Elle fut pendant un temps acceptée. Mais, au début de 1403, les habitants de Reims refusèrent de la payer. Elle était levée, disaient-ils, à l'insu du roi. Tous les habitants du royaume partagèrent bientôt cette opinion. Lorsque, à la fin de février 1403, Charles VI recouvra la santé, il abolit cet impôt qu'avait en somme condamné ce « murmure de peuple[171] ». Le « *propter murmur populi* » de la *Chronique de Charles VI* est l'exacte traduction du « par murmure de peuple » que le « Bourgeois de Paris » emploie en 1413[172].

En 1417, les Armagnacs étaient encore maîtres de Paris. Ils en avaient expulsé plusieurs notables bourgeois favorables au duc de Bourgogne. Mais leurs parents et leur amis en éprouvaient un tel mécontentement (*tanta displicencia*) qu'ils murmuraient non pas même ouvertement mais dans l'ombre (*non palam sed in occulto*), et ce murmure suffisait à paralyser le pouvoir[173]. Les puissants savent bien le poids de l'opinion publique. Ils ne redoutent rien tant qu'un murmure de peuple.

Ce qui se murmure dans l'ombre est pourtant bien moins redoutable que ce qui est dit ouvertement, et publiquement (*publice*)[174]. Je ne suis pas sûr que le murmure n'aille pas parfois jusqu'à des propos publiquement tenus[175]. Le plus souvent, cependant, Michel Pintoin distingue bien les murmures de l'ombre et les paroles publiques. Lorsque, en 1405, le duc d'Orléans forma le projet de mettre la main sur la Normandie, les régnicoles murmurèrent (*murmurarent*). Mais le peuple s'exprima publiquement (*inter vulgales referebatur publice*)[176]. Lorsque, en 1411, des ambassadeurs revinrent à Paris et firent leur rapport, les gens de la cour furent indignés, mais les régnicoles, furieux, les traitèrent publiquement (*publice*) de traîtres[177]. Lorsque, en 1412, on apprit que le duc de Berry et ses amis tentaient de s'allier avec le roi d'Angleterre, les notables bourgeois de Paris en éprouvèrent un grand mécontentement (*summa displicencia*), mais le peuple, furieux, les maudit publiquement (*publice maledicentes*)[178]. Il y a clairement deux degrés dans les réactions de l'opinion publique. Il y a ce qui se dit « *in occulto* », « *in secreto* », « *clam* », « *privatim* », « *occulte* ». Et il y a ce qui se dit « *palam* », « *publice* »[179].

Pour oser parler ouvertement, dans les carrefours des villes[180], la colère doit être assez forte pour vaincre la peur. Le 8 mars 1408, dans sa justification du duc de Bourgogne, le puissant orateur qu'était Jean Petit, docteur en théologie de l'Université de Paris, avait montré avec force détails comment le duc d'Orléans avait machiné la mort du roi « par maléfices, sortilèges et supersticion ». Mais ces pratiques avaient été dénoncées par « ung chevalier de grant honneur, parent du roy » que, bien entendu, le duc d'Orléans avait persécuté et détruit « en honneur et chevance »[181]. Michel Pintoin résume fort exactement ces propos de Jean Petit. Mais les précisions qu'il ajoute à la fin prouvent bien que lui-même était parfaitement informé de cet incident qui l'avait vivement frappé, et montrent surtout l'attention qu'il portait toujours à l'opinion publique. Il précise en effet le triste destin du chevalier. Sous la pression du duc d'Orléans, le roi le fit exiler sans procès. Et, ajoute l'historien, « cette proscription épouvanta les courtisans et les régnicoles. Longtemps, ils en murmurèrent entre eux, mais ils n'osèrent pas accuser publiquement le duc d'un tel forfait[182] ».

Pour vaincre la peur, il faut de la témérité[183], ou à

tout le moins de l'audace [184]. Mais les termes *temeritas* et *audacia* ne sont pas si fréquents. Et Michel Pintoin use souvent ici de mots d'une même famille dont la valeur précise pose problème. *Rubor, erubescencia,* c'est, dans le latin classique, la honte. *Erubescere,* c'est avoir honte, rougir de faute. Des dizaines de fois, l'historien reprend une expression qu'il affectionne : « *absque erubescencie velo* », qu'on pourrait en effet parfois traduire par « sans une ombre de honte, sans rougir ». Mais souvent, comme l'a bien vu Louis-François Bellaguet, cette traduction est impossible. Car Michel Pintoin n'entend nullement condamner les propos dont il dit qu'ils ont été tenus « *absque rubore* », « *absque erubescencie velo* ». N'en prenons qu'un exemple : en mars 1420, pendant que se poursuivent les négociations qui aboutiront au traité de Troyes, Henri V, on s'en souvient, accepte de prolonger la trêve à condition que soit remis aux Anglais le pont de Beaumont-sur-Oise. Les gens du roi de France acceptent sans difficulté cette condition. Mais, ajoute l'historien, ce consentement a suscité le mécontentement d'un grand nombre de régnicoles, nobles et non nobles, qui les ont publiquement critiqués « *absque rubore* » [185]. On ne peut pas traduire par « sans rougir », car il est bien évident que l'historien n'entend nullement condamner des critiques dont on voit bien qu'il les fait siennes. Dans ces cas précis, par « *absque erubescencie velo* », Michel Pintoin entend simplement dire que ceux dont il est question « n'ont pas hésité à parler », ont parlé « sans crainte », « ouvertement », « hautement ».

Voici des combattants. Michel Pintoin nous dit qu'ils n'ont eu aucune crainte de Dieu et se sont conduits « *absque erubescencie velo* ». Voici des émeutiers. Ils n'ont eu aucun égard pour la dignité royale et se sont conduits « *absque erubescencie velo* ». Voici maintenant des responsables qui agissent, au mépris des lois, « *absque erubescencie velo* »[186]. Et voici des soldats que ne retient pas le moindre frein[187]. Tous ces gens ont en commun d'avoir rejeté le frein qu'auraient dû leur imposer la crainte de Dieu, la majesté royale, la loi, la morale. Le plus souvent Michel Pintoin entend simplement dire que tels ou tels n'ont pas été retenus par la crainte de susciter un scandale, de troubler la paix et l'ordre apparents, et se sont exprimés publiquement. En 1404, devant le poids intolérable des impôts, les régnicoles n'hésitèrent pas (*absque erubescencie velo*) à déclamer dans les carrefours des villes contre l'insatiable cupidité de la reine et du duc d'Orléans. En 1411, les gens de la cour furent indignés de la conduite de certains ambassadeurs. Mais les régnicoles, eux, allèrent jusqu'à les traiter publiquement (*publice et absque erubescencie velo*) de traîtres[188]. On pourrait multiplier les exemples. « *Absque erubescencie velo* » ne porte aucun jugement sur ce qui est dit publiquement. L'expression signale simplement que tels ou tels ont osé s'exprimer publiquement. C'est pour Michel Pintoin une façon routinière de dire que le mécontentement de l'opinion publique avait franchi une étape. Le murmure était une menace. Avec les paroles publiques naissait le désordre.

Le mécontentement, l'indignation ou la colère poussent à articuler publiquement des reproches précis. En 1404, les régnicoles critiquent publiquement l'insatiable cupidité de la reine et du duc d'Orléans[189]. En 1417, après la prise de Caen par les Anglais, tous les régnicoles mettent publiquement en cause la négligence et l'incurie des conseillers du roi[190].

Mais, au-delà des propos qui peuvent être véhéments[191], les foules en colère peuvent en venir aux injures[192], aux paroles outrageantes[193]. Hector de Saveuse et son frère étaient des gentilshommes picards au service du duc de Bourgogne. Ils étaient plus célèbres par leurs brigandages et leurs sacrilèges que par leurs exploits militaires. On ne les appelait même plus par leurs noms. On parlait des princes des voleurs [194].

L'insulte la plus courante, celle qui salissait le mieux une réputation et un honneur (*fama*), c'était celle de traître [195]. Pendant la guerre civile, nous dit le Religieux de Saint-Denis, presque tous les habitants du royaume se traitaient mutuellement soit d'infâmes traîtres armagnacs, soit d'infâmes traîtres bourguignons [196]. Michel Pintoin et quelques autres n'hésitèrent pas à comparer le duc de Bourgogne lui-même au traître Judas dès après le meurtre du duc d'Orléans [197]. On peut supposer que les Armagnacs ne s'en privèrent pas non plus. Pourtant, ce n'est qu'en 1414 que l'historien fait pour la première fois état d'insultes qui ont souillé l'honneur du duc de Bourgogne et excité sa fureur. On l'avait alors publiquement traité de traître [198]. En 1416, Michel Pintoin mentionne à nouveau que Jean sans Peur avait été publiquement dit traître, homicide et bâtard [199]. Le Religieux de Saint-Denis ne précise pas la forme qu'avaient prise, en 1416, ces propos outrageants. En 1414, c'étaient des « chants satiriques » qui avaient publiquement souillé l'honneur du duc.

L'exaspération des sentiments publics pouvait encore aller au-delà des injures, des insultes, des chants satiriques. Elle pouvait aller aux menaces [200]. Elle pouvait surtout aller aux imprécations, aux malédictions lorsque des gens furieux ou désespérés osaient demander à Dieu la damnation éternelle de leurs gouvernants, de leurs bourreaux, de leurs adversaires. J'ai relevé une douzaine de mentions de malédictions publiques dans la *Chronique de Charles VI*. Leur chronologie et leur analyse donnent un assez remarquable profil des difficultés du règne, et de leur écho dans l'opinion publique.

Au tout début du règne, en 1383, des gens de guerre, furieux d'être privés du pillage de Bourbourg par la duplicité du duc de Bretagne, accablent celui-ci de malédictions et demandent à Dieu qu'il soit condamné avec le traître Judas aux flammes éternelles[201].

Après quoi l'absence de toute malédiction marque bien le calme d'une longue période qui se termine en 1404. Mais, de 1404 à 1407, les malédictions se multiplient contre la reine, le duc d'Orléans et le duc de Berry. En 1404, nombreux furent ceux qu'osèrent publiquement maudire le duc de Berry pour le nouvel impôt qu'il avait décrété[202]. En 1404 encore, pour un impôt levé avec une rigueur excessive, beaucoup n'hésitaient pas à vomir des imprécations contre le duc d'Orléans[203]. En 1405, le mécontentement était tel contre le gouvernement de la reine et du duc d'Orléans que le peuple ne craignait pas de les maudire publiquement tous les deux[204]. En 1406, après l'échec de l'expédition du duc d'Orléans en Guyenne, le peuple, furieux de tout cet argent levé en pure perte, osa publiquement maudire le duc[205]. En 1407 le droit de prise en ruinait beaucoup, qui ne craignaient pas de maudire publiquement leurs maîtres[206].

Quelques mois plus tard, le duc de Bourgogne faisait assassiner le duc d'Orléans. Et si beaucoup pouvaient à part soi penser que ce meurtre était horrible et que Jean sans Peur était un traître semblable à Judas[207], la rue restait calme et souhaitait la paix. Du moins Michel Pintoin ne fait-il pas état de malédictions publiques jusqu'en 1410.

En 1410, les débuts de la guerre civile et les ravages des gens d'armes multiplient les malédictions. Les régnicoles maudissent alors publiquement les ducs et n'hésitent pas à dire que les Anglais, leurs ennemis, les traiteraient mieux[208]. En 1411, c'est surtout le duc d'Orléans qui est en butte aux malédictions du peuple[209]. En 1412, ce sont le duc de Berry et ses amis, lorsqu'on apprend qu'ils ont tenté de s'allier au roi d'Angleterre : les hommes et les femmes du peuple, nous dit l'historien, dans leur fureur, n'ont pas craint de maudire publiquement les ducs et les comtes et leur souhaitèrent d'être damnés pour l'éternité comme le traître Judas[210].

Il fallut les graves troubles de 1413 pour que la tendance se renverse et que les malédictions atteignent le duc de Bourgogne et ses alliés. Au cours de l'été 1413, nous dit Michel Pintoin, « le peuple, fatigué de voir depuis si longtemps régner dans la ville de pareils misérables, ne cessait de proférer publiquement contre eux toutes sortes de malédictions, et leur souhaitait tous les supplices que souffre dans l'enfer le traître Judas[211] ». Ces malédictions permirent le retour des princes et obligèrent le duc de Bourgogne à quitter Paris. Nous avons vu comment, en 1414 et 1416, Michel Pintoin se fait l'écho des injures publiques qui entachèrent alors l'honneur de Jean sans Peur[212].

Enfin, on se doute bien qu'avec les tragiques événements de la fin du règne, les occasions de malédictions ne manquèrent pas : les massacres de 1418 d'abord[213], et, ensuite, l'assassinat du duc de Bourgogne en 1419[214]. Ainsi la mise en série des malédictions permet, elle aussi, de dessiner à grands traits l'évolution de l'opinion publique.

En 1380, Michel Pintoin décrit longuement l'état d'esprit des Parisiens. Leurs murmures et leurs paroles menaçantes montraient qu'il ne leur manquait qu'un chef pour se soulever[215]. En 1404, beaucoup vomissaient des imprécations contre le duc d'Orléans « faute de pouvoir faire mieux » (*cum plus non possent*), nous dit l'historien[216]. En 1406, le problème de la soustraction déchaîne les passions des clercs. L'indignation, nous dit Michel Pintoin (*indignacionis stimulo agitati*), réveille une haine latente (*latens odium*). On ose (*absque erubescencie velo*) des insultes et des chants qui souillent publiquement l'honneur des gens d'autorité (*famam... majorum et*

qui ceteris auctoritate precellebant publice denigra-
rent)[217]. Ces exemples le suggèrent bien. Dans l'esprit
du Religieux de Saint-Denis, toutes ces insultes et
toutes ces malédictions publiques, nées du mécontentement, de l'indignation et de la colère, sont des
désordres d'autant plus inquiétants qu'ils peuvent
déboucher sur la haine et sur la violence.

La haine

La haine est un des grands acteurs de la *Chronique
de Charles VI*. Sans même parler des adjectifs et des
verbes qui disent la haine, le seul nom *odium* y apparaît à 174 reprises, soit, en moyenne, plus de quatre
fois par an. Rares sont les années où le mot n'apparaît pas du tout. Il n'y en a que deux : 1397 et 1400.
Et le nombre d'occurrences d'*odium* permet aussitôt
de repérer les années terribles. Il y en a quatorze en
1411, et dix-neuf en 1413.

Le premier souci de Michel Pintoin est d'expliquer
toutes ces haines. Il n'y parvient pas toujours. Pourquoi, en 1413, la populace parisienne haïssait-elle
Pierre Des Essarts, le prévôt de Paris qu'elle avait
aimé comme un père l'année précédente ? Beaucoup
s'en étonnaient. L'historien ne pouvait l'expliquer[218].
Mais, le plus souvent, il savait dire en quelques mots
l'« occasion » qui avait donné naissance aux haines
que son récit croisait[219]. En 1387, le problème de
l'Immaculée Conception de la Vierge avait provoqué
un débat passionné au sein de l'Université de Paris.
L'évêque de Paris avait condamné les propositions de
Jean de Monzon, lequel appela de cette sentence en
cour de Rome. C'est cette « appellation frivole » qui
fut à l'origine d'un grand scandale et d'une grande
haine[220]. En 1392, Charles VI avait décidé l'expédition contre le duc de Bretagne après avoir pris l'avis
de ses conseillers, mais sans consulter ses oncles.

Ceux-ci en avaient conçu contre les Marmousets une haine inexpiable[221]. En 1412, Charles VI avait proclamé le comte d'Alençon rebelle. Louis, roi de Sicile et duc d'Anjou, en avait profité pour obtenir du roi de France la permission d'envahir les terres de son voisin. Tout ce qu'il pourrait conquérir des domaines du comte deviendrait sa légitime possession. Cette faveur royale, on le conçoit, fut à l'origine d'une haine mortelle entre les deux princes[222]. On pourrait multiplier les exemples. *La Chronique de Charles VI* est ainsi parcourue de nombreuses haines qui peuvent être vives mais restent pourtant ponctuelles.

Il y a d'autres haines qui structurent de façon durable l'ensemble du récit, dont l'historien analyse, parfois longuement, les raisons. Tout au début de sa chronique, il pose la haine invétérée que les Anglais portaient aux Français. Elle devait être due à toutes ces possessions qu'ils avaient perdues dans le royaume[223]. En 1407, l'historien énumère toutes les raisons qui expliquaient pourquoi les ducs d'Orléans et de Bourgogne se haïssaient si fort[224]. Cette haine mutuelle aboutissait au meurtre du premier par le second. Et ce meurtre à son tour était cause de la haine mortelle qui avait opposé les princes et ruiné le royaume[225].

La *Chronique de Charles VI* fait large place à ces haines durables : *odium vetus*[226], *vetustum*[227], *inveteratum*[228], *obstinatum*[229], *pertinax*, qui restent ainsi, dans la vie politique et religieuse, nationale et internationale, des données fondamentales et constantes. Michel Pintoin, parfois, accumule les mots pour bien le souligner. Les soldats de Bajazet, dit-il en 1396, nourrissent contre le nom chrétien, « *inveteratum odium pertinax et obstinatum* »[230].

Ces haines sont d'autant plus durables qu'elles sont le plus souvent réciproques et dressent les uns contre les autres individus et groupes : *mutuum odium*[231] ; *intestinum odium*[232].

Enfin, de telles haines peuvent être longtemps latentes (*latens odium*)[233]. Sous le coup du mécontentement[234], de l'indignation[235] ou de la colère[236], elles éclatent[237]. C'est maintenant une haine ouverte et déclarée (*odium manifestum*)[238]. Et cette haine implacable (*inextinguibile*)[239], inexpiable (*inexpiabile*)[240], mortelle (*mortale*)[241] est le plus véhément des sentiments qui habitent le cœur de l'homme. Elle débouche sur la fureur[242] et la violence. C'est bien une donnée essentielle de la vie politique.

La haine peut aussi bien souder que détruire une communauté. Ainsi, les Anglais communient dans la haine des Français. Dès la première page de sa chronique, en 1380, Michel Pintoin déclare que les Français auraient pu jouir de la paix s'ils n'en avaient été empêchés par la haine invétérée que les Anglais leur portaient depuis qu'ils avaient perdu leurs possessions dans le royaume. « Et, ajoute l'historien, comme ils savaient ces pertes irrécupérables, l'indignation les poussant à la fureur, ils aspiraient au démembrement du royaume[243] ». Cette haine invétérée et inexpiable ressurgit de place en place tout au long de la chronique[244]. Elle explique en particulier le complet désaccord de la France et de l'Angleterre sur le problème du Schisme, en 1396[245], la façon dont les Anglais ont traité la veuve de Richard II, fille de Charles VI, en 1399[246], et, bien entendu, les agressions de Henri V que le prologue de la chronique, en quelque sorte, annonçait.

Les Flamands, de même, sont unis par leur haine des Français[247]. Et d'ailleurs, d'une façon générale, et même encore en 1412, le chantre de Saint-Denis est fier de pouvoir dire que la prospérité des Français attire sur eux la « haine invétérée des nations barbares[248] ».

Les Français, eux, n'ont aucune raison de jalouser les Anglais ni aucune autre nation barbare. Mais, même si Michel Pintoin n'insiste pas trop, ils leur rendent pourtant bien leur haine. En 1396, l'historien n'est pas surpris que Français et Anglais n'aient pu s'entendre sur le problème du Schisme. « Il n'est pas étonnant, écrit-il, que deux nations animées l'une contre l'autre d'une haine inexpiable aient des avis contraires [249] ». L'indigne façon dont les Anglais ont renvoyé en France la veuve de Richard II porte pourtant à un nouveau sommet la traditionnelle et inexpiable haine des Français contre les Anglais [250]. Cette inexpiable haine, si forte dans la région parisienne en 1402, et qui étonne presque le moine dionysien, était-elle aussi vive dans tout le royaume ? Michel Pintoin, en 1404, faisant état des difficultés que rencontre Henri IV à Bordeaux, parle du désir qu'avaient beaucoup de ses habitants de rentrer sous la domination française, et de la haine qu'ils nourrissaient contre les Anglais. On peut légitimement penser que l'historien dionysien se faisait quelque illusion sur l'atmosphère de ce lointain pays [251].

Quoi qu'il en soit, ces haines entre « nations » sont bien un des éléments forts du jeu politique. Avant le combat, c'est bien une haine mutuelle, inexpiable, insatiable, qui pousse les Flamands et les Français, les Normands et les Anglais, les Bretons et les Anglais, et d'autres, à hurler « à mort ! » avant de se courir sus [252]. La haine est bien là pour souder les « nations ».

Mais elle est là aussi pour détruire les Etats. Car ceux que travaille la haine obéissent à leurs intérêts et à leurs passions privés, et n'ont souci ni de leur pays, ni de la chose publique, ni de l'utilité commune [253]. Dans l'exercice du pouvoir, les princes et leurs serviteurs négligent les formes du droit [254]. Aveuglés par les haines intestines, ces mêmes princes se dressent les uns contre les autres, leurs sujets font de même. La haine nourrit la discorde [255]. La discorde enfante les séditions [256] et les commotions [257]. Et voilà que se déchaînent les violences [258], les guerres, les massacres. La haine est le pire ennemi de la paix.

Et la haine est ainsi un bon fil conducteur pour suivre, tout au long du règne, les malheurs du royaume. Sur l'arrière-plan de la haine invétérée que les Anglais portent aux Français, jouent puis se déchaînent les haines franco-françaises. Au début du règne, pendant cinq ans, le trouble vient de la haine que le duc de Bretagne nourrit contre le connétable du roi de France, Olivier de Clisson. En 1387, Jean IV laisse libre cours à sa haine latente et invétérée. Par trahison, il fait prisonnier le connétable. Son geste est à l'origine d'une haine insatiable que le roi et les princes tentent en vain, pendant cinq ans, d'apaiser. Seule la folie de Charles VI, en 1392, calme le jeu. Au reste, les populations avaient souffert de ces querelles de princes. Elles n'avaient pas partagé leurs passions. Cette haine avait posé un problème ; elle n'avait pas causé un désastre [259].

Il est bien vrai que le Schisme est à l'origine de grands troubles et de violentes passions. En février 1393, les professeurs de l'Université de Paris pensaient que le seul moyen d'étouffer le Schisme était de contraindre les deux compétiteurs à renoncer à la papauté. Or, l'un des leurs, Jean Golein, provincial des Carmes, surtout connu pour les remarquables traductions d'œuvres latines en français qu'il avait réalisées à la demande de Charles V, avait plusieurs fois déclaré en chaire que, pour rétablir l'union de l'Eglise, il fallait déposer par la force l'adversaire de Clément VII. Sa position lui valut beaucoup de haine dans l'Université [260]. Par ailleurs, pourtant, dans ces années-là, le récit de Michel Pintoin n'autorise pas l'idée de passions violemment et durablement déchaînées.

Mais tout change dans les premières années du XVe siècle. En février 1403, Louis d'Orléans impose la restitution d'obédience à Benoît XIII. Ce qui ne règle rien. Et, en novembre 1406, le roi convoque un concile à Paris pour débattre à nouveau de la soustraction d'obédience. C'est alors que Michel Pintoin fait état, pour la première fois, de la haine inexpiable dont beaucoup étaient animés à l'égard de Benoît XIII[261]. Quelques mois plus tard, en février 1407, les adversaires de Benoît XIII obtiennent du roi des lettres qui décident de soustraire au pape la collation des bénéfices. Les partisans de Benoît XIII, soutenus par le duc d'Orléans, voient là le résultat de la « haine inexpiable » dont le pape est l'objet, et s'acharnent à empêcher l'application des lettres royales. « C'est pourquoi, continue Michel Pintoin, tous furent aiguillonnés par l'indignation. Chez quelques-uns, même, la haine latente éclata de façon indécente. De part et d'autre, on osa déclamer des invectives et des satires qui salissaient publiquement la réputation des gens d'âge et d'autorité[262] ». L'historien ne pouvait mieux dire l'état d'esprit des clercs au début de 1407. Après quoi, pendant environ un an, la haine ressurgit par cinq fois dans le récit que Michel Pintoin fait des affaires religieuses[263]. La publication de la neutralité du royaume à l'égard des deux prétendants (janvier 1408), bientôt suivie du concile de Pise (1409), mettait un terme aux passions religieuses. La haine disparaît, pour les problèmes religieux, du récit de Michel Pintoin. Ainsi, dans la longue histoire du Schisme, du début du règne à 1417, la simple attention portée au mot *odium* permet de suivre, dans ses grands traits, l'état d'esprit des clercs et de bien distinguer les trois années, 1406-1408, où les passions atteignent leur paroxysme. Comme l'action du duc d'Orléans a été, dans ce moment, essentielle, il est bien clair que les passions suscitées par les problèmes religieux sont devenues d'autant plus vives qu'elles étaient imbriquées dans les conflits politiques. Car c'est bien des rivalités politiques qu'est née, dans le royaume, dès la première année du xve siècle, cette longue théorie de haines mortifères.

Tout commence à la fin de 1401. Dans un long chapitre intitulé « La discorde (*discordia*) éclate entre les ducs de Bourgogne et d'Orléans », Michel Pintoin explique que la folie du roi a exacerbé le conflit entre le vieux duc Philippe de Bourgogne, oncle du roi, et son jeune neveu, frère du roi, Louis d'Orléans. L'indignation (*indignacio*) de l'oncle avait bien d'autres raisons, ne serait-ce que la volonté du duc d'Orléans de ramener la France à l'obéissance de Benoît XIII. Mais la raison essentielle était, entre les deux ducs, la lutte pour le pouvoir (*de superioritate contencie*) alors que le roi était malade.

Entre les deux ducs, la haine latente n'avait fait que croître. Lorsque Charles VI fut victime d'une nouvelle crise, en septembre ou octobre, les courtisans poussèrent les deux ducs l'un contre l'autre. Les étincelles de la haine, jusque-là dissimulées sous la cendre (*odii scintillas sub dissimulacionis latentes cinere*) provoquèrent un grand incendie (*ingens incendium*). L'inimitié des ducs devint publique (*ad inimicias publicas*). Le conflit ouvert aboutissait à une première prise d'armes, en décembre 1401. Mais, à vrai dire, dans cette guerre qui ressemblait fort à une guerre civile (*hoc bellum, civili simillimum*), n'étaient impliqués que l'oncle et le neveu, leurs parents et leurs amis (*inter patruum et nepotem, inter consanguineos et amicos*) et quelques milliers de mercenaires. Les régnicoles, même les Parisiens, ne bougèrent pas. La reine, les ducs de Berry et de Bourbon s'entremirent. Dès le 14 janvier 1402, l'oncle et le neveu se prêtèrent à une réconciliation, à la grande joie des Parisiens[264]. Tout semblait apaisé. Mais les mots de l'historien, de l'indignation à la haine et à la violence, marquaient bien les premiers pas de la guerre civile qui allait détruire le royaume.

Philippe de Bourgogne mourut en 1404. Son fils Jean hérita de toutes ses ambitions, et mit à leur service un tempérament autrement impulsif et redoutable. La tension entre les deux cousins germains ne

fit que croître. Une nouvelle crise éclata en 1405. Elle
ressemble à la première par de nombreux traits. Le
roi, frappé par un nouvel accès de démence, est à
nouveau absent. Les deux ducs nourrissent l'un
contre l'autre une haine inexpiable attisée par les
courtisans. La haine latente devient manifeste. Chacun assemble des soldats qui commettent les pires
excès. La guerre civile semble inévitable. Elle semble
d'autant plus inévitable que, cette fois, les deux prota-
gonistes font tous leurs efforts pour entraîner dans
leur querelle l'ensemble de la population. Harangue
du duc de Bourgogne en personne, campagne de
lettres du duc d'Orléans [265], processions et prêches [266]
créent une atmosphère où un tumulte populaire
(*tumultus popularis*) [267] marque bien la nervosité de
la population parisienne, plutôt favorable au duc de
Bourgogne. Mais, à la grande déception de celui-ci,
les Parisiens refusent finalement de le suivre. Ils
n'obéissent qu'au roi ou à son fils personnellement
présents [268]. Malgré les efforts des princes de se
gagner, par leur propagande, l'opinion publique, la
paix, pour cette fois, est encore sauvée. Mais la haine
entre Louis d'Orléans et Jean sans Peur n'était même
plus cachée. Elle restait tout au long de 1406 ouverte
et déclarée [269].

Le 23 novembre 1407, le duc d'Orléans était assassiné. On sut bientôt que c'était sur ordre du duc de
Bourgogne [270]. L'horrible trahison avait une explication évidente, que Michel Pintoin développe longuement. Elle était le fruit d'une haine mutuelle et
inextinguible (*intestinum odium, odium inextinguibile*) [271] entre les deux ducs. Elle eut deux conséquences.
Jusqu'alors, le confit entre les ducs d'Orléans et de
Bourgogne pouvait être arbitré et apaisé par la reine
et les princes. Désormais, les princes, scandalisés par
le forfait du duc de Bourgogne, et peu soucieux de le
laisser gouverner seul, s'opposèrent à lui avec de plus
en plus de véhémence [272]. En 1410, tous les Français

savaient la haine inexpiable que se portaient les princes du sang (*odium inexpiabile consanguineorum*)[273]. Mais la haine, cette fois, gagna la société française tout entière.

En 1411, Paris, le royaume, l'armée française étaient travaillés d'une haine inexpiable, et partagés en deux camps. Les uns voulaient venger la mort du duc d'Orléans. Les autres, plus nombreux, voyaient cette mort comme un juste châtiment. Ce fut un temps de violences et d'injures. Et c'est alors que les partisans du duc de Bourgogne commencèrent à traiter leurs adversaires d'Armagnacs[274].

La crise de 1411 marquait, pour la France, le début d'une longue période de malheurs. Michel Pintoin en fait un récit de plus en plus accablé, ponctué de haines inexpiables[275], traversé de violences et d'injures aussi banales que redoutables : « Faux traîtres, Armagnacs ! Faux traîtres, Bourguignons ![276] » Oui, on peut bien dire que la haine est un des grands acteurs de la *Chronique de Charles VI*.

Mais, avant de conclure, comparons les récits que Michel Pintoin et Enguerran de Monstrelet nous donnent de la campagne militaire menée par le duc de Bourgogne en septembre 1411[277]. Le 1er septembre, Jean sans Peur quittait Douai et entamait sa marche vers Paris avec une armée composée essentiellement de Picards et de Flamands. Dès le départ, les deux nations s'étaient heurtées. Elles se heurtèrent encore lorsque le duc mit le siège devant Ham que tenaient les gens du duc d'Orléans. Elles furent pourtant d'accord pour prendre et piller Ham, le 12 septembre. Le duc continua alors sa marche sur Paris, avec ses Picards et ses Flamands, qu'il assembla à Montdidier. Mais, le 27 septembre, jour des saints Cosme et Damien, au grand déplaisir du duc, les Flamands repartirent vers la Flandre avec tout ce qu'ils purent emporter. Le reste fut pillé par les Picards restés sur place.

Il y a des différences remarquables entre les récits des deux historiens. Enguerran de Monstrelet a écrit beaucoup plus tard mais il a été, comme souvent, bien informé, et il est sûr que, dans le cas présent, il l'a été par un ou des compatriotes picards. Il donne la date exacte de la prise de Ham. Il est au courant de la convention passée entre le duc et les Flamands, qui avait permis au duc d'entraîner les Flamands dans cette expédition : Jean sans Peur les avait autorisés par avance, « par lettres scellées de son scel », à prendre tout le butin « qu'ilz pourroient conquerre[278] ». Les Flamands partirent donc pour une expédition de pillage : « Si commencèrent à piller et rober tout ce qu'ilz trouvèrent, en usant du droit que leur avoit donné leur seigneur le duc de Bourgongne[279] ». Monstrelet, qui est un sujet du duc de Bourgogne, mais un sujet picard, insiste lourdement sur les pillages des Flamands. Lorsque fut écoulé le nombre de jours qu'ils avaient promis de passer en campagne, rien ne put retenir les Flamands. Ils quittèrent Montdidier avec le butin qu'ils purent emporter. Du premier au dernier jour de l'expédition, le comportement des Flamands et ce problème du butin furent la cause « de grans débas et hutins entre les parties, et par especial entre les Picars et eulx[280] ».

Le récit du Religieux de Saint-Denis est contemporain des événements. Il est fondé sur ce que lui ont dit des témoins oculaires[281]. Il est pourtant, sur bien des points, inférieur à celui d'Enguerran de Monstrelet. Il est moins exact. Il est trop favorable au duc de Bourgogne. Michel Pintoin ignore tout de la convention passée entre le duc et les Flamands. Il ne donne pas la date exacte de la prise de Ham. Et, curieusement, l'historien dionysien éprouve le besoin de faire l'éloge des troupes bourguignonnes, en affirmant qu'elles s'abstinrent, du moins jusqu'à Ham, de tout pillage[282].

Du moins Michel Pintoin est-il bien au courant des

heurts qui ont opposé les Flamands et les Picards. Il insiste même sur ce point. Mais, au lieu de parler, comme Monstrelet, de « débats et hutins », il use, et par trois fois, du mot plus abstrait *odium*. A Ham, le problème du butin a été à l'origine d'une « haine inexpiable » entre les deux « nations[283] ». Plus tard, Michel Pintoin nous dit qu'il s'est bien fait confirmer que le partage du butin avait été à l'origine d'une « haine mortelle » entre Flamands et Picards. Enfin, le 27 septembre, après le départ des Flamands, les Picards s'étaient emparés de tout ce qu'ils n'avaient pu emporter : c'est ainsi qu'était vengée « leur haine invétérée[284] ». On voit bien là comment la haine est devenue un des grands acteurs de la *Chronique de Charles VI*.

Cet exemple montre la manière de Michel Pintoin. D'autres, au fil des événements qui sont pour eux l'essentiel, disent par quelques mots concrets les gestes et les attitudes : il y a eu débat ; il y a eu dispute. Notre historien peut naturellement faire état de ces gestes et de ces attitudes. Mais il leur superpose, parfois avec insistance, un mot abstrait qui dit le sentiment que le geste ou l'attitude avait traduit. L'étude des sentiments a fait, ces dernières années, de remarquables progrès[285]. Il est maintenant clair que les mots utilisés par les gens du Moyen Age ne prétendent pas avoir une épaisseur psychologique. Ils traduisent des paroles et des gestes codifiés et s'intègrent dans un système codifié qui ordonne les rapports sociaux. De même peut-on dire, me semble-t-il, que les mots utilisés par Michel Pintoin dans ses analyses pour rendre compte des opinions et des passions politiques forment un système cohérent qui lui permet de dire la nature et l'intensité des sentiments dont il doit rendre compte. Lorsque le lecteur n'y prend garde, il peut trouver à ces mots souvent répétés quelque chose de conventionnel. Mais lorsqu'il en relève toutes les occurrences et les met en continu, il s'avise que l'historien en joue comme d'une échelle sur laquelle s'ordonnent les réactions des individus et des groupes. Ce système de mots apparaît ainsi comme l'instrument nécessaire à une étude de l'opinion publique.

A quoi doit maintenant s'ajouter la définition des groupes dont l'historien entend dire les réactions.

3

LA COMMUNAUTÉ FRANÇAISE

Les mots

Dans les deux premiers chapitres, j'ai tenté de retrouver les mots qui ont permis à Michel Pintoin de dire les réactions de l'opinion publique. Il me faut maintenant préciser les groupes dont l'historien s'est soucié de dire les réactions. Et il va de soi qu'il considère d'abord l'ensemble de la communauté dont il a voulu suivre le destin tout au long du règne de Charles VI, celle des Français.

Pour désigner l'ensemble de la communauté française, le Religieux de Saint-Denis dispose de nombreux mots. Il y a des mots qui ne sont pas propres à la France, *cives, populus, subditi, regnicole*. Et il y a les mots spécifiques : *Galli, Franci, Gallici, Francigene*. Voyons d'abord le premier groupe.

Au tout début du règne, Michel Pintoin met dans la bouche du chancelier de France deux maximes politiques auxquelles lui-même est particulièrement attaché et qui n'ont d'ailleurs, en son temps, rien que de banal. La première proclame que les rois règnent par la volonté des peuples (*reges regnant suffragio populorum*) et tirent toute leur force de l'obéissance de leurs sujets (*cum imperii omnis vis in earum regnicolarum obediencia consistat*). La seconde maxime est la contrepartie de la première. Les rois doivent veiller à ce que leurs peuples puissent vivre dans la paix et la prospérité (*in pulchritudine pacis et requie temporalium opulenta*)[286]. En 1388, à Reims, le cardinal de Laon justifie que Charles VI prenne en main les rênes du pouvoir par un discours où l'historien lui fait dire à nouveau les mêmes maximes. Il faut, dans un Etat, un bon prince et un peuple obéissant (*obsequiosus populus*). Toute la force du prince réside dans l'obéissance de ses sujets (*imperii omnis vis in subditorum obediencia consistit*), qui espèrent vivre dans la paix et la prospérité[287]. La formule sur la paix nécessaire et souhaitée est souvent reprise par Michel Pintoin. Si l'on prête attention aux mots qu'il emploie, les bénéficiaires en sont une fois *fideles subditi et populus* (les sujets et le peuple)[288] ; une fois *populus* et *regnicole* (le peuple et les habitants du royaume)[289] ; une fois *populus* (le peuple)[290] ; quatre fois *regnicole* (les habitants du royaume)[291].

Il est donc des cas où *cives, populus, subditi, regnicole*, sont de parfaits synonymes et désignent l'ensemble des gouvernés. Mais, à vrai dire, *cives*, dans ce sens, est rarissime. Une fois, une seule, Michel Pintoin parle de *cives regni*[292]. Toutes les autres fois où l'historien écrit *cives*, il désigne par là des gens qui habitent une ville, et d'abord Paris. *Subditi*, les sujets, est un peu plus fréquent mais rien ne nous incite à nous y arrêter davantage. Il y a en revanche deux mots qui méritent toute notre attention : *populus*, le peuple, et *regnicole*, les habitants du royaume.

Populus et son adjectif *popularis* sont des mots courants dans le latin classique. Dans la Vulgate, *popularis* n'apparaît qu'une seule fois, tandis que *populus*, avec des centaines d'occurrences, y est un mot essentiel. Dans la *Chronique de Charles VI*, les deux mots sont bien présents, *populus* avec près de deux cents occurrences, et *popularis* avec près d'une centaine.

La difficulté est de préciser ce que Michel Pintoin entend exactement lorsqu'il écrit *populus*. Il est des cas où mieux vaut ne pas trancher. Très souvent, pourtant, il est permis d'aller plus loin, de suivre *populus* dans tous ses sens, et de mieux connaître ainsi l'image que l'historien se fait de la société.

Populus peut d'abord être simplement traduit par « population ». Le Religieux de Saint-Denis connaissait bien ce sens. Les Lamentations de Jérémie (1, 1) parlaient de « *civitas plena populo* », c'est-à-dire d'« une ville populeuse ». La lettre royale qui, en 1398, proclamait la soustraction d'obédience, citait ce début des Lamentations. Et Michel Pintoin copiait le texte de la lettre royale[293]. L'historien est donc tout naturellement amené à parler de villes qui ont une population nombreuse (*multus populus, urbem multo populari incolatu insignem*)[294], ou une population belliqueuse (*bellicoso populo*)[295].

Le plus souvent, cependant, *populus*, dans la *Chronique de Charles VI*, peut se traduire par « peuple », et a un sens politique. Le peuple est un groupe humain politiquement défini. Mais le fait est que de nombreuses définitions sont possibles, et que le même mot recouvre des réalités très différentes. Dans la Vulgate, Dieu parle constamment de son peuple. *Populus* est le peuple de Dieu. Dans la *Chronique de Charles VI*, Michel Pintoin parle d'autant plus souvent du peuple de Dieu qu'un de ses soucis majeurs est de raconter les vicissitudes de l'Eglise pendant le Schisme et d'insérer, sur ce sujet, de nombreux documents in extenso. La *Chronique* est donc pleine du peuple de Dieu (*populus Dei*)[296] et surtout du peuple chrétien (*populus christianus*), c'est-à-dire de l'ensemble des fidèles qui obéissent au pape et qui sont, hélas, dans l'instant, déchirés en deux obédiences[297].

Mais, dans la Bible, il n'y a pas que le peuple de Dieu. Il y a tous les autres peuples, « tous les peuples qui habitent sur la terre[298] » et qui ont le plus souvent, à leur tête, des rois[299]. Michel Pintoin parle, au fil de son récit, du peuple flamand, du peuple liégeois, du peuple génois[300]. Il parle à maintes reprises du peuple anglais. Le peuple français apparaît dans la *Chronique de Charles VI*, aussi bien dans les phrases de l'historien que dans les documents qu'il cite. Pour nous en tenir à des exemples où le sens de *populus* ne prête pas à discussion, voici un passage où Michel Pintoin nous montre, en 1397, tout le peuple de France (*totus populus Francie*) priant pour le roi[301]. En 1420, le texte du traité de Troyes établit que les deux peuples, l'anglais et le français (*utrinque populi*) vivront en bonne intelligence[302]. En février 1415, une lettre de Charles VI avait déploré les souffrances endurées par « notre peuple » (*populo nostro*)[303]. En 1405 déjà, on avait pu craindre qu'un seul peuple (*unus populus*) fût divisé en deux armées hostiles[304]. Dans tous ces exemples, il est bien clair que « le peuple », c'est l'ensemble de tous les gouvernés confiés par Dieu aux rois[305]. L'adjectif *popularis* est parfois lié à ce sens de *populus*. Dans une de ses lettres, nous dit le Religieux de Saint-Denis, Richard II avait fait état de son amour pour son peuple (*amorem popularium*)[306]. En 1410, dans le discours que l'historien lui fait prononcer, Guillaume de Tignonville exprime l'espoir que Dieu examinera « le cri du peuple » (*clamorem popularem*) et abrégera ses souffrances[307].

A vrai dire, ce sont là, sauf erreur, les deux seuls cas où l'adjectif s'accorde à ce sens de *populus*. Et le nom lui-même, dans ce sens, n'est pas si fréquent. Il apparaît surtout, comme nous l'avons vu, dans les moments où Michel Pintoin et ses contemporains s'élèvent à des considérations générales, rappellent l'obéissance que le peuple doit au roi, la sollicitude que le roi porte à son peuple, et les souffrances, pourtant, qu'endure ce peuple. *Populus*, le plus souvent, reste dans la vie politique le peuple-objet. Il n'est guère acteur que lorsqu'il prie Dieu. Supplier Dieu qu'il rende la santé au roi ou mette fin au Schisme, être *supplicans populus*, c'est à peu près le seul rôle que Michel Pintoin reconnaisse au peuple lorsqu'il use de *populus* en lui donnant ce sens[308].

Pour désigner l'ensemble des gouvernés, tout le peuple dont le roi a la charge, le mot le plus courant – il revient 266 fois – dans la *Chronique de Charles VI*, c'est celui de *regnicole*, les habitants du royaume. Le destin de *regnicole* a quelque chose de remarquable[309]. *Regnicole* apparaît pour la première fois au début du Ve siècle. Saint Augustin l'emploie une fois, une seule, dans son *Contra Faustum Manicheum*, pour parler des habitants du royaume des cieux[310]. Puis, pendant des siècles, le mot disparaît. On le retrouve enfin dans une des lettres que Pierre Bernard, le cinquième prieur de Grandmont, a écrites entre 1160 et 1172[311]. Mais cette occurrence, de ce côté-là des Alpes, est bien isolée. Pendant tout le XIIIe siècle encore, c'est, semble-t-il, uniquement dans la péninsule italienne qu'on use de *regnicole*. On trouve le mot dans des documents du royaume de Sicile[312]. Salimbene l'emploie par deux fois[313]. Qu'entend-on alors, au XIIe et au XIIIe siècle, par *regnicole* ? Sûrement pas « habitants du royaume des cieux ». Mais dans un royaume, sur cette terre, que sont les *regnicole* ? On peut hésiter. S'agit-il de ceux qui habitent dans le royaume, mais n'y sont pas nés, et ne sont pas sujets du roi comme Pierre Bernard semble l'admettre ? S'agit-il au contraire des indigènes, c'est-à-dire de ceux qui sont nés et habitent dans le royaume, comme il semble admis dans le royaume de Sicile ? En tout cas, en Italie, à la fin du XIIIe siècle encore, le mot est si rare et si mal connu que Salimbene éprouve le besoin de préciser : « Il est régnicole, c'est-à-dire qu'il est né du royaume » (*Regnicole est, id est de regno est oriundus*)[314]. Et c'est bien avec ce sens que *regnicole*, dans la première moitié du XIVe siècle, gagne, à partir de l'Italie, toute l'Europe. On le trouve à Zagreb en 1321[315], dans un diplôme de

Charles-Robert d'Anjou, roi de Hongrie, en 1327[316], à Paris, dans le *Stilus curie Parlamenti*, en 1330[317], en Gueldre en 1337[318]. Dans la seconde moitié du XIVᵉ siècle, *regnicole* est un mot partout familier. Il est tout naturellement, dans la *Chronique de Charles VI*, un mot essentiel. Le latin précède d'ailleurs ici largement le français. Là où Michel Pintoin dit *regnicole*, la chancellerie du roi, en français, se contente encore de dire : « ceux du royaume », « les personnes du royaume[319] ». Le mot français « régnicole » n'apparaît qu'au début du XVIᵉ siècle[320]. Je traduirai ici *regnicole* par « habitants du royaume ». Si j'use parfois de « régnicoles » pour faire simple, je suis conscient de l'anachronisme.

Regnicole, qui a principalement prospéré dans les chancelleries et les tribunaux, semble surtout considérer la communauté française sous un angle juridique. A première vue, *regnicole* désigne tout simplement les habitants du royaume, les sujets du roi[321], tous ceux qui reconnaissent comme seigneur ce seul roi[322], et qui lui obéissent. L'adage familier dit bien qu'un royaume tire toute sa force de l'obéissance de son peuple, de ses sujets, ou de ses habitants[323].

A vrai dire, je ne suis pas du tout sûr que le Religieux de Saint-Denis situe *regnicole* sur un plan uniquement juridique. Car *colere*, en même temps que « habiter », veut dire « honorer ». Lorsque Michel Pintoin oppose aux *regnicole* les *celicole*, il oppose sans ambiguïté les habitants du royaume aux habitants des cieux[324]. Mais il met plus sûrement en regard *regnicole* et *christicole*[325]. Les *christicole* sont ceux qui honorent le Christ, les dévots du Christ. Comment exclure tout à fait l'idée que, pour Michel Pintoin, les régnicoles sont les dévots du roi et du royaume ? D'ailleurs, lui et beaucoup d'autres ne doutent pas qu'il existe un lien très fort entre le roi, le royaume et les régnicoles. La santé de tous les régnicoles dépend de celle du roi[326]. Les péchés des régnicoles sont cause de la maladie du roi et des malheurs du royaume[327]. Les prières des régnicoles sont nécessaires à la bonne santé du roi et du royaume. Les régnicoles ne sont certes pas qu'une entité juridique.

Il est temps d'aborder maintenant les mots spécifiques qui désignent la communauté française. *Franci* apparaît 213 fois, *Gallici* 172 fois, *Francigene* 81 fois et *Galli* 10 fois. César parle déjà des *Galli*. Les *Franci* apparaissent chez les auteurs du IVe siècle. Dans l'Antiquité classique, *gallicus* n'est qu'un adjectif. *Gallici*, comme nom, est une création médiévale, de même que *Francigene*.

Dans la *Chronique de Charles VI*, *Franci*, *Gallici*, *Francigene* et *Galli* fonctionnent comme de parfaits synonymes. En 1382, les adversaires auxquels se heurtent les Flamands portent indifféremment ces noms[328]. Lorsque, en 1405, Michel Pintoin raconte une expédition de combattants français dans le pays de Galles, il use surtout de *Gallici*, mais aussi de *Franci* et de *Francigene*[329]. En 1415, à Azincourt, les vaincus sont *Gallici*, *Francigene*, *Franci*[330]. On pourrait multiplier les exemples. La diversité des mots s'explique par le seul souci d'éviter de trop fréquentes répétitions.

Ce constat autorise une réflexion. Par deux fois, Michel Pintoin, parlant de saint Denis, et suivant sans doute un vieux texte, le dit « *Gallorum appostolus* »[331]. Bellaguet traduit : « apôtre des Gaules ». Cette traduction est pour nous satisfaisante. Elle indique bien toute la différence que nous pouvons mettre entre la Gaule de saint Denis et, un millénaire plus tard, la France de Charles VI. Mais elle a l'inconvénient de trahir les perspectives de Michel Pintoin. Pour lui, *Franci* et *Galli*, c'est bien sous deux noms différents le même peuple resté tel qu'en lui-même pendant des siècles. En écrivant « *Gallorum appostolus* », l'historien de Saint-Denis pensait : « l'apôtre des

Français ». Aux sujets de Charles VI s'imposait tout simplement l'évidence d'une continuité.

Franci, Francigene, Galli désignent toujours l'ensemble des Français. Le cas de *Gallici* est un peu plus complexe. Presque toujours, il désigne lui aussi l'ensemble des Français. Pourtant, trois ou quatre fois, lorsque Michel Pintoin est amené à énumérer les habitants de différents pays du royaume, il entend par *Gallici* les habitants de l'Ile-de-France. Une fois même, pour éviter toute ambiguïté, il parle alors des *domestici Gallici*[332].

A cette réserve près, *Franci*, ou *Francigene*, ou *Galli*, ou *Gallici*, désignent toujours un ensemble de gens qui vivent dans le royaume. Les Français s'opposent donc d'abord à tous ceux qui vivent à l'extérieur du royaume : les Anglais, les Hennuyers[333], les Allemands[334], les Italiens[335], les Provençaux[336], les Espagnols[337]. Et à l'intérieur du royaume ? Le Religieux de Saint-Denis parle rarement de ceux qui habitent un quelconque pays de la France méridionale, et jamais, sauf erreur, les mots *Franci, Francigene, Galli* ou *Gallici* ne viennent sous sa plume pour les qualifier. Au nord, la Flandre est bien encore, théoriquement, dans le royaume. Mais, dans les faits et dans le récit du Religieux, Flamands et Français se heurtent et se combattent constamment[338]. Reste le problème de la Bretagne. Les Anglais voient bien parfois les Bretons comme des Français[339]. On peut surprendre Michel Pintoin lui-même énumérant « des hommes originaires de l'Ile-de-France, des Bretons, des Normands et d'autres Français[340] ». Mais, en 1393, lorsqu'on lui annonce qu'une ambassade du roi de France vient pour tenter de le réconcilier avec Olivier de Clisson, Michel Pintoin nous montre le duc de Bretagne répétant, sous le coup d'une violente indignation (« *Ymo indignantissime repetebat* ») : « Que me veulent ces Français ? » (*Ad quid veniunt isti Francigene ?*)[341]. Et, en 1414, Michel Pintoin lui-même décrit les ravages que causent dans le nord du royaume « les nations extérieures, et particulièrement les Bretons et les Gascons[342] ». A quoi s'ajoutent les Juifs qui, naturellement, aux yeux de Michel Pintoin, ne sont pas des Français[343].

C'est que les Français forment une « nation » (*nacio*)[344] définie par sa langue[345], ses mœurs[346], ses lois observées depuis les origines[347], soudée par un long passé, une mémoire[348] relayée par annales et histoires[349], étroitement liée à un roi, à une illustre race royale[350], à un royaume si distinct et tellement supérieur aux nations extérieures[351], qu'on peut bien dire, parfois, « barbares[352] ».

Cela dit, les Français, sous quelque nom qu'ils apparaissent, et les « régnicoles » assument, dans le récit de Michel Pintoin, des fonctions bien distinctes. Comme les Français se définissent surtout par rapport aux nations extérieures, l'historien use de *Franci*, de *Francigene*, de *Galli*, de *Gallici* lorsqu'il traite de péripéties diplomatiques ou d'opérations militaires. Et Dieu sait qu'il traite d'opérations militaires pendant des pages et des pages ! Dans la *Chronique de Charles VI*, les mots latins qui désignent les Français mettent en scène une communauté faisant face à l'extérieur, et prête au combat. Au contraire, les régnicoles, qui se définissent par rapport au roi, mettent en scène une communauté civile[353] soucieuse de paix et de bien-être dont la tranquillité est hélas constamment mise à mal par les exactions fiscales des gouvernants et les ravages des bandes armées. Ne prenons que deux exemples. En 1386, rappelons-le, le roi s'apprête à envahir l'Angleterre et assemble une armée à l'Ecluse. On savait, nous dit Michel Pintoin, que les *Gallici* se lançaient dans une entreprise pleine de périls. Aussi les prélats demandent-ils aux *regnicole* de réformer leurs mœurs et de prier pour le succès de l'armée royale. Mais les choses traînent. L'ardeur des *Francigene* commence à se refroidir. Et finalement l'affaire avorte par la négligence *des Franci*[354]. En 1415, le roi part à la rencontre des envahisseurs anglais. Les *regnicole* vont d'église en église <u>pour attirer la faveur du ciel sur l'armée royale</u>. Le bruit court que les *Francigene* vont finalement triompher de leurs ennemis épuisés. Mais en fait les *Gallici* sont vaincus[355]. Dans ces deux cas, et dans d'autres[356], Michel Pintoin, comme toujours si maître de ses mots, sait bien distinguer la société civile et la nation en armes.

Sentiments et opinions

Tels étant les mots qui désignent, dans la *Chronique de Charles VI*, la communauté française, les uns et les autres ne sont pas indifféremment utilisés pour dire les réactions de cette communauté. *Populus* ne sert, ici ou là, que pour montrer le peuple en prières, *supplicans populus*[357]. De même, *Franci, Francigene, Galli, Gallici* viennent rarement sous la plume de Michel Pintoin pour montrer au lecteur ce que les Français pensent ou éprouvent – à peine plus d'une douzaine de fois dans l'ensemble de la chronique. Et c'est toujours pour dire un sentiment fort, unanime, qui traduit la cohésion de la communauté derrière le roi ou face à l'étranger. Le mariage de Charles VI, en 1385, de même que, en 1386, la naissance de son premier fils ont rempli d'une ineffable joie le cœur des Français (*corda Francorum*)[358]. En 1392, la nouvelle de la folie du roi affligea tous les vrais Français (*omnes veri Francigene*), comme s'ils avaient perdu un fils unique[359]. En revanche, quelques semaines plus tard, lorsque fut connue sa guérison, une joie ineffable inonda le cœur de tous les Français (*omnium Francorum corda*)[360]. Et de même, au fil du récit, les Français se retrouvent unanimes à espérer la fin du Schisme avec Grégoire XII, à détester le comte de Flandre Louis de Male, à reprocher à Henri IV la mort de Richard II et les mauvais traitements réservés à la femme de celui-ci, fille de Charles VI[361]. Il fallut la guerre civile et les désastres extérieurs pour que, avec le voyage de Bourges (1412) et surtout après Azincourt (1415), Michel Pintoin renonce à exalter l'unanimité française, avoue la déchirure et, prenant parti, parle des « Français fidèles » (*fideles Francigene*)[362] ou des « vrais Français » (*veri Gallici*)[363].

Lorsque les régnicoles apparaissent dans le récit du Religieux, ils subissent le plus souvent les événements. Pourtant, une cinquantaine de fois peut-être, l'historien fait état de leurs réactions. C'est dire que, lorsqu'il entend éclairer l'état d'esprit des sujets de Charles VI, Michel Pintoin parle beaucoup plus volontiers des régnicoles que des Français. Et c'est la conséquence toute naturelle de l'emploi qu'il fait des deux mots.

Il arrive en effet à Michel Pintoin de dire l'attachement que les régnicoles unanimes portent à leur roi. En 1388, Charles VI a pris le pouvoir « aux applaudissements de tous les régnicoles[364] ». Par la suite, la folie de leur roi affligeait tous les régnicoles[365]. Ses rémissions les plongeaient dans une joie exubérante[366]. En 1404, l'historien résume en une phrase ce que les régnicoles souhaitaient ardemment : la paix de l'Eglise et la santé du roi[367]. Ainsi, parfois, Michel Pintoin usait de « régnicoles » comme il faisait de « Français », pour dire les attachements les plus profonds des sujets de Charles VI. Mais, le plus souvent, les réactions des régnicoles dont il faisait part se situaient à un niveau beaucoup plus modeste. Elles suivaient les événements. C'étaient les passions et les plaintes que suscitait la vie quotidienne au fil du temps. Parlant des Français, l'historien ne rendait compte que de tendances fondamentales. C'est bien lorsqu'il parle des régnicoles que Michel Pintoin permet à son lecteur de suivre les variations de l'opinion publique française.

Il n'est donc pas étonnant que le Religieux fasse surtout état des réactions des régnicoles dans la seconde partie du règne, lorsque les événements deviennent de plus en plus menaçants, puis de plus en plus dramatiques. Il y a d'abord des moments où le Religieux tient à souligner que la position des régnicoles est unanime. En 1402, les Rémois se soulèvent. Les impôts sont trop lourds, et ce n'est même pas au roi que l'argent profite, mais aux ducs. Et d'ailleurs, ajoute l'historien, « c'était l'opinion de tous les régnicoles[368] ». Dans la grave crise de 1405, Michel Pintoin insiste sur l'hostilité unanime à laquelle se heurtent la reine et le duc d'Orléans : leur politique insulte la misère des régnicoles ; elle suscite de vifs mécontentements chez les régnicoles ; elle s'attire les malédictions de tous les régnicoles[369]. Lorsque, en 1410, les princes assemblent des troupes, tous les régnicoles espèrent bien que c'est pour combattre les ennemis du royaume[370]. Hélas, c'était pour se combattre les uns les autres. Le malheur s'abattait sur les régnicoles. Les années suivantes sont pleines de leurs plaintes[371].

Les régnicoles réagissaient aux événements. Ils jugeaient aussi, parfois, les hommes. « Ils ne regrettèrent pas longtemps la mort du duc de Guyenne », nous dit l'historien de Saint-Denis[372]. En revanche, en 1398, lorsque était mort Guy de Monceaux, abbé de Saint-Denis, le même historien avait fait état du jugement favorable des régnicoles. On voit bien que c'était à la fois pour donner plus de poids à son propre jugement, et pour bien mettre en valeur la dimension nationale de l'abbaye[373].

Lorsque Michel Pintoin écrivait « tous les régnicoles » ou «les régnicoles», ce serait une erreur de croire que ces expressions avaient dans son esprit une portée géographique. L'historien savait l'unité du royaume. Il ne la sentait pas. Et le réseau de ses informations ne s'étendait pas si loin. Par « tous les habitants du royaume », il entendait simplement le cercle plus ou moins large de ceux que la situation concernait, ou que la nouvelle troublait [374]. Mais des termes comme *omnes* ou « *cuncti* » devaient bien faire alors état d'une réaction unanime. Lorsque tel n'était pas le cas, l'historien ne disposait certes pas de ces possibilités de mesures quantitatives comme les pourcentages qui sont aujourd'hui les nôtres. Il y avait pourtant des mots dont il savait jouer et dont on aurait bien tort de sous-estimer la portée.

En 1380, nous dit le Religieux, « presque tous les régnicoles » (*fere cuncti regnicole*) craignaient que les désaccords des princes n'entraînassent de fâcheuses divisions dans le royaume [375]. En 1407, « presque tous les régnicoles » pensaient que Robert de Canny n'était pas étranger à la mort du duc d'Orléans [376]. En 1416, « presque tous les régnicoles » (*regnicole fere omnes*) avaient fondé de grands espoirs sur Jean, alors fils aîné de Charles VI, mais il était mort prématurément [377]. On aurait bien tort de ne pas donner tout son poids à ce discret *fere*.

Mais il est des cas où Michel Pintoin est beaucoup plus explicite. En 1410, au moment où s'affrontent les ducs de Berry et de Bourgogne, Michel Pintoin montre bien comme « les événements ont, dans le royaume, divisé l'opinion ». « Il y en a, écrit-il, qui sont contre le duc de Berry. Il y en a qui sont contre le duc de Bourgogne. Les autres condamnent la conduite des deux princes comme préjudiciable à tout le royaume [378]. » En 1416, après Azincourt et la mort du duc de Berry, Louis II d'Anjou avait pris au conseil royal une place prédominante. Et, nous dit Michel Pintoin, beaucoup de régnicoles en murmuraient, affirmant publiquement que le roi de Sicile détournait à son profit le produit des taxes royales [379]. Au printemps de 1420, la situation était dramatique.

Après le meurtre de Jean sans Peur à Montereau, Charles, le fils du roi, et Philippe, le nouveau duc de Bourgogne, étaient ennemis irréconciliables. Or Philippe était maître de Paris, de la reine, et donc du roi. Et le roi avait déshérité son fils. Nombre de partisans du duc de Bourgogne n'étaient pourtant pas prêts à accepter la paix avec les Anglais détestés, ni la cession de la Normandie. Mais le conseil royal ne pouvait à la fois lutter contre Henri V et le dauphin Charles. Il lui fallait céder peu à peu aux exigences du roi d'Angleterre. Lorsque celui-ci demanda qu'on lui remît le pont de Beaumont-sur-Oise, les gens du roi, nous dit le Religieux de Saint-Denis, l'acceptèrent « sans difficulté » (*sine difficultate aliqua*). Mais, ajoute-t-il aussitôt, cette décision « suscita le mécontentement d'un très grand nombre de régnicoles des deux états, qui osaient dire publiquement que cette concession allait mettre en danger le ravitaillement de Paris [380] ».

On voit que ce dernier exemple d'étude de l'opinion publique va un peu plus loin que les précédents. Il dit bien le mécontentement. Il en donne la raison. Il définit, autant qu'il le peut, le groupe considéré. Il s'agit d'un grand nombre de régnicoles. Mais le Religieux tente aussi de préciser qui sont ces régnicoles dont il rapporte l'opinion. Ce sont, nous dit-il, des gens des deux états. Ainsi, tout naturellement, lorsqu'il n'entend plus se contenter de l'opinion plus ou moins générale des habitants du royaume, lorsqu'il est amené à faire état d'opinions différentes, l'historien est obligé de préciser les groupes qu'il considère, et donc les structures de la société dont il entend analyser les réactions.

état = classe

lois somptuaires = règles de vêtements (couleurs...)

4

STRUCTURES SOCIALES ET GROUPES D'OPINION PRÉSENCE DU COMMUN

Ordre, état, condition

Voici une lettre du roi du 18 février 1407, fidèlement reproduite par Michel Pintoin. Charles VI se propose de punir tous les contrevenants (*omnes et quascumque personas contravenientes*) « *cujuscumque status seu condicionis existant* » (de quelque état ou condition qu'ils soient)[381]. Voici maintenant le portrait d'Henri V par l'historien lui-même. Il était affable envers tout le monde (*erga omnes*), « *cujuscumque status vel ordinis existerent* » (de quelque état ou rang qu'ils fussent)[382]. En 1417, Michel Pintoin consacre un chapitre aux « plaintes douloureuses de la France désolée ». Il y fait dire à la France que des bandes armées tuent tous ceux qu'elles rencontrent « *sine discrecione status, condicionis vel ordinis* » (sans distinction d'état, de condition, de rang)[383]. En 1415, les pères du concile de Constance, dans deux documents reproduits dans la *Chronique de Charles VI*, parlent de « *cujuscumque status, gradus vel condicionis existant* » (de quelque état, rang ou condition qu'ils soient)[384]. On pourrait multiplier les exemples.

Lorsque le Religieux de Saint-Denis et ses contemporains marquent qu'ils considèrent l'ensemble de la société, il usent de *status*, de *condicio*, de *ordo*, de *gradus*. Ils montrent bien par là qu'ils ont en tête une première image de la société, où celle-ci est composée de multiples états (*status*), de multiples conditions (*condicio*), et d'une hiérarchie de multiples rangs (*ordo*, *gradus*).

A vrai dire, l'image d'une société structurée et hiérarchisée en multiples états ne s'impose guère aux contemporains de Charles VI. Et le Religieux reprend tout naturellement les vues de son temps lorsque, parfois, dans sa *Chronique*, il semble ordonner la société en trois états. En 1380, le duc d'Anjou convoque à Paris « des nobles, des évêques et quelques bourgeois de grande autorité[385] ». En 1395, nous dit-il, le roi de Hongrie rassembla en toute hâte une armée composée de nobles, de non-nobles, de gens d'église[386]. En 1404, il nous montre les nobles et les non-nobles se plaignant avec le clergé du poids des impôts[387]. En 1405, il cite le duc de Bourgogne faisant successivement état des plaintes des ecclésiastiques, des nobles, et de la plèbe[388]. En 1413, il traduit une lettre du duc de Bourgogne au roi, où Jean sans Peur déplore une situation qui est « au préjudice des nobles, des non-nobles et des églises de votre royaume[389] ». En 1413 encore, il traduit le discours où Guillaume Saignet parlait « de l'Eglise, de la noblesse et du peuple[390] ». Il est clair que, pour le Religieux de Saint-Denis et ses contemporains, l'image d'une société structurée en trois états n'avait rien que de banal.

Il est bien possible que cette image ait pris plus de force encore vers la fin du règne de Charles VI. C'est en tout cas à ce moment-là qu'apparaît l'expression, jusque-là inusitée, des « trois états ». En février 1415, une lettre de Charles VI confirme solennellement la paix conclue quelques mois plus tôt, à Arras, entre le roi et le duc de Bourgogne. Nous en avons l'original français[391] que Michel Pintoin a traduit en latin[392]. La lettre du roi mentionnait « les deputez des trois estats du pays de Flandres », ce que Michel Pintoin traduit bien : « *deputati trium statuum Flandrie* »[393]. Elle mentionnait aussi « les gens des trois estats de la duché de Bourgogne et comtez de Flandres et d'Arthois », que l'historien traduit bien : « *gentes trium statuum Burgundie, Flandrie, Artesii* »[394]. C'est ainsi que les trois états font irruption dans la *Chronique de Charles VI*.

Par la suite, on y trouve mention, au fil des événements, des trois états en 1417[395] ; des gens des trois états en 1418[396]. Et, en 1420, le traité de Troyes prévoit par deux fois « le consentement des trois estats des deux royaumes[397] ».

Il n'empêche que, dans ce même traité de Troyes, un article dispose que tous ceux qui assureront le service domestique de Charles VI devront être « nez au royaume de France, ou des lieux de langage françois » ; ce que Michel Pintoin traduit : « *erunt de regno Francie et de locis lingue Francie* ». Tous les serviteurs domestiques, c'est-à-dire – précise le texte du traité – « toutes personnes, tant nobles comme autres » ; ce que Michel Pintoin traduit : « *omnes persone, nobiles et ignobiles* »[398].

De la même façon, lorsque, à la fin de sa lettre de février 1415, le roi avait traité des serments que ses propres sujets devraient prêter de respecter la paix conclue, il avait évoqué « les gens de tous estats tant nobles que non nobles, et tant d'Eglise comme séculiers[399] ». Ce que Michel Pintoin avait bien traduit : « *Cujuscumque status sint, tam nobiles quam ignobiles, viri ecclesiastici et layci* »[400].

Ici et là, à l'image d'une société divisée en trois états, on avait préféré celle d'une société structurée en plusieurs binômes. Et c'est cette option qui a, le plus souvent, les faveurs de Michel Pintoin dans sa *Chronique de Charles VI*. La meilleure preuve, ce sont ces formules stéréotypées par lesquelles l'historien entend évoquer l'ensemble de la société. Nous avons vu plus haut comment de telles formules étaient souvent introduites par « *cujuscumque* », « de n'importe quel... [401] ». Mais souvent aussi elles le sont par *utriusque*, « de l'un et l'autre », annonçant ainsi un de ces binômes de base. Ici, le Religieux de Saint-Denis considère les Français « *utriusque status et ordinis* » (de l'un et l'autre état, de l'un et l'autre ordre) [402]. Là, de nombreux Français « *utriusque sexus et ordinis* » (de l'un et l'autre sexe, de l'un et l'autre ordre) [403]. Là encore, tous les Français « *utriusque sexus, status et ordinis* » (de l'un et l'autre sexe, de l'un et l'autre état, de l'un et l'autre ordre) [404]. On pourrait multiplier les exemples où l'historien de Saint-Denis se plaît ainsi à diviser la société selon un rythme binaire, *status* revenant d'ailleurs beaucoup plus souvent que *ordo*, lui-même beaucoup plus fréquent que *sexus*.

La division en deux sexes était familière à tous les clercs instruits du xive siècle, qui avaient en mémoire le début du canon 21 du quatrième concile de Latran (1215) : « *Omnis utriusque sexus fidelis...* » (tout fidèle de l'un et l'autre sexe) [405]. Michel Pintoin ne la précise pas souvent, et simplement quand il veut souligner que toute la société est vraiment impliquée. C'est ainsi qu'en 1395, traitant de la maladie du roi, il montre « de pieuses personnes de l'un et l'autre sexe » suivant en procession les ecclésiastiques pour demander à Dieu la guérison du roi [406]. L'unanimité est totale autour du roi fou. On retrouve dans la *Chronique de Charles VI* quelques notations analogues, qui ont la même portée. Mais dans le même chapitre de l'année 1395, Michel Pintoin fait à nouveau état de « l'un et l'autre sexe », cette fois – fait rarissime – pour rapporter une opinion qui n'est pas générale et que d'ailleurs il désapprouve. « Beaucoup de gens, de l'un et l'autre sexe », dit-il, murmurent contre la duchesse d'Orléans, rendue responsable de la maladie du roi[407]. Peut-être le moine de Saint-Denis voulait-il bien marquer que cette calomnie contre une femme, qui le scandalisait, n'était pas seulement propagée par les hommes.

Dans la *Chronique*, la division en deux ordres est plus fréquente que la division en deux sexes. Il est bien clair que l'un de ces deux ordres est l'ordre clérical, ou ecclésiastique[408]. Et l'autre ordre auquel s'oppose l'ordre des clercs est l'ordre militaire (*ordo militaris*)[409], c'est-à-dire toute la noblesse[410], les nobles[411].

Mais, à vrai dire, l'ensemble des ecclésiastiques est plus généralement opposé à l'ensemble des laïques[412], et, dans ce cas, Michel Pintoin parle de deux états. Quoique, le plus souvent, lorsque l'historien parle de deux états, c'est qu'il n'envisage que la société laïque, où il distingue les nobles et les non-nobles (*nobiles et ignobiles*).

Ainsi, dans l'esprit de Michel Pintoin, la société s'articule en un certain nombre de paires. Il y a les hommes et les femmes, les laïques et les clercs, les clercs et les nobles, les nobles et les non-nobles. Examinons donc, comme l'historien nous y invite, ces binômes qui structurent la société française du temps de Charles VI.

Clercs et laïques

Dans sa lettre de février 1415, le roi envisage les « gens de tous estats, tant nobles que non nobles, et tant d'Eglise comme séculiers[413] », ce que Michel Pintoin traduit exactement : « *cujuscumque status sint, tam nobiles quam ignobiles, viri ecclesiastici et laici* »[414]. Il y a donc, à côté des gens d'Eglise, les séculiers, les laïques.

Pour désigner l'ensemble des séculiers, le latin a d'autres mots que *laici*. C'est ici que nous retrouvons

« *populus* », « peuple », dont nous avons vu qu'il désignait déjà tous les sujets du roi, tous les habitants du royaume. Dans la lettre par laquelle il décide, en 1398, la soustraction d'obédience, le roi cite « *clerus et populus regni nostri* », « le clergé et le peuple de notre royaume [415] ».

Dans ce sens de « laïques », *populus* a un autre synonyme, *plebs*. *Plebs* est un mot de la latinité classique qui, contrairement à *populus*, n'a jamais désigné tous les habitants d'un Etat. En revanche, les chrétiens, dès le IV⁰ siècle, ont désigné les laïques par le mot *plebs*. Il n'est donc pas étonnant que le Religieux de Saint-Denis, en face du clergé, ou des ecclésiastiques, pose aussi *plebs*, ici parfait synonyme de laïques (*laici*) ou de peuple (*populus*) [416].

Cependant, les clercs et les laïques, le clergé et le peuple n'apparaissent pas si souvent dans la *Chronique de Charles VI*. Et, lorsqu'ils le font, Michel Pintoin nous montre les clercs prêchant aux laïques [417], ou, bien plus souvent, le clergé et le peuple priant Dieu ensemble pour la santé du roi et pour la paix [418].

Ainsi, dans le récit de Michel Pintoin, le clergé et le peuple ne sont jamais deux groupes aux opinions contrastées. L'historien ne distingue pas les clercs et les laïques pour les opposer, mais au contraire pour les additionner et donner plus de force à l'opinion unanime de la communauté française.

Nobles et non-nobles

Laissons donc là les clercs, et tenons-nous en à l'ensemble de la société laïque. Michel Pintoin et ses contemporains la divisaient spontanément en deux parties fondamentales : les nobles et les non-nobles, *nobiles et ignobiles*. C'est bien ce que prouvent la lettre royale de février 1415 [419] et d'innombrables autres exemples [420]. Et voici que, pour désigner la partie non noble de la société laïque, nous retrouvons ces mêmes mots auxquels nous avons pu parfois donner une acception plus large : *populus* et *plebs*. Parce que *populus* et *plebs* sont, au XIVe siècle et depuis longtemps, de ces mots d'une extrême plasticité sous lesquels peuvent s'entendre des réalités différentes. Qui veut envisager l'ensemble de la société laïque peut donc dire « nobles et non-nobles », ou « *nobiles et ignobiles* », ou « *nobilitas et populus* »[421], ou « *nobiles et populares* »[422], ou « *nobiles et plebeios* »[423]. Et cette division constamment reprise est bien l'articulation essentielle de la société dont Michel Pintoin entend retracer l'histoire ; et c'est bien là un sens ordinaire de *populus* et de *plebs*.

C'était l'impôt qui creusait le fossé le plus profond entre les nobles et les non-nobles. Les nobles ne le payaient pas. Les non-nobles le payaient. A des dizaines de reprises, le Religieux de Saint-Denis évoque les impôts qui pesaient sur le peuple[424], le fardeau intolérable que les impôts représentaient pour le peuple[425], les malédictions du peuple accablé par la cupidité des princes[426].

La lancinante question de l'impôt dressait nobles et non-nobles les uns contre les autres. Sans aucun doute antérieurs à l'impôt royal, des sentiments hostiles les opposaient plus encore. Leur haine et leur mépris réciproques affleurent de loin en loin dans la *Chronique de Charles VI*.

La plus notable victime du Bal des Ardents, le 29 janvier 1393, fut Huguet de Guisay. Sa mort ne fut pleurée par personne. Il avait, nous dit le Religieux, une telle aversion pour tous les non-nobles (*naturam omnium virorum ignobilium abhorrens*) qu'il les traitait de chiens et les forçait souvent à aboyer. Lorsqu'on sut sa mort, tout le monde cria : « *Te Deum laudamus* », et lorsque son cercueil traversa les rues de Paris, presque tous, en haine de lui (*in odium ejus*), criaient sur son passage ce qu'il avait l'habitude de dire : « Aboie, chien[427] ». Certes, les gens sages avaient toujours blâmé Huguet de Guisay. Il allait trop loin.

Mais voici, en 1405, des chevaliers et des écuyers faits prisonniers et contraints de payer rançon. Certains, nous dit Michel Pintoin, en furent très mécontents (*cum magna displicencia*), car ils étaient tombés entre les mains de non-nobles (*ad manus ignobilium*)[428]. En 1416, l'empereur avait écrit aux Génois une lettre menaçante. L'historien dionysien se fit l'écho de la rumeur publique. Dans leur réponse, les Génois auraient dessiné au-dessous de la suscription « une main avec le pouce entre l'index et le doigt du milieu : c'était ainsi que dans plusieurs pays et royaumes les nobles et les non-nobles se témoignaient leur mépris lorsqu'ils voulaient se railler les uns les autres[429] ». En 1417, peignant le déplorable état du royaume de France, Michel Pintoin nous montre « les Français nobles et non nobles travaillés les uns contre les autres d'une haine inexpiable[430] ».

Dans ces conditions, on pourrait s'attendre à ce que Michel Pintoin s'attache à donner les réactions de ces deux groupes si nettement différenciés. Effectivement, à la mort du duc de Guyenne, en décembre 1415, l'historien nous dit que les défauts du prince avaient suscité un vif mécontentement chez les nobles du royaume (*non sine nobilium regnicolarum displicencia*)[431]. Mais cet exemple, sauf erreur, est le seul qu'on puisse avancer. Partout ailleurs, Michel Pintoin regroupe toujours les nobles et les non-nobles, *nobiles et ignobiles*, pour faire état d'une opinion ou d'un sentiment qu'ils ont en commun. *Nobiles et ignobiles* n'est jamais, pour l'historien, qu'une autre façon de dire l'unanimité des Français, d'autant plus frappante qu'on sait par ailleurs tout ce qui sépare les deux états.

Et de fait, dans le récit du Religieux, nobles et non-nobles se retrouvent unis dans ces options fondamentales que nous avons déjà dégagées. « Tous les nobles et les non-nobles de l'un et l'autre sexe » se réjouissent en février 1392 de la naissance de Charles, fils du roi de France[432]. En février 1396, « nobles et non-nobles » se réjouissent de voir la paix qu'ils espéraient depuis cinquante ans[433]. En 1399, « les nobles et non-nobles des deux sexes » compatissent aux souffrances du roi[434]. En 1404, nobles et non-nobles maudissent, avec le clergé, le poids intolérable de la contribution demandée, cette fois, à tous[435]. En 1410, « tous les nobles et non-nobles » condamnent la discorde des ducs[436].

« Les nobles et les non-nobles », « les nobles et les non-nobles de l'un et l'autre sexe », voilà donc une autre façon, encore plus insistante, de dire l'unanimité des Français, ou des régnicoles. Mais ce n'est pas du cadre de ces deux états que Michel Pintoin entend user pour rendre compte des divers mouvements de l'opinion publique sous Charles VI. Poussons plus loin notre enquête. Observons de plus près l'état des non-nobles.

Gens d'autorité et gens de commun

Si nombreux qu'aient pu être les clercs et, parfois, les nobles, les non-nobles étaient bien, parmi les habitants du royaume, l'immense majorité. Et l'immense majorité de ces non-nobles vivait dans les campagnes. Ceux-là, Michel Pintoin les évoque souvent dans son récit. Mais ils n'y sont que des objets, des victimes. L'historien les plaint, gémit sur leurs malheurs. Sauf à se manifester par de redoutables flambées de violences, ils ne sont pas des acteurs de la vie politique ordinaire. Ce qu'ils pensent n'intéresse pas.

C'est dans les villes que se joue le destin du royaume. Michel Pintoin accorde donc toute son attention aux réactions des non-nobles des villes. Il entend rendre compte de l'opinion publique des sociétés urbaines. Leurs structures, telles qu'elles apparaissent à lui-même et à ses contemporains, lui permettent de définir les groupes sur lesquels se moulent ses analyses.

A Paris surtout, mais aussi dans les principales villes du royaume dont parle l'historien, le fait fondamental est que, parmi les non-nobles, s'affirme une élite. Le Religieux de Saint-Denis fait ainsi état des « *summi* » (les hommes du rang le plus élevé) lorsque sa mémoire lui souffle une expression cicéronienne[437]. Il peut aussi dire « *excellenciores urbis* » (les hommes les plus éminents de la ville)[438]. Mais l'expression favorite de l'historien souligne l'autorité de ces bourgeois. « *Magne auctoritatis cives* »[439], « *majores auctoritatis viri urbis* »[440], et surtout « *summe auctoritatis cives* »[441] ou « *summe auctoritatis burgenses* »[442] reparaissent des dizaines de fois dans son récit. Lorsque l'occasion s'en présente, ces gens remarquables par leur autorité méritent évidemment, aux yeux de Michel Pintoin, d'être cités[443]. Ce sont donc, à proprement parler, des « notables ». L'historien parle parfois, rarement il est vrai, des « *cives notabiles* », des « *notabiles viri* »[444].

A la fin de 1408, une grave crise secoue la royauté. Le 23 septembre, Jean sans Peur avait écrasé les Liégeois à Othée. La reine, avec le roi, quittait précipitamment Paris et s'installait à Tours. Le 24 novembre, le duc de Bourgogne rentrait dans Paris, où il était triomphalement accueilli. Mais les Parisiens supportaient mal que le roi fût absent. Une délégation parisienne allait à Tours implorer son retour. Rapportant ces événements, le Religieux de Saint-Denis est amené à mettre en scène à plusieurs reprises les « *summe auctoritatis burgenses* »[445], et surtout les « *summe auctoritatis cives* »[446]. A la fin de la première moitié du XVe siècle, dans les années

1440, Enguerran de Monstrelet, relatant les mêmes événements, mentionne le même groupe d'hommes. Il évoque, selon sa propre expression, les « notables hommes et gens d'auctorité[447] ». A peu près dans le même temps, vers le milieu du xvᵉ siècle, Noël de Fribois traduisait ou copiait une traduction des chapitres écrits quarante ans plus tôt par Michel Pintoin[448]. Là où le Religieux avait écrit « *summe auctoritatis burgenses* », la traduction donne exactement : « les... bourgeois... de plus grant auctorité[449] ». Là où il avait écrit « *summe auctoritatis cives* », la traduction n'hésite pas à développer : « des plus notables et de plus grant auctorité bourgeois de la Ville de Paris » ; « aucuns des plus notables gens et de plus grant auctorité d'icelle Ville de Paris » ; « les plus notables citoiens et de plus grant auctorité d'icelle Ville de Paris[450] ». On le savait bien sous Charles VI. On l'explicitait mieux sous Charles VII. Parmi les non-nobles des villes, il y avait une élite bourgeoise que distinguaient l'autorité et la notabilité.

Mais comment donc nommer ceux, beaucoup plus nombreux, qui n'accédaient pas à cette position prééminente ? Michel Pintoin parle des *infimi*, les plus humbles, qu'il oppose aux *summi*[451]. Mais il n'use qu'une seule fois, tout au début de sa *Chronique*, de cette réminiscence cicéronienne. D'ordinaire, les mots qui reviennent sont ceux-là mêmes que nous avons souvent vus : *plebs* et *populus*. En 1382, à Paris, Michel Pintoin fait état d'une démarche entreprise par « quelques bourgeois parisiens de la r¹ ande autorité » (*nonnulli* nses burgenses*), mais à ⟨ men *ignorante*)[452]. En 14 s, le meurtre du duc de ⟨ ous dit Michel Pintoin, ent le peuple mais aussi nde autorité » (*non moⱳ et summe auctoritatis cⱳ

Michel Pintoin use des mêmes mots latins que ses contemporains. Il leur donne, au fil de ses phrases, l'un ou l'autre des sens consacrés par l'usage. Et nos analyses ont ainsi découvert que *populus* peut désigner l'ensemble des sujets du royaume, que *populus* et *plebs* peuvent vouloir dire « tous les laïques du royaume », ou « tous les non-nobles du royaume », ou « tous ceux qui, parmi les non-nobles, n'ont pas d'autorité, ne sont pas notables ». L'historien et ses lecteurs se meuvent sans trop de difficultés dans le flou de ces mots latins vivants. Pourtant, parfois, ils sentent le besoin d'éviter toute ambiguïté. En même temps qu'il dit, devant le meurtre du duc de Bourgogne, l'horreur ressentie par tous les Parisiens, le peuple comme les gens d'autorité, le Religieux tient à préciser que, si les seconds ont réagi avec plus de calme, le premier a été saisi de fureur et, cette fois, l'historien écrit : *communis populus*[454]. Le peuple, opposé aux gens d'autorité, c'est donc ainsi la « *communis plebs*[455] », ou le « *communis populus*[456] ». L'historien pouvant d'ailleurs aussi préciser : « *humilis plebs*[457] » ou « *minor populus*[458] ».

Ces mots latins sont sans surprise. Ils sont les exacts correspondants des mots français dont usent les contemporains du Religieux : « le commun[459] », « le povre commun[460] », « le menu commun[461] », « le menu peuple[462] », « les menus populaires[463] », « les gens de commun[464] ».

Les gens d'autorité et les gens de commun, voilà bien les deux groupes fondamentaux couramment distingués par Michel Pintoin et ses contemporains. Et ce sont bien les deux groupes dont notre historien suit attentivement les réactions. Le problème est qu'il ne regarde pas ces deux groupes d'un même œil.

La base sociologique du commun, c'est le petit commerce et l'artisanat. En font partie ceux qui s'adonnent au négoce (*negociacio, negociaciones*) et surtout aux arts mécaniques (*mechanice artes, mecha-*

nica opera) [465]. En principe, Michel Pintoin n'a que de la sympathie pour le commun. Les événements de 1415 lui sont l'occasion d'une page bien remarquable. Lorsque les Anglais eurent débarqué en Normandie, alors que le roi assemblait une armée pour les affronter, les Parisiens lui offrirent « six mille hommes complètement équipés, en demandant qu'ils fussent placés au premier rang, si on livrait bataille ». Un des chevaliers présents (*milites*) déclara tout de go qu'il fallait rejeter avec mépris l'offre de ces artisans [466]. Ce qui suscite aussitôt l'indignation de Michel Pintoin : « Il regardait sans doute comme une indignité qu'on laissât prendre les armes aux gens du menu peuple (*plebeii*). On en a vu cependant beaucoup qui se sont conduits avec honneur (*summo honore*), et c'est en ne repoussant jamais la valeur (*virtus*), en quelque rang (*genus*) qu'elle se trouvât, que le royaume est devenu si florissant. » Et l'historien termine en rappelant quelques batailles où les mêmes propos présomptueux avaient porté malheur : Courtrai, Poitiers, Nicopolis [467]. Dieu n'aime pas ceux qui montrent envers le peuple une hauteur insolente [468].

Ce n'est pourtant pas que Michel Pintoin ignore les défauts du menu peuple, plus redoutables encore lorsqu'il s'assemble. L'historien dispose de nombreux mots pour dire la foule : *populus* et *plebs*, que nous avons déjà si souvent rencontrés, peuvent aussi avoir ce sens-là ; et voici maintenant *concio* et *multitudo*, qui ne désignent d'ailleurs pas une foule de populaires alors que *vulgus*, parfois *vulgus promiscuum*, dit bien, lui, une foule confuse de petites gens. Michel Pintoin n'a rien contre la foule lorsqu'elle est ordonnée, qu'elle sait se tenir à sa place, qu'elle a l'humilité nécessaire, qu'elle se contente de prier pour le roi ou d'acclamer les princes. Ce qu'il redoute, c'est précisément la « multitude confuse » (*multitudo confusa*) [469], qui laisse libre cours aux défauts du commun.

La foule populaire a un premier défaut souvent

rappelé par Michel Pintoin, celui de n'être pas gouvernée par la raison[470]. Il est aisé de la pousser à des actes ou des décisions déraisonnables (*irracionabilis*)[471]. Elle manque de mesure[472]. Elle manque aussi de discernement (*discretio*). Elle est « *indiscreta*[473] ». Le Religieux en arrive tout naturellement à parler d'une multitude aveugle (*stolida multitudo*)[474], d'autant plus dangereuse qu'aiguillonnée par la soif de nouveautés[475]. Le vulgaire est par nature inconstant[476].

Mais il y a plus dangereux encore que le commun. C'est la partie la plus basse et la plus vile du peuple (*abjectior plebs, vilissimus populus*)[477]. Ce sont les hommes les plus vils et les plus bas (*viles et abjectissimi homines, abjectissimi viri ac viliores civitatis*)[478], la lie de la société.

Ces gens-là sont au bas de l'échelle sociale[479]. Ce sont des paysans[480], des artisans[481], des bouchers[482]. Ils sont de bas état, leurs mœurs sont plus méprisables encore[483]. Voici qui montre bien les sentiments que le moine de Saint-Denis porte au groupe de ceux qu'il appelle des *vilissimi homines*, des *abjectissimi viri* : dans toute la *Chronique de Charles VI*, les deux seuls individus qu'il qualifie d'« abjectissime » sont une sorcière[484] et un hérétique[485].

Cette lie, poussée par les plus forcenés[486], entraînant parfois d'autres parties du menu peuple, est trop souvent prise d'une folle témérité (*popularis insana temeritas*), saisie par une folie furieuse (*immoderata vesania*)[487], égarée par la fureur qui est en elle (*innatus furor*)[488]. Ces hommes déchaînés se lient parfois par serment[489], se forment en bandes[490], et ces multitudes acéphales[491] et désordonnées[492] se livrent à tous les excès, à tous les crimes[493].

« *Abjectissimus* » n'est pas un mot dont Michel Pintoin abuse. Il n'apparaît qu'un peu plus d'une vingtaine de fois dans la *Chronique de Charles VI*. Mais il permet de repérer ces moments de violences où des hommes de bas état sont sortis de l'ombre et ont fait peur : les révoltes urbaines de 1382[494], la révolte des Tuchins en 1384[495], la révolte parisienne de 1413[496], les violences parisiennes de 1418[497], à quoi s'ajoutent, quasi permanentes à partir de 1405, les violences des brigands[498].

Le moine de Saint-Denis ne voit pas le diable partout, ni à tout moment. Il n'abuse pas de « *dyabolicus* ». Le mot n'apparaît pas vingt fois dans la *Chronique de Charles VI*. Plusieurs fois, il est lié, comme il se doit, aux problèmes de l'Eglise et du Schisme[499]. Plusieurs fois, il marque bien l'horreur et l'indignation ressenties à l'occasion de quelques événements d'exception. Le 29 janvier 1393, le Bal des Ardents avait failli coûter la vie au roi. Au début de son récit, Michel Pintoin nous montre les jeunes courtisans déguisés dansant la *Sarrasine* « avec une sorte de frénésie vraiment diabolique[500] ». Et Michel Pintoin n'écrit pas « diabolique » à la légère. Il voit bien là la main du Diable puisqu'il ajoute aussitôt : « L'ennemi du genre humain avait sans doute tendu ce piège pour les perdre. » Le 13 juillet 1404, ce fut l'épouvantable scandale des violences perpétrées par les serviteurs de Charles de Savoisy lors d'une procession de l'Université. Là encore, le Religieux donne à « *dyabolicus* » son sens le plus fort. Il nous montre les serviteurs de Charles de Savoisy « poussés par une rage vraiment diabolique[501] ». On ne s'étonnera pas que, le 23 novembre 1407, l'assassin du duc d'Orléans ait fait preuve d'une audace diabolique[502]. En 1416, l'infâme conspiration de Nicolas d'Orgemont était bien, elle aussi, une machination diabolique[503]. Bref, Michel Pintoin use de « *dyabolicus* » dans son sens le plus fort pour souligner le caractère scandaleux de quelques événements essentiels du règne de Charles VI.

Toutes les autres occurrences de « *dyabolicus* », soit une dizaine, stigmatisent les violences et les

les gens croyait que le roi était touché du diable.

révoltes des « *vilissimi et abjectissimi homines* », mais avec une évolution bien révélatrice. Le mot n'apparaît pas dans le long récit des révoltes urbaines de 1382. Les Tuchins, eux, en 1384, sont bien poussés par le Diable[504]. Dans le récit de la révolte parisienne de 1413, Michel Pintoin parle trois fois en quelques pages de rages et de violences diaboliques[505]. En 1417-1419 enfin, « *dyabolicus* » revient six fois pour dire la rage, la fureur, les violences des brigands à Saint-Denis, du peuple à Rouen, de la lie parisienne, et finalement de tous les régnicoles, partout poussés par le démon[506]. Dans ses dernières années, septuagénaire et désespéré, Michel Pintoin voit la ruine du royaume et le triomphe du Diable, dont le peuple et sa lie ont été les meilleurs auxiliaires.

Dans la vie politique, tout au long du règne, le peuple, et surtout ses états les plus vils, a représenté une constante menace. Il est tout naturel que Michel Pintoin ait été particulièrement attentif à ce qu'il disait et à ce qu'il pensait. Le peuple, opposé aux gens d'autorité, est une composante essentielle du tissu social. L'historien en fait aussi un de ses groupes de base dans ses analyses d'opinion publique.

Michel Pintoin fait donc souvent état de ce que pense le peuple. Il parle même parfois expressément de « *vulgalis oppinio*[507] », par rapport à laquelle, d'ailleurs, il garde ses distances. Pour ce qui est des plus vils, l'historien s'attache plus à leurs excès qu'à leurs opinions. Voici pourtant un chapitre bien remarquable. Nous sommes au début de 1414 (pour nous ; les sujets de Charles VI, eux, sont à la fin de l'année 1413, qui ne se terminera pour eux qu'à Pâques). Les événements du printemps et de l'été précédents sont encore dans toutes les mémoires. Pendant quelques mois, les émeutiers favorables au duc de Bourgogne ont dominé Paris. Puis, le vent a tourné. Jean sans Peur a dû quitter précipitamment la capitale, où les princes sont revenus entourer le roi. Sous leur inspiration, Charles VI, le 10 février 1414, publie une longue lettre où, après avoir fait le récit des attentats commis par le duc de Bourgogne depuis le meurtre du duc d'Orléans, il déclare Jean sans Peur rebelle et ennemi du royaume. Depuis le retour des princes à Paris, Jean Gerson avait profité de la situation pour tenter de faire condamner (bien tardivement) par l'Université de Paris les propositions développées par Maître Jean Petit, le 8 mars 1408, dans la séance solennelle où il avait entrepris de justifier le meurtre inspiré par le duc de Bourgogne. La ténacité de Jean Gerson aboutit, le 16 janvier, à la condamnation, par l'Université, de neuf assertions tirées de l'apologie de Jean Petit. A la suite de quoi, le 23 février, l'évêque de Paris condamne solennellement Jean Petit et ses neuf assertions.

Terminant son année 1413, Michel Pintoin donne la très fidèle traduction de la lettre royale du 10 février[508]. Puis, dans un long chapitre, le dernier de son année 1413, il donne le texte intégral de la condamnation des neuf assertions[509]. Il introduit ce texte par quelques lignes où il montre l'importance que lui-même attache à ce développement. Et surtout, les premiers mots du chapitre disent explicitement qu'il a été rédigé à la demande expresse « de certains hommes sages et de science éminente[510] ». La science éminente est, dans la *Chronique de Charles VI*, l'apanage des professeurs d'université[511]. Et Michel Pintoin entretient avec Jean Gerson, qui a fait de la condamnation des neuf assertions une affaire personnelle, des relations d'estime et d'amitié[512]. Il est donc bien clair que ce dernier chapitre a été rédigé sur les instances de Jean Gerson et de quelques professeurs de l'Université avec lesquels, d'ailleurs, l'auteur était parfaitement d'accord.

A la fin du chapitre, l'historien et ses sages inspirateurs tirent la leçon de tous ces événements. Ceci, dit en substance Michel Pintoin (c'est-à-dire le chapitre qui relate la condamnation des neuf assertions), et ce qui a été dit un peu plus haut (c'est-à-dire la lettre royale traduite dans le chapitre précédent), portent une grave atteinte à l'honneur du duc de Bourgogne. L'expérience lui a appris que les grands personnages sont blâmables de déroger à leur haute naissance. Et après cette ferme condamnation portée ici par un historien et des sages souvent enclins à plus de sympathie pour Jean sans Peur, le chapitre se termine par une petite étude d'opinion publique, où l'auteur est heureux de montrer que les professeurs d'université sont largement suivis : le duc de Bourgogne est devenu un objet de mépris et de risée pour les gens modérés et sages (*penes modestos et graves*) ; quant au menu peuple, au commun et aux gens de bas étage (*viles quoque, gregarii et abjecti*), ils poursuivent son nom de leurs huées, le bafouent dans des chansons satiriques et le traitent publiquement de traître[513].

Ce chapitre nous montre comme notre historien est parfois attentif à ce que pensent et disent les plus modestes, comme il rapporte plus volontiers les opinions du commun, auxquels il confronte et superpose les jugements des sages et ses propres sentiments. Michel Pintoin est attentif aux opinions du commun mais, en les rapportant, il garde ses distances. Il se sent bien plus proche de cette élite, ou de ces élites, qu'il nous fait maintenant considérer.

5

L'AFFIRMATION D'UNE ÉLITE
LES GENS D'AUTORITÉ

L'élite selon Nicole Oresme

Pour mieux saisir comment, dans sa *Chronique de Charles VI*, Michel Pintoin perçoit l'élite, peut-être n'est-il pas inutile de considérer d'abord les analyses que donne « Maistre Nicole Oresme » dans son *Livre de Politiques d'Aristote*[514]. Nicole Oresme, né dans le diocèse de Bayeux vers 1322, mort en 1382, est un des grands esprits du XIVe siècle. Il a étudié à l'Université de Paris. Il a été boursier au collège de Navarre, dont il a même été, par la suite, grand maître. Il a été de ces intellectuels réformateurs qui ont mis leurs espoirs d'abord dans le roi de Navarre Charles le Mauvais, puis dans le roi de France Jean II, enfin dans son fils Charles V. C'est à la demande de celui-ci qu'il traduisit en français et glosa la *Politique* d'Aristote, entre 1371 et 1374[515].

Rien n'indique que Michel Pintoin ait connu personnellement Nicole Oresme. Rien n'indique non plus que la bibliothèque de l'abbaye de Saint-Denis ait possédé un manuscrit du *Livre de Politiques d'Aristote*[516]. D'ailleurs, les maîtres de l'Université de Paris ou les moines de Saint-Denis en général, un aussi bon latiniste que Michel Pintoin en particulier n'avaient nul besoin de Nicole Oresme pour lire Aristote en latin. Il n'est donc pas sûr que le Religieux de Saint-Denis ait lu les gloses du docteur en théologie.

Toutefois, la diffusion du *Livre de Politiques d'Aristote* est loin d'être négligeable. Il en existe aujourd'hui dix-huit manuscrits. Ne retenons que les manuscrits écrits sous Charles V et Charles VI. Il y en a onze[517]. L'un est le manuscrit de l'auteur[518]. Trois autres sont des manuscrits de luxe, enrichis de somptueuses miniatures, réalisés avant 1380 pour Charles V lui-même[519]. Les sept autres ont été écrits sous Charles VI. Deux d'entre eux, élégants, soignés, avec de nombreuses miniatures réalisées ou au moins prévues, ont été commandés par les ducs. L'un, en 1397-1398, par Louis d'Orléans qui l'a offert à son oncle Jean de Berry ; l'autre vers 1405, par Jean sans Peur[520]. Mais les cinq autres sont beaucoup plus ordinaires. Ils sont le plus souvent en écriture cursive, sobrement décorés, parfois ornés d'une ou deux miniatures[521]. On peut supposer que ceux-là ont été réalisés pour des gens de cour[522], et plus précisément pour des titulaires d'importants offices de l'administration centrale parisienne. Le seul de ces cinq manuscrits dont on sache l'origine précise a été écrit pour le tout-puissant grand maître de l'hôtel du roi, Jean de Montaigu[523]. Par ailleurs, il semble bien clair que Jean de Montreuil, notaire et secrétaire du roi, a lu et exploité le *Livre de Politiques*. Jean de Montreuil était un ami de Michel Pintoin[524]. Il n'est donc pas absurde de rapprocher deux œuvres nées dans le même milieu intellectuel parisien, l'une et l'autre expressions de la même culture politique.

Suivons donc Nicole Oresme dans sa traduction et son commentaire d'Aristote. Une société est composée de « gens ». « Gens » est d'ailleurs un des « mots » retenus par Nicole Oresme dans la « table » alphabétique qu'il offre à son lecteur pour lui permettre de repérer les « choses notables[525] ». Qui veut analyser les structures de cette société doit naturellement y distinguer des groupes où se retrouvent les gens qui ont des traits communs. Chacun de ces groupes est une « gent[526] ». Nicole Oresme peut alors parfois parler d'« estas[527] », de « manières de gens[528] », de « manières d'estaz de genz[529] ». Mais, à la vérité, ces mots ne viennent pas souvent sous sa plume. Le mot qu'aime Nicole Oresme, c'est « multitude ». « Multitude » est un mot important dans sa table des notables[530]. L'ensemble de la communauté politique est une multitude, « cité est multitude[531] ». Mais dans cette multitude on peut distinguer toutes sortes de « manières de gens » ou de multitudes, comme la « multitude de cultiveurs de terre », ou « celle qui use de navire et celle qui marchande[532] ».

Parmi ces multitudes, ou ces « manières d'estaz de genz », il y a naturellement la « gent sacerdotal » et les « gens d'armes[533] », mais on cherche en vain, dans tout le *Livre de Politiques d'Aristote*, une phrase où se reflèterait l'image de la division de la société en trois états ou trois ordres. La seule structure à laquelle renvoient constamment les gloses de Nicole Oresme est bipartite. La société est divisée en deux parties que sépare un profond fossé, et la partie inférieure, c'est l'ensemble des « multitudes populaires », c'est « la multitude populaire », ce sont les « populaires », c'est « le populaire », c'est le « peuple », toutes manières pour Nicole Oresme de traduire « *populus* »[534]. Et pour éviter l'ambiguïté de « *populus* » ou de « peuple », Nicole Oresme parle parfois, comme tout le monde, de « menu peuple[535] », de « menue gens[536] », de « menu commun[537] ».

Les multitudes populaires ont un premier trait commun : elles constituent, à elles toutes, « une multitude de povres[538] », une « povre multitude[539] ». Ces pauvres ne sont d'ailleurs pas des « gens mendians ». Ils doivent leur pauvreté aux métiers qu'ils exercent. Ils exercent des « ars mecaniques ». Ce sont « gens occupés en œuvres serviles » ou « qui sunt de office

servile », comme les « cultiveurs de terres », les « gens
de mestier », ou les « negociateurs », qui s'adonnent
à la « negociation » et « a gainz de marchandise [540] ».

Il y a des gens d'offices serviles. Il y a même, au-
dessous d'eux, des « gens de vils offices », c'est-à-dire
de « viles personnes », comme les ménestrels qui
chantent ou sonnent instruments, et surtout comme
les « gens de cuisine, bouchiers [...], tanneurs et
semblables [541] ».

Le problème essentiel est maintenant de savoir
pourquoi tous ces pauvres, tous ces gens d'œuvres
serviles ou viles sont, dans la société, là où ils sont.
Or, si le théologien admet que certains peuvent en
être là « contre leur inclination », « par leur infortu-
ne », il ne doute pas que c'est leur nature même qui
justifie l'état où sont les autres. Ils en sont là parce
qu'ils « sunt ad ce enclins de nature », soit que leurs
corps soient gros et rudes, soit qu'ils manifestent
« aucune malvese disposition des sens de dedans ».
Il est donc tout naturel d'appeler ces gens non pas
simplement « vilains », mais « vilains natifs [542] ».

Ce que la nature a refusé le plus souvent aux populaires, c'est la vertu. Nicole Oresme s'en explique dans
une glose explicite et bien remarquable : « Je di que
selon verité, de toute la multitude les uns sunt plus
naturelment enclins à vertu et les autres non, comme
pluseurs foiz est dit. Et pour ce, en bonne policie,
ceulz qui ne sunt de leur nature enclins à vertu, l'en
les doit deputer à oevres serviles et necessaires
comme sunt cultiver les terres et marcheander et
ouvrer de mestier. »

Or, la source de toute vertu, c'est la raison. La raison est propre à l'homme, « car homme seul vit par
raison et les bestes non ». Mais il arrive que certains
« par deffaut de nature sunt comme bestes, sans
usage de raison [543] ». Il y a donc une multitude raisonnable. Mais Nicole Oresme lui oppose tout naturellement les multitudes qu'il dit bestiale, ou servile, ou

populaire[544], où la plus grande partie des gens est mal disposée « à obeir à raison », où il n'y a « entre eulz et bestes... nulle difference », où la plus grande partie des gens n'a aucun discernement, est « sans discretion ou de perverse affection[545] ».

Tous les populaires ne sont pas par nature pervers. Tous les populaires ne sont pas par nature privés de raison. Mais tous, même les meilleurs, par la force des choses, manquent des connaissances qui leur permettraient de se bien conduire dans la vie politique. Ils s'entendent à leur besogne. Ils manquent du savoir théorique et de l'expérience qui seraient ici nécessaires. Ce sont de « simples gens[546] ». Ce sont, en politique, des « idiots[547] ». Le mot « idiot » apparaît en français au XIVe siècle. Il a le même sens que le mot latin « *idiota* » ou « *idiotes* ». Il désigne celui qui ignore tout dans un domaine considéré. Dans un fort bel article, Jacques Krynen a récemment attiré l'attention sur un remarquable emploi d'« *idiota* » ou « idiot » au XIVe siècle. Tout au long de ce siècle, théologiens et juristes ont eu des rapports conflictuels. Les théologiens reprochaient aux juristes de jouer un (trop grand) rôle dans la vie politique, sans vraiment connaître les principes de la science politique. Ils étaient donc, comme le dit Gilles de Rome dès 1279, des « *idiotae politici* », des idiots en politique[548]. Un siècle plus tard, dans *Le Songe du Vergier*, le juriste Evrart de Tremaugon répond, à ces théologiens qui « appellent les juristes yndios pollitiques », que les théologiens savent peut-être les principes, mais qu'ils n'ont pas l'expérience, « mère de toutes choses[549] ». Evrart de Tremaugon s'en prenait à la phrase de Gilles de Rome. Il répondait en fait aux toutes récentes critiques que Nicole Oresme, dans son *Livre de Politiques d'Aristote*, venait de reprendre, lui, théologien, contre les juristes. Nicole Oresme reprenait les critiques de Gilles de Rome. Mais, plus modéré, il s'abstenait de traiter les juristes d'idiots. Il fallait savoir mesure garder. Pour lui, en politique, les seuls vrais « idiots », c'était le menu peuple.

Le docteur en théologie et le Religieux de Saint-Denis peuvent éprouver pour le menu peuple plus ou moins de sympathie. Le Religieux semble marquer plus de compassion que le docteur pour les souffrances du pauvre peuple. (Il est vrai que celui-ci a plus souffert sous Charles VI que sous Charles V.) Mais le Religieux et le docteur se font bien la même idée du peuple. Une multitude de gens pauvres, voués par leur nature même aux arts mécaniques, à des métiers humbles ou vils, souvent privés de raison, toujours « idiots » en politique. C'est sur ce fond populaire que se détache l'autre part de la société, que nous appellerons l'élite. En étudiant ce qu'est, selon Nicole Oresme, l'élite, peut-être nous mettrons-nous en position de mieux comprendre les problèmes qu'a posés sous Charles VI cette notion d'élite.

La naissance, le « lignage ou nativité », voici le premier trait qui distingue du menu peuple[550]. A vrai dire, Nicole Oresme le sait, il peut le dire, il n'y insiste pas.

La richesse est beaucoup plus importante. Nicole Oresme établit une distinction fondamentale entre les riches et les pauvres ou les populaires, entre la multitude des riches et la multitude des pauvres[551].

Le métier est essentiel. Tandis que le populaire exerce des arts mécaniques ou s'occupe en œuvres serviles, ceux qui s'en distinguent pratiquent des « ars... liberalz[552] ».

La naissance, la richesse et le métier déterminent le groupe de ceux qui exercent ou pourraient exercer une quelconque « autorité » publique ou un quelconque « office publique[553] ». A de tels offices publics, Nicole Oresme réserve le nom de « princeys ». Car, précise-t-il, au sens large, « tous offices sont diz *princeys* qui ont povoir de conseillier des choses publiques ou de faire jugement ou de commander[554] ». Il y a ainsi des gens qui ont une action[555] et un poids politique, qui « politizent ». « Politizer, ce est à dire... entendre au gouvernement de la policie et... tenir princey ou avoir office publique[556] ».

Cela va de soi, il « est necessaire que ceulz qui politizent... politizent bien[557] ». Pour ce faire, ils doivent être vertueux, et bons. Il faut d'abord « qu'ils ne pechent pas[558] ». Il faut surtout qu'ils aient les vertus nécessaires dans l'exercice de la vie politique. Ils doivent être guidés par la raison[559] et avoir le souci du bien commun. « Un bon homme, dit Nicole Oresme en traduisant Maistre Pierre d'Auvergne, aime plus le bien commun que le sien propre. » Il doit aussi avoir les connaissances et l'expérience[560] nécessaires pour faire preuve de cette sagesse pratique, de cette « prudence politique[561] » qui est, dans la vie publique, la vertu essentielle du sage.

Or, Nicole Oresme n'en doute pas, cette nécessaire prudence politique est propre aux gens qui sont riches et exercent les arts libéraux. Elle l'est d'abord par nature. Certes, il peut arriver que des « cultiveurs des champs » et de pauvres laboureurs, ou leurs enfants, soient « peu à peu disposéz à aucune vertu » et parviennent à un meilleur état. Mais ce n'est pas si souvent[562]. Et, le plus souvent, les dispositions naturelles de chacun justifient l'état où il se trouve[563]. En outre, seuls les « seigneurs des possessions » ont le loisir d'« exercer les œuvres des vertus morales et politiques[564] ». Seuls ceux qui sont occupés aux arts libéraux ont le loisir de « vaquer as œuvres de vertu[565] ». Les gens de métier qui s'adonnent aux arts mécaniques, les laboureurs de terres, tous ceux qui sont voués à la « négociation », « où l'en est tousjours occupé pour soustenir sa vie et pour gaingnier (car *negocium* est dit *quasi negans ocium*, labeur sans repos) », tous ceux-là ne peuvent pas être vertueux[566]. De toutes façons, la vacation ou repos n'est pas bonne pour eux. « Il emploieroient leur temps en mal et en vices ». Il faut les faire « continuelment labourer sans vaquer, car oysiveté leur aprent mont de mal ». Le repos au contraire est excellent pour les riches vertueux, il leur permet de « estudier sapience[567] ».

Leur vertu et leur richesse, leur labeur et leur repos préparent ainsi les privilégiés au bon exercice de la prudence politique. Ils n'y atteignent pourtant vraiment qu'avec l'âge et l'expérience. Ainsi Nicole Oresme arrive à la définition complète de ce qu'est ou devrait être un « homme politique » : « Ce est assavoir qui institue ou gouverne la policie par cette science laquelle il a par doctrine ou par bon sens naturel aveques experience et bonne diligence[568]. » « Prudence est es plus anciens[569]. »

Mais comment donc le traducteur et glossateur d'Aristote appelle-t-il cette élite de privilégiés que les dons de nature ont poussés au-dessus du peuple, auxquels leur vertu et leur richesse, leur labeur et leur sagesse ont tout naturellement valu la puissance et l'autorité ? Nicole Oresme a un premier mot pour les désigner : ce sont des « citoiens ». En effet, dans une bonne policie, dans une société bien ordonnée, les « cultiveurs de terres », les « gens de mestier » et les « marcheanz », tous les gens des états populaires ne font pas partie de la cité[570]. Ils ne sont pas citoyens. « Car cité est une multitude de citoiens », et un citoyen se définit par sa capacité à « participer en jugement et en princey », c'est-à-dire qu'il exerce ou peut exercer un quelconque office[571]. Les « citoiens » reviennent constamment dans les analyses de Nicole Oresme. Lequel use rarement de « bourgeois ». Il reconnaît pourtant que « aucunes appellent telz citoiens bourgeois, car ils pevent estre maires, esquevins ou conseuls[572] ».

Ces citoyens, ces bourgeois sont raisonnables. Ils brillent par leur prudence. La prudence ou « preudommie[573] » est la qualité essentielle du « bon homme[574] ». Nicole Oresme parle donc parfois des « bonnes gens », qu'il oppose aux populaires[575]. Et il évoque parfois la multitude raisonnable des « sages[576] ».

Si l'on considère maintenant leur richesse, ou leur place dans le corps politique, il faut bien reconnaître que ces « bonnes gens » ne sont pas au sommet de la hiérarchie sociale. Au-dessus d'eux, il y a les nobles, leur état est « moien[577] ». N'empêche qu'ils se distinguent bien de la multitude populaire. Ce sont des « gens notables[578] ».

Mais c'est « honorable » qui est ici, dans le *Livre de Politiques d'Aristote*, le mot le plus constant. Ceux qui sont par nature « habiles a opérations honorables[579] », ceux qui exercent ou pourraient exercer un office public, les « gens qui conseillent et jugent » occupent dans la société, selon Aristote, un « estat de honneur, qui est moien[580] ». Ceux qui vaquent « as œuvres de vertu » en viennent « a estat honorable[581] ». Ce sont des personnes « honorables[582] », des gens qui ont une certaine « honorableté ».

L'« honorableté », qui revient si souvent dans les analyses de Nicole Oresme, est propre aux gens vertueux[583] qui participent ou pourraient « participer en la policie[584] ». Sous la plume du théologien, ce mot « honorableté » a donc deux sens différents, d'ailleurs très liés. Il peut désigner un état honorable[585]. Il peut aussi désigner un office ou une fonction publique honorables[586]. Dans les deux cas d'ailleurs, il y a une hiérarchie d'« honorabletés ». Il y a des états plus ou moins honorables, des offices plus ou moins honorables. Et, tout naturellement, ces deux hiérarchies sont parallèles. Aux états les plus honorables, les offices les plus honorables ; aux états moins honorables, les offices moins honorables. Dans ses gloses, Nicole Oresme tient d'abord à bien préciser ce qu'est « honorableté » : « Honorableté est honestement gouverner sa chose familiaire et tenir estat. Et pour ce, ceulz qui tiennent grant estat et le peuvent faire sont de grande honorableté. Et les moiens sunt de la petite honorableté. Et les povres petis populaires ne sunt de nulle honorableté[587]. » Et il continue en expliquant que de modestes officiers comme les notaires sont pris dans « les mendres honorabletés », tandis que les offices principaux reviennent aux gens des plus grandes « honorabletés ». Il avait déjà écrit la même chose quelques chapitres auparavant : « Est acoustumé que ceulz qui ont princeys ou offices sus choses très grandes soient esleus et pris des plus grandes honorabletés... ce est à dire des estats plus honorables et des personnes plus honorables en telz estas[588]. »

On peut donc être d'un état plus ou moins honorable, mais c'est bien l'« honorableté », grande ou moindre, qui distingue l'élite du peuple. Lorsque, au xve siècle, quelqu'un se dit « honorable homme[589] », il n'a sans doute lu ni Aristote ni Nicole Oresme, mais il entend bien affirmer qu'il fait partie d'une élite. Lorsque, de nos jours, un historien tente de définir une élite[590], il s'attache à des critères objectifs, comme le métier, la richesse, les fonctions publiques. Mais si l'on se soucie de savoir qui, aux yeux des gens du Moyen Age, fait, ou non, partie de l'élite, la première démarche qui s'impose est une enquête sur le titre d'« honorable homme ». Quand apparaît-il ? Comment et où se répand-il ? Lorsqu'un bourgeois, dans une modeste ville, se dit « honorable homme », peut-on imaginer que ce titre est le faible et lointain écho des développements d'Aristote et de ses glossateurs ?

On aura compris qu'entre ces deux parts de la société que sont les personnes honorables et le peuple, le fossé n'est pas simplement social, il est politique. Tandis que le tyran doit s'appuyer sur le peuple et travailler à « destruire les sages », dont la prudence menace son pouvoir[591], le roi au contraire demande conseil à la multitude raisonnable des sages. Dans un royaume bien ordonné, c'est elle qui doit légiférer et juger[592]. Nicole Oresme aime à citer l'Ecriture (Sagesse, 6, 26) : « *Multitudo sapientium sanitas est orbis terrarum* » (« Multitude de sages est la santé du monde[593] »).

Telle est l'idée que Nicole Oresme se fait de ce que nous appelons l'élite. Une idée simple, qui ne lui pose pas de problème du fait que, sauf exceptions, Nature et Fortune s'unissent pour la définir. Ce sont les mêmes qui sont vertueux, raisonnables et sages, et qui ont la richesse et l'autorité. C'est l'élite des « personnes honorables ».

Quelques avatars de l'élite sous Charles VI

Tous ceux qui, pensant, parlant et écrivant, ont eu quelque poids sous Charles VI n'ont certes pas lu le *Livre de Politiques d'Aristote* de Maître Nicole Oresme. Mais tous sont plus ou moins pénétrés des idées aristotéliciennes. Et tous partagent plus ou moins les convictions et les évidences de leur temps. Or, ils ne peuvent pas ne pas se heurter à un problème majeur. Dans la trop simple et trop belle construction de Nicole Oresme, la prééminence de ceux qui ont la richesse et la puissance est justifiée par les dons que leur a prodigués la Nature. Ils sont aussi vertueux et sages. Nicole Oresme lui-même avait admis quelques exceptions. Les sujets de Charles VI ne pouvaient pas ne pas voir que la réalité démentait la théorie, que les puissants et les riches n'étaient pas tous vertueux et sages, et qu'il était trop simple d'opposer à une multitude populaire une multitude raisonnable. Ce constat, et les réactions qui en découlèrent, en vinrent à donner de l'élite une image indécise. Il convient de s'y arrêter un moment pour mieux comprendre, par la suite, les positions de Michel Pintoin.

Il serait lassant d'appeler à la barre tous les témoins de ce temps. N'en retenons que cinq, qui sont de la même génération, ont fréquenté les mêmes milieux et ont eu avec le Religieux de Saint-Denis des relations plus ou moins étroites. Jean Courtecuisse (vers 1353-1423), entré au collège de Navarre vers 1367, est docteur en théologie en 1389. Par la suite, il participe à de nombreuses ambassades pour le roi ou l'Université. En 1403, il dédie une de ses œuvres au duc de Berry. En 1408, il devient aumônier du roi. Il prononce plusieurs sermons devant Charles VI. Pendant les troubles de mai 1413, il fait partie de la commission qui prépare le texte des réformes qui restera dans l'histoire sous le nom d'Ordonnance cabochienne. Et, le 29 mai 1413, il prend la parole devant le roi pour dire l'utilité de l'ordonnance qui vient d'être publiée. C'est surtout dans cet important sermon qu'il traite des problèmes politiques et sociaux. Michel Pintoin connaît bien Jean Courtecuisse. C'est un des rares orateurs de son temps qu'il qualifie de brillantissime [594].

Jean de Montreuil (1354-1418) est lui aussi passé par le collège de Navarre. Il entre au service du duc d'Orléans et du roi au plus tard en 1389. Notaire et secrétaire du roi, il participe à plusieurs ambassades. Il est surtout l'un des animateurs d'un groupe de lettrés adonnés à l'humanisme et soucieux de rivaliser avec les Italiens. Il a pris soin de conserver ses lettres, souvent riches de réflexions politiques ou sociales. Il appréciait fort la compagnie du « chantre et croniqueur de Saint-Denis, personne de grant religion et reverence [595] ».

Jacques Legrand (vers 1360 - entre 1415 et 1418) est ermite de Saint-Augustin. Il poursuit ses études, jusqu'à la prêtrise, chez les Grands Augustins de Paris. En 1393, il est un des personnages importants de son ordre. A cette date, il est déjà au service de Michel de Creney. Michel de Creney a fait ses études au collège de Navarre et il est resté toute sa vie très lié à quelques anciens du collège. Il a été aumônier de Charles VI en 1382, il devient son confesseur en 1389 et le reste jusqu'à sa mort en 1409[596]. Jacques Legrand, resté fidèle à Michel de Creney jusqu'à la mort de celui-ci, est donc lui aussi familier du cercle étroit de gens qui gravitent autour du roi. Il correspond avec Jean de Montreuil. Il écrit plusieurs ouvrages qui traitent de grammaire, de rhétorique, de morale, de philosophie. Il dédie l'un d'entre eux, en 1400, au duc Louis d'Orléans. Mais il est surtout connu comme un remarquable, puissant et infatigable orateur. Il a prêché plusieurs fois à la Cour. En particulier, en 1405, il a prêché devant la reine, puis devant le roi. A chaque fois, il a fait scandale en fustigeant les mœurs de la Cour. On ignorerait tout de cet épisode si le Religieux de Saint-Denis ne lui avait pas consacré un long chapitre où il dit son admiration pour le talent de l'orateur et le caractère de l'homme[597].

Jean Gerson (1363-1429), d'abord boursier du collège de Navarre, maître en théologie en 1393, professeur à la Faculté de théologie pendant de nombreuses années, chancelier de Notre-Dame en 1395, est un des grands esprits de ce temps. Il a écrit d'innombrables œuvres. Ses sermons étaient aussi fameux que ceux de Jean Courtecuisse ou de Jacques Legrand. Une profonde estime liait le chancelier de Notre-Dame et le chantre de Saint-Denis[598].

Christine de Pizan enfin (vers 1364-1429), veuve en 1389, décidée à vivre de sa plume, multiplie les dédicaces à Jean de Berry, à Philippe le Hardi, à Louis d'Orléans, à Isabeau de Bavière, à Louis de Guyenne et à bien d'autres, et multiplie les œuvres où elle expose ses conceptions politiques et sociales, comme le *Livre des fais et bonnes meurs du sage roy Charles V*, écrit en 1404 à la demande de Philippe le Hardi, ou le *Livre du corps de policie*, écrit en 1406-1407 pour le dauphin Louis, duc de Guyenne, ou encore le *Livre de paix*[599], achevé sous le coup des tragiques événements de 1413, qu'elle dédie au même Louis de Guyenne et dont elle offre un exemplaire au duc de Berry le 1er janvier 1414. Dans le cercle étroit que tous deux fréquentaient, Christine de Pisan et Michel Pintoin se sont-il croisés, se sont-ils connus ? C'est bien possible. Rien ne nous le dit.

Nos cinq auteurs ont tous la même idée, assez claire, de ce qu'est le peuple. Elle rejoint tout à fait ce que disait Nicole Oresme. Jean Courtecuisse est bien conscient que le mot « peuple » peut avoir des sens différents. Dans un premier sens, explique-t-il au roi, il faut entendre par « peuple » « tous les estas de vostre royaulme, combien, que, ajoute-t-il tout aussitôt, le peuple, à proprement parler, signifie les gens de petit estat tant seulement[600] ». Ces gens de petit état, ce sont, comme le dit en français, sans surprise, Christine de Pizan, les « petits », les « menuz » la « menue gent », le « menu conmun », la « gent de commun », les « menuz populaires[601] ». Le latin de Jean de Montreuil est plus riche encore : « *multitudo* », « *populus* », « *plebs* », « *vulgus* », « *grex* », « *turba* »[602].

Le peuple, le commun, est constitué dans les villes des « gens de mestier[603] », de ceux qui « labourent... par ouvrages mechaniques ou par marchandisez[604] ». Dans cet « estat plus bas », parmi ces « simples gens de mestier », il y en a certes qui sont bons, mais tous nos auteurs s'accordent à dire qu'en dehors de leur métier ils ne savent rien et sont incapables de comprendre la vie politique ou d'y jouer un rôle. Par quel miracle, dit Christine de Pizan sous le coup des événements de 1413 dans son *Livre de Paix*, par quel miracle « un homme de mestier » pourrait y être apte, lui « qui toute sa vie n'ara exercé autre chose ne mais son labour ou de bras ou de mains sans se mou-

voir de son atelier pour gaigner la vie, n'avoir fre-
quenté gens legistes ou costumiers en choses de droit
et de justice, n'ara veu honneur ne sara que est sens,
n'a apris à parler ordeneement par raisons belle et
evidens, ne les autres savoirs et choses qui affierent
à gens propres à establir es gouvernemens[605] ? »

L'ignorance, voilà, pour ne rien dire de ses autres
défauts, la marque essentielle du peuple. Pour
Jacques Legrand, des ignorants, « *ydiote* », constituent tout naturellement une « *indocta multitudo* »[606].
Et Jean de Montreuil parle constamment de « *imperita multitudo* », « *plebs imperita* », « *imperitorum
turba* »[607].

Cette multitude ignorante, nos cinq auteurs peuvent la juger avec plus ou moins de sévérité, lui porter
plus ou moins de compassion. Christine de Pizan, qui
cite Aristote, est d'accord avec Jacques Legrand pour
dire que ces gens de métier, ces menus populaires
peuvent se comporter comme bêtes[608]. Gerson, plus
indulgent, préfère dire le « peuple semblable à
enffans[609] ». C'est que Gerson a beaucoup de compassion pour les souffrances du « bon peuple », du
« pauvre peuple[610] », tandis que Jean de Montreuil,
citant Pétrarque et d'autres, n'a pas de mots trop durs
pour dire les défauts du vulgaire, et stigmatiser sa
« *vulgaritas* »[611]. Jacques Legrand a l'espoir qu'un
jour « le temps vendra que Dieu essaussera les
povres[612] ». Christine de Pizan, au contraire, est scan-
dalisée à l'idée que la hiérarchie sociale pourrait être
bouleversée, ou contestée. Elle le dit au prince :
prends bien garde « que tu n'eslieves point ceulx que
nature commande estre bas ». Elle le dit au peuple :
« Restez es estas où Dieu vous a esleuz. » Il va ainsi
de soi que les gens du commun ne peuvent accéder à
un quelconque office, exercer une quelconque autorité, participer en quoi que ce soit au gouvernement[613]. Tout ce qu'on leur demande, c'est « patience
et bonne obeissance[614] ».

Pour autant, Dieu ne veut pas que le prince maltraite le peuple. Mais pourquoi s'intéresserait-on aux rumeurs que colporte et aux propos que tient cette multitude ignorante ? Ces rumeurs sont aussi nombreuses que vaines[615]. Ces propos sont aussi vains que faux. Jean de Montreuil aime à citer Pétrarque : tout ce que la masse pense est vain, tout ce qu'elle dit est faux, tout ce qu'elle fait est sot[616]. « *Vox populi, vox Dei* », quel adage trompeur ! Le peuple n'existe, dans la vie politique, que par ses violences. Rien, dans leurs convictions, n'encourage les contemporains de Michel Pintoin à une quelconque étude d'opinion publique.

Le peuple, donc, doit être gouverné. Mais qui pourra le gouverner ? Jacques Legrand le dit clairement : « *Homines sapientes et experti alios dominari debent* » (« ceux qui ont la sagesse et l'expérience doivent commander les autres »)[617]. La sagesse, nos cinq auteurs en parlent longuement ; c'est toujours, pour eux, comme pour tous les sujets de Charles V et de Charles VI, ce même mélange de bon sens inné, de savoir et de « prudence », c'est-à-dire de savoir agir. Mais qui sont les sages ? Autant est précise l'idée que nos cinq auteurs se font du commun, autant est floue leur vision de ceux qui doivent le dominer.

Les uns et les autres parlent volontiers de trois états, mais la définition de ces trois états varie de l'un à l'autre. Jean de Montreuil précise bien que ces trois états sont le clergé, la noblesse et le peuple[618]. Jean Gerson distingue, lui, la clergie, la chevalerie et la bourgeoisie[619], ou les nobles, les clercs et les bourgeois[620]. Lorsque Jacques Legrand parle de trois états, ce sont les princes, les prélats, les bourgeois[621]. Pour Christine de Pizan, le « corps de policie » se divise bien en trois états, ce sont les princes, les chevaliers et nobles, et « l'université de tout le peuple » ; et ce peuple lui-même se divise en trois états, et ce sont ou bien les clercs, les bourgeois et les marchands, les gens de métier et laboureurs, ou bien « les bourgois », les « moyenes gens », et « celz du commun »[622]. Au total, ces variations sur un rythme ternaire cachent mal ce qui est, dans la vie quotidienne des villes, l'essentiel : le fossé qui sépare les bourgeois ou citoyens[623] et le commun ; les riches et les pauvres qui « ne s'entre-aiment pas[624] » ; ceux qui tiennent ou pourraient tenir des offices et participent au gouvernement de la cité et de l'Etat, et ceux qui n'y participent pas ; ceux qui ont quelque autorité, et ceux qui n'en ont pas. Et tout le problème est de savoir si cette élite politique et sociale possède, comme le pensait Nicole Oresme dans son optimisme, la vertu et la sagesse qui justifieraient sa prééminence.

Christine de Pizan, surtout après les « folles esmeutes » de 1413, adhère totalement aux perspectives de Nicole Oresme. Il y a dans les villes des « bourgeois notables et d'anciennes lignées », qui sont riches, qui ont les savoirs, et en particulier le savoir juridique, qui ont du sens, qui savent bien parler. C'est à ceux-là que doit revenir l'« autorité de quelconque office » et la « prérogative de gouvernement de cité ou villes[625] ». De même, au sommet de l'Etat, dans le conseil du roi, « sont assemblés les sages et les conseilliers qui determinent des besoignes du pays[626] ». Du conseil du roi aux conseils de villes, la vie politique est ainsi le fait d'une élite de sages dont le nombre n'est d'ailleurs pas petit. Et c'est tant mieux. Car, s'inspirant de Boèce, Christine de Pizan dit à peu près ce que disait Nicole Oresme en suivant l'Ecriture[627] : « L'onneur ou la gloire du royaume ou de la terre et pays acroist moult par l'abondance et pluralité des clers et des sages hommes[628] ».

Jean Courtecuisse ne s'est pas trop attardé aux analyses politiques. C'est surtout un moraliste. Mais il est clair que, pour lui aussi, les sages sont nombreux. Ils conseillent le roi, comme ceux dont lui-même était, qui ont décidé les mesures raisonnables prises par l'ordonnance cabochienne. Ils peuplent l'Université. Ce sont aussi « les tres loyaulx et tres virtueux citoiens, le prevost des marchands et eschevins de Paris[629] ».

Donc, pour Christine de Pizan et pour Jean Courtecuisse, comme pour Nicole Oresme, la sagesse coïncide à peu près avec la puissance et la richesse. Les perspectives de Jean Gerson sont différentes. Le chancelier ne doute pas que le roi doit être entouré « de prudens gens d'estat et de bonnez meurs, devotez à Dieu et tres loyaulz au bien publique[630] ». Mais où sont ces sages ? Ne parlons même pas du commun, qui n'a pas toujours sa place dans le schéma tripartite cher à Gerson. Le roi peut bien trouver, dans son royaume, des nobles, des clercs et des bourgeois capables de l'informer sur l'« estat de leur pays[631] ». Ce ne sont pas là les prudents qui peuvent le conseiller et l'aider à gouverner. Car chaque état a sa spécificité : « à l'estat de chevalerie » revient la « puissance », « à l'estat de clergie », revient la « sapience » ; et « à l'estat de bourgeoisie » la « debonnaire obeissance[632] ». La « prudence pour conseiller[633] » est le privilège des clercs ou, pour mieux dire, le privilège de l'Université de Paris. Elle a la science, elle a la sagesse, elle est « la maistresse de verité ». Et, d'un autre côté, elle représente tout le royaume. Elle est « comme une semence vertueuse derivee de tout le corps de la chose publique ». Elle parle « comme pour toute France, comme pour tous les estas desquelles elle a aucuns estudians[634] ». La véritable élite politique se réduit ainsi, selon Gerson, à l'Université de Paris.

Face aux prétentions du grand théologien, Jean de Montreuil reprend en somme la position défendue par Evrart de Tremaugon face à Nicole Oresme[635]. Le gouvernement doit être le fait des « *boni viri* » qui ont des qualités morales et qui ont le savoir. Mais ce savoir théorique n'est rien sans l'expérience qui donne le savoir-agir, la prudence politique[636]. Or, qui donc possède à la fois les vertus morales, le savoir et l'expérience nécessaires ? Certes pas les clercs, auxquels tous les livres du monde ne donneront pas l'expérience indispensable[637]. Ni les nobles, qui ne se cultivent pas[638]. Ni les conseillers du roi, qui sont incompétents[639]. Ni les gens de cour, auxquels aucun défaut ne manque[640]. Les qualités nécessaires à l'homme de gouvernement ne se trouvent guère qu'au Parlement[641] et, faut-il le dire, à la chancellerie. Il y a peut-être, au temps de Charles VI, beaucoup de gens instruits ; les sages sont peu nombreux[642]. Le notaire et secrétaire du roi déplore, en son temps, le faible nombre des sages, « *raritas sapientium nostre etatis*[643] ».

Jacques Legrand va plus loin encore que Jean Gerson et Jean de Montreuil. Pour lui, tout était bien avant[644], et le temps viendra où tout sera bien[645]. « Helas aujourdui », « mais aujourduy », « mais maintenant[646] », déplore constamment l'ermite augustin, « tout est à l'envers », « *omnia versa fiunt*[647] ». Les riches n'ont plus de vertus[648]. Les chevaliers « ne tiennent compte d'estudier[649] ». Les clercs ne sont plus que des sophistes verbeux[650], si loin de la sagesse que mieux vaudrait « que l'université soit mise hors de Paris et qu'on en feist une nouvelle, pleine de preudhommie[651] ». Nulle part, morale et politique ne vont encore de pair. Jacques Legrand ne peut que constater la trahison des élites sociales.

Au total, les contemporains de Michel Pintoin ont une idée assez précise de ce qu'est le peuple, mais ils le méprisent trop pour s'attarder à ce qu'il pense. D'un autre côté, ils sont attachés à l'idéal qui accorde la prééminence à ceux qui ont la puissance, la richesse et la vertu. Mais il leur faut bien voir la triste réalité. L'autorité et la sagesse ne vont pas souvent de pair. Ils échouent à définir une élite dont ils pourraient suivre les opinions.

Michel Pintoin, quant à lui, triomphe de cette difficulté. Il voit bien qu'il y a, au-dessus du peuple, des gens d'autorité dont les positions méritent examen. Mais il sait aussi que, même dans cette élite, souvent, la partie la plus saine n'est pas la plus nombreuse, que les gens de bien, les gens vertueux guidés par la raison ne sont qu'un petit nombre [652]. Il refuse à la fois l'optimisme de Christine de Pizan et de Jean Courtecuisse, le corporatisme étroit de Jean Gerson et de Jean de Montreuil, le pessimisme excessif de Jacques Legrand. Et il distingue au sein de l'élite des gens d'autorité, une autre et plus petite élite, celle des gens sages. Les gens de commun, les gens d'autorité et les gens sages sont ainsi les grands acteurs de la *Chronique de Charles VI*. Le Religieux de Saint-Denis s'attache à rendre compte de leurs actions et de leurs opinions. Mais il ne porte pas sur les trois groupes le même regard. Avec le peuple, il garde ses distances. Il est plus proche des gens d'autorité. Il est étroitement lié aux sages.

L'élite selon Michel Pintoin : les gens d'autorité

Pour désigner l'élite, Michel Pintoin n'use pas des mots de Nicole Oresme. Il ignore pratiquement le mot « honorable », si important chez Nicole Oresme. « *Honorabilis* » n'apparaît que sept fois dans toute la *Chronique de Charles VI* et, sur ces sept fois, il ne qualifie que trois fois des personnes, qui sont dites « honorables ». Mieux encore, les deux premières apparitions de « *viri honorabiles* » se situent, très proches l'une de l'autre, en 1407, dans le récit de l'ambassade envoyée par le roi de France aux deux papes, où l'on a tout lieu de penser que le Religieux ne fait que reprendre des textes qu'il a eus entre les mains [653]. La troisième et dernière apparition de « *vir honorabilis* » se place en avril 1415, dans un chapitre où, selon toute vraisemblance, Michel Pintoin reproduit un document qui lui est parvenu de Constance[654]. Une ou des personnes honorables, voilà une expression qui ne vient décidément pas à l'esprit du Religieux. Tout juste peut-on signaler, en 1413, une exceptionnelle apparition de « *honorabiliores cives* »[655] qui a toutes chances, elle, d'être propre à Michel Pintoin. Il est clair que le Religieux de Saint-Denis n'a pas lu le *Livre de Politiques d'Aristote* et ne s'est pas encore approprié un mot que nombre de ses contemporains ont pourtant déjà adopté.

Nicole Oresme usait aussi, sans en abuser, de « notable ». Il parlait de « gens notables[656] ». L'expression était familière aux contemporains de Michel Pintoin. On la retrouve dans la *Chronique de Charles VI*. Mais, à la vérité, pas si souvent. Des gens notables, *viri* ou *persone notabiles*, n'y apparaissent guère qu'une trentaine de fois dont une dizaine dans des documents cités[657] ou traduits[658]. Reste une vingtaine de cas où les « personnes notables » sont bien une expression propre à Michel Pintoin. Le mot apparaît pour la première fois, dans la *Chronique de Charles VI*, en 1389, pour désigner les plus grands personnages du royaume qui assistent aux honneurs funèbres rendus à Bertrand Du Guesclin. Il y avait là, nous dit le Religieux, le connétable, le maréchal de France... « et beaucoup d'autres personnes notables » (*et multis aliis personis notabilibus*)[659]. A partir de 1394, ce sont des ecclésiastiques qui, souvent, sont des « notables[660] ». A partir de 1406, « notable » s'applique souvent à des membres d'ambassades[661]. Mais c'est simplement à partir de 1413 que Michel Pintoin qualifie de « notables » des échevins ou des bourgeois parisiens[662]. Dans les dernières années de la *Chronique*, « *notabilis* » a tout naturellement un très large emploi. La ville de Senlis, en 1417, doit fournir au roi six otages, « gens notables et d'excellente réputation » (*viros notabiles et integre fame*) ; ce sont l'abbé de

Saint-Vincent et un chanoine, deux insignes écuyers, et deux bourgeois[663]. Et le Religieux donne le nom d'un de ces deux bourgeois : c'est Maître Jean de Beaufort, un avocat, dont il nous précise que c'est un orateur fameux, et dont nous savons, par ailleurs, qu'il a été gouverneur-attourné de Senlis, de 1408 à 1410, et qu'il est alors, depuis 1411, avocat du roi à Senlis[664].

Ainsi, dans l'esprit de Michel Pintoin, « *notabilis* » garde toute sa force étymologique. Les gens notables, ce sont les gens dont le nom mérite ou mériterait d'être noté. Mais la notabilité n'est qu'une conséquence. Maître Jean de Beaufort mérite d'être nommé parce qu'il a de l'autorité. Ne prenons qu'un exemple, particulièrement explicite. Le 8 août 1419, une ambassade est envoyée vers le dauphin Charles. Elle comprend, nous dit Michel Pintoin, des conseillers du roi et « plusieurs bourgeois de très grande autorité qu'il convient donc de nommer » (*nonnulli ex... summe auctoritatis burgensibus et ideo nominandi*). L'historien donne en effet sept noms. Puis il ajoute : « Il y en avait quelques autres, dont je ne peux pas actuellement dire le nom » (« *cum quibusdam aliis quorum nomina non teneo quo ad presens* »)[665].

L'essentiel, pour Michel Pintoin, c'est donc ce qu'il appelle parfois la prééminence (*preeminencia*)[666] et le plus souvent l'autorité (*auctoritas*)[667]. La *Chronique de Charles VI* ne fait jamais état des personnes honorables, rarement des personnes notables, mais près de deux cents fois elle met en scène les personnes que leur autorité distingue du peuple[668], qu'elle dit parfois « de grande autorité » (*magne auctoritatis*)[669], le plus souvent « de très grande autorité » (*summe auctoritatis*).

L'autorité, cette notion clé qui définit l'élite, est plus ou moins grande. Elle a surtout la particularité de se superposer à l'image d'une société divisée en trois états. L'essentiel n'est plus qu'il y a dans la société trois états. C'est qu'il y a dans chaque état des gens qui ont de l'autorité et des gens qui n'en ont pas, et que tous ces gens qui ont de l'autorité forment, dans le pays ou dans le royaume, une élite solidaire [670].

Il y a donc des prélats et des clercs de la plus grande autorité [671] ; mais l'expression est rare dans la *Chronique de Charles VI*. Plus souvent traversent le récit des princes, des comtes, des barons, des chevaliers de la plus grande autorité [672], dont Michel Pintoin prend soin, quand il le peut, de donner les noms [673]. Il y a même, dans des circonstances exceptionnelles, des écuyers de la plus grande autorité. Voici le récit de la bataille d'Othée, en 1408. Michel Pintoin tient à transmettre à la postérité les noms des gens de très grande autorité (*summe auctoritatis viri*) qui s'y sont illustrés. Il cite d'abord 42 seigneurs (*domini*) venus de Bourgogne, de Picardie et d'ailleurs, à quoi il ajoute les noms de dix écuyers fameux (*armigeri famosi*), le premier cité étant en effet le célébrissime Enguerrand de Bournonville [674]. L'autorité dépend donc à la fois de critères objectifs et de la réputation que chacun a pu se gagner. La comparaison de la liste du Religieux avec celle que donne Monstrelet [675] montre en tout cas l'importance que notre historien attache à cette notion d'autorité. C'est bien elle qui structure la vision qu'il a de l'état des nobles.

L'autorité structure encore plus nettement l'état des non-nobles. Les laïques qui ne vivent pas à la campagne [676], qui habitent dans des villes, la *Chronique de Charles VI* les dit indifféremment *cives* ou *burgenses*. *Cives* est beaucoup plus fréquent que *burgenses* [677]. Mais il est impossible de trouver la moindre différence de sens entre les deux mots. Respectueux de l'étymologie, Michel Pintoin parle souvent des *cives* qui habitent les *civitates*, c'est-à-dire les cités épiscopales. Mais il qualifie aussi de *cives* les habi-

tants de la modeste *villa* de Virton[678] et, pour désigner les habitants de Paris, *burgenses* vient aussi
naturellement sous sa plume que *cives*[679].

Est-ce que, parfois, *burgenses* ne désignerait pas
simplement une partie privilégiée de la population
urbaine ? Ce n'est pas impossible. A Senlis, en 1413,
Michel Pintoin distingue « le prévôt de la ville, les
bourgeois et le commun » (« *ville prepositus, burgenses et plebs communis* »)[680]. Mais il est clair que,
dans l'esprit du Religieux, les *cives*, ou *burgenses Parisienses*, c'est l'ensemble de ceux qui ont à Paris leur
demeure. Les « *cives* » de Michel Pintoin n'ont donc
rien à voir avec les « citoiens » dont Nicole Oresme
faisait une élite. Dans les villes en général, à Paris en
particulier, les plus modestes des habitants aiment
qu'on les dise *cives* et qu'on reconnaisse ainsi leur
appartenance à la large communauté qui s'inscrit
dans la ville[681].

Dans ce corps solidaire, c'est l'autorité qui définit
une élite. Au-dessus des bourgeois ordinaires, du
commun, Michel Pintoin met constamment en scène
les bourgeois de très grande autorité, *summe auctoritatis cives*. Dans une ville, le nombre de ces gens d'autorité n'est pas si petit. A Paris, ils sont des
centaines[682]. Il peut s'en assembler une multitude[683].
Ces gens ont pour eux tout ce que n'a pas le commun.
Ils ont la naissance[684]. Ils ont la richesse[685]. Ils ont la
puissance. Puissance militaire d'abord puisque, à
Paris par exemple, centeniers, soixanteniers, cinquanteniers ou dizeniers, ce sont eux qui assurent
l'encadrement des contingents que la ville peut lever,
qui gardent les portes ou s'aventurent hors les
murs[686]. Puissance politique surtout. Ils entourent les
échevins et les aident à gouverner la ville[687] ou à la
représenter[688]. C'est à eux que le roi et les princes
demandent des avis. Ce sont eux qu'ils cherchent à
convaincre[689]. Mais ce sont eux aussi qui sont responsables de la ville aux yeux du pouvoir. Ils prêtent ser-

ment pour elle[690]. Ils demandent pardon pour elle[691]. Ils peuvent être mis en prison pour elle, ou ruinés par les amendes qui leur sont imposées[692]. Bref, les gens d'autorité forment, dans les villes, une élite qui est, en un sens, solidaire du commun mais dont, en même temps, les intérêts et les responsabilités les séparent profondément. Il est tout naturel que Michel Pintoin, décrivant le jeu politique, pose, en face du commun, les gens d'autorité, et s'attache à dire leurs opinions et leurs réactions.

Nous voici à Orléans en 1411. Des chevaliers combattant pour le duc d'Orléans ont surpris en Beauce une troupe adverse. Ils reviennent à Orléans et traversent triomphalement la ville avec leurs prisonniers. « Les gens de très grande autorité de l'un et l'autre sexe, nous dit Michel Pintoin, manifestèrent sur leur passage une joie exubérante. » Les autres (*ceteri, alii*) étaient abattus[693]. A Rouen, en 1417, le menu peuple se révolte et déborde les bourgeois d'autorité[694]. Voici maintenant Paris. En 1410, le duc de Bourgogne fait entrer ses troupes dans Paris et les loge chez les bourgeois. « Quelques personnes d'autorité issues des meilleures familles, nous dit le Religieux, ne le supportèrent pas et quittèrent clandestinement la ville avec tous leurs biens[695]. » L'année suivante, en 1411, Jean sans Peur est arrivé à ses fins. Le comte de Saint-Pol est investi du gouvernement de Paris. Mais, oh surprise, il met en place des gens de bas étage. Et Michel Pintoin continue son récit. Beaucoup de riches notables (*multi notabiles viri*), sous prétexte qu'ils étaient Armagnacs, furent dépouillés de tous leurs biens. Les bourgeois d'autorité furent épouvantés (*summe auctoritatis civibus terrori esse ceperunt*). Trois cents d'entre eux quittèrent la ville[696]. En 1413, devant les exactions des émeutiers, les bourgeois d'autorité furent bientôt pris de haine (*summe auctoritatis civium odium incurrerunt*)[697]. Le Religieux de Saint-Denis ne réduit certes pas la guerre civile qui, pendant tant d'années, a ruiné la France, à un conflit social. Mais il marque bien sa dimension sociale. Entre les gens d'autorité et le menu peuple, il dit bien, constamment rallumées, la joie, la peur et la haine.

Sur ce fond de tensions habituelles ressort d'autant mieux l'unanimité, que le Religieux souligne, à l'annonce du meurtre de Jean Sans Peur, en 1419, sous les yeux du dauphin Charles. Ce détestable crime, nous dit-il, a horrifié « non seulement le peuple de Paris mais aussi les bourgeois d'autorité[698] ». Pourtant, et c'est là le plus remarquable, les deux groupes ne réagissent pas du tout de la même façon. « Le commun peuple, saisi d'une sorte de fureur diabolique[699] » s'apprête aux pires violences, alors que le grand souci des « honnêtes gens » (*cives honestiores*) est de faire en sorte que l'ordre soit maintenu[700]. Une attitude plus responsable, plus pondérée, plus sage, c'est bien là ce qu'on attend des gens d'autorité. Tout au début de sa *Chronique*, Michel Pintoin en donne un autre exemple, bien remarquable. En 1382, le duc d'Anjou, régent du royaume, décide la levée de nouveaux subsides. Cette mesure suscite chez tous un mécontentement profond. Mais, nous dit le Religieux, « ceux que leur autorité distinguait des autres bourgeois gardaient à cet égard le plus profond silence[701] ». Pour les sujets de Charles V et de Charles VI, le silence, en certaines circonstances, est preuve de sagesse. Dans son *Livre de Politiques d'Aristote*, Nicole Oresme avait cité le prophète Amos. « Et de ce dit Amos le prophète : *Ideo prudens in tempore illo tacebit quia tempus malum est.* Pour ce le prudent en ce temps se taira car le temps est mal[702]. » Donc, les gens d'autorité se taisaient, car ils savaient que le peuple fronçait le sourcil, se répandait en discours enflammés[703], et s'opposerait par tous les moyens à la levée de ce nouvel impôt. Dans leur sagesse, les responsables voulaient éviter que l'étincelle du mécontentement populaire (*scintilla displicencie*) n'allume un vaste incendie et ne pousse la majesté royale à la colère [704].

Michel Pintoin ne doute donc pas que, souvent, les gens d'autorité, outre la naissance, la richesse et la puissance, ont sur le peuple la supériorité de la sagesse. Il en donne de multiples preuves. Ici, c'est une grande dame « qui surpasse les dames de la plus grande autorité par sa prudence dans la gestion des affaires [705] ». Là, c'est un échevin qui est à la fois sage et notable [706]. Ici ou là, il met en scène des gens d'autorité qui sont sages [707], ou il se plaît à souligner que les gens d'autorité et les gens sages (*circumspecti viri, graves et modesti*) partageaient un même sentiment [708].

Mais ce seul constat montre bien qu'il ne fait pas des gens d'autorité et des gens sages un seul et même groupe. Dans son récit, les exemples abondent où les gens d'autorité n'ont ni la conduite ni la vertu qu'on attendait d'eux. Ainsi, en 1395, le Religieux fait le long récit d'une misérable affaire où les plus grands seigneurs du Dauphiné, qui avaient avec eux trois mille hommes, ont été écrasés par une poignée de mercenaires obscurs mais décidés. Ces seigneurs de la plus grande autorité (*summe auctoritatis domini*) ont fui ou se sont rendus. Ils se sont couverts d'un éternel opprobre en oubliant ce qu'ils devaient à leur autorité (*sue auctoritatis immemores*) [709].

Plus généralement, les gens d'autorité, dans des circonstances il est vrai difficiles, n'arrivent pas à dominer la situation et à s'accorder entre eux pour suivre la voie que voudrait la raison. Nous voici en 1402. Faut-il, ou non, continuer la soustraction d'obédience décidée en 1398 ? Des nobles et des gens d'une science éminente (*nonnullis mediantibus viris nobilibus et eminentis sciencie*), pour complaire aux ducs de Berry et de Bourgogne ou parce qu'ils croient que c'est la voie la plus sage (*vel credentes saniorem...*

viam ad unionem habendam), entendent s'en tenir à la soustraction. Mais, à la suite du duc d'Orléans, des gens aussi nombreux et d'aussi grande autorité (*tot numero et tante auctoritatis*) veulent restituer au pape l'obédience du royaume[710].

Impuissants devant le Schisme, les gens d'autorité sont aussi désemparés devant la guerre civile. Les uns suivent le duc de Bourgogne, les autres le duc d'Orléans. A Paris, en 1416, l'« exécrable conspiration » de Nicolas d'Orgemont met à nu les divisions des bourgeois d'autorité (*summe auctoritatis cives*). Les uns participent activement au complot qui entendait abattre les autres[711]. Le récit que le Religieux de Saint-Denis fait du règne de Charles VI permet d'y suivre la tension récurrente qui oppose les gens d'autorité et le peuple. Elle permet aussi d'y voir la faillite des gens d'autorité.

Dès lors, Michel Pintoin peut bien se sentir plus proche des gens d'autorité que du peuple. Il peut bien frayer avec eux, se renseigner auprès d'eux[712]. Il peut bien se soucier de dire leurs opinions et leurs réactions. Il garde ses distances. Il sait qu'ils ont la richesse et la puissance, mais n'ont pas toujours la sagesse. Au sein même des gens d'autorité, son récit met peu à peu en lumière un groupe plus restreint dont il se veut plus étroitement solidaire. C'est l'élite des sages.

6

L'AFFIRMATION D'UNE ÉLITE
LES SAGES

Les sages par les mots

La sagesse est une notion complexe. Pour l'évoquer, le latin des XIVᵉ et XVᵉ siècles disposait de nombreux mots. *Sapientia*, le plus classique, disait une sagesse faite de savoir et de réflexion qui ne s'aventurait guère dans la vie active. Le français disait alors « sapience ». Ceux qui possédaient cette sapience étaient en français des « sages », en latin des « *sapientes* », c'est-à-dire des gens de savoir et de réflexion dont on n'attendait pas un rôle politique ou une expérience administrative.

Sapiens, *sapientes*, le mot apparaît une quinzaine de fois dans la *Chronique de Charles VI* et, chose remarquable, toujours dans des documents dont Michel Pintoin insère le texte dans sa chronique[713] ou dans des chapitres qu'il a repris d'une autre source[714] ou dans des discours qu'il met en style direct dans la bouche de tel ou tel[715]. C'est dire que *sapiens* et *sapientes* sont des mots qui ne viennent jamais naturellement à l'esprit de Michel Pintoin. Passons sur une réflexion incidente que permet cette observation : il est clair que la *Chronique de Charles VI* est semée de nombreux discours que le Religieux a entièrement forgés ; mais il est clair aussi que, pour certains longs discours comme ceux de l'abbé de Cerisy ou de Guillaume Saignet, notre historien s'appuie sur un texte qu'il a eu entre les mains. Mais revenons à notre propos. *Sapiens*, dans la *Chronique*, annonce toujours une citation du Sage de l'Ecriture. Restent quelques cas où des documents insérés ou recopiés par le Religieux mettent en scène un groupe de sages dont le roi entend s'aider. Michel Pintoin, personnellement, ne donne jamais un tel rôle aux *sapientes*. Il les laisse à leur vie contemplative. Il conserve au mot son sens précis. Ni son sujet ni son tempérament ne le poussaient à faire état des méditations des philosophes et des théologiens.

Ce n'est pas que Michel Pintoin méprise les gens de savoir. Ceux-ci sont même très présents dans la *Chronique de Charles VI*. Mais, pour désigner les savants, l'historien use soit d'un mot apparu au VIᵉ siècle sous la plume de Boèce – *scientificus* –, soit d'une expression routinière constamment reprise, *eminentis sciencie vir* (« un homme d'une science éminente »). Sous la plume de Michel Pintoin, ces *scientifici viri* ou ces *eminentis sciencie viri* forment d'ailleurs un groupe professionnel très précis. Ce sont les docteurs et les maîtres de l'Université[716]. Michel Pintoin estime et fréquente nombre de ces savants universitaires[717]. Parfois, en une dizaine d'occasions peut-être, il se plaît à dire que des sages et des savants ont agi en commun, ou ont été d'un même avis[718]. Il y a naturellement des savants qui sont sages. Michel Pintoin n'entend pourtant pas dire que tous les universitaires, parce qu'il sont savants, sont par là même ce qu'il appelle des sages.

Un bien remarquable passage de la *Chronique* nous fera comprendre la position de l'historien. Au printemps de 1413, l'Université et les bourgeois de Paris exigent du gouvernement des réformes. Ils annoncent ainsi un mouvement qui va engendrer les troubles et les violences que l'on sait. Michel Pintoin fait à chaud le récit de ces premiers moments. Plus tard, lorsqu'on pouvait mieux voir à quoi avait abouti ce mouvement « cabochien », l'historien relit son texte et y ajoute des réflexions qui méritent de retenir toute notre attention. « Au moment où j'écrivais ceci, ajoute-t-il, j'ignorais complètement où allaient nous mener les initiatives de l'Université et des bourgeois. Mais, dès ce moment-là, j'ai entendu plusieurs personnes sages, sérieuses et pondérées juger tout à fait inadmissible que ces gens-là osassent se mêler d'affaires aussi difficiles qui ne devaient être traitées que dans les conseils secrets du roi par les princes des lis. Il est absurde, disaient-ils, que des gens noyés dans les livres (*libricole*) et la méditation, et des marchands avides de gains, et des artisans prétendent gouverner le royaume et soumettre à leurs lois la magnificence des princes et l'état du roi. C'est pourtant ce qu'ils veulent faire. Quelques sages trouvaient là matière à dérision et allaient répétant que c'étaient des sermons faits au vent qui méritaient le silence et l'oubli. J'ai bientôt partagé leur avis (lorsque j'ai vu ce qui s'est passé) dans les jours suivants[719] ». Ce passage est remarquable à bien des points de vue. Il met bien en lumière les rapports entre les sages et l'historien que nous retrouverons bientôt. Pour l'instant, ne retenons que ce qui éclaire notre présent propos. Au jugement de Michel Pintoin, les universitaires sont savants. Ils n'ont pas tous pour autant la sagesse dont l'historien fait si grand cas. Il leur manque l'expérience politique et administrative.

En 1408, nous raconte le Religieux de Saint-Denis, pour obtenir les condamnations qu'il souhaite, le gouvernement veut forcer la main à un Parlement réticent. Il forme donc une commission où il fait entrer, aux côtés des juges, des théologiens et des artistes (c'est-à-dire des maîtres de la Faculté des arts) sur lesquels il peut compter. Le résultat est désastreux. Les irrégularités de procédure et les décisions aberrantes se multiplient. Le Religieux manifeste à nouveau son hostilité aux universitaires qui se mêlent de ce qui ne les regarde pas. La commission, nous dit-il, a été le théâtre de graves conflits entre « des théologiens et des artistes plus habitués aux débats universitaires qu'à l'examen des procès » et « ceux qui savaient le droit » (*in jure peritos*) [720].

Les *periti*, ceux qui savent par expérience, apparaissent une vingtaine de fois dans la *Chronique de Charles VI*. Une fois sur deux, Michel Pintoin précise en quoi ils sont experts, et ce n'est pas forcément une discipline universitaire. Ainsi apparaissent au fil du récit des experts en droit, comme Oudart de Moulins, premier président au Parlement [721], en médecine, en astrologie [722], en musique [723], des gens rompus aux activités diplomatiques, comme Gontier Col, notaire et secrétaire du roi [724], ou aux manœuvres militaires [725]. Une fois sur deux, nous ne savons pas en quoi il sont experts. Ce sont simplement des « *periti* », des gens de savoir et d'expérience.

Oudart de Moulins et Gontier Col mis à part, les gens de savoir et d'expérience apparaissent presque toujours dans la *Chronique* comme un groupe anonyme d'experts dont les responsables (le roi, l'évêque ou le prévôt de Paris) attendent des conseils ou des avis. Ceux-ci suivront, on n'en doute pas, la raison et l'équité, et seront sages [726].

Pourtant, par deux fois, *periti* désigne bien autre chose, et bien plus qu'un tel groupe d'experts discrets. Dans les premières lignes de sa *Chronique*, après avoir fait état des vertus dont le jeune Charles VI paraît comblé, Michel Pintoin ajoute, plein d'espoir : « Ceux qui s'y connaissent en caractères » (*morum censores periti*) annoncent que son règne sera glorieux [727]. Et nous voici maintenant en 1399. Après la soustraction d'obédience, le gouvernement a pris des mesures qui lèsent le clergé. Simon de Cramaut en est rendu responsable. De ce fait, continue Michel

Pintoin, il encourt l'inimitié de nombreux juristes (*peritorum in jure*) qui noircissent sa réputation en multipliant contre lui les accusations[728]. Ainsi, des gens de savoir et d'expérience, des sages en vérité peuvent donner leur avis, prévoir l'avenir, faire ou défaire une réputation. Michel Pintoin est là, attentif à leurs réactions et à leurs opinions.

Le savoir et l'expérience sont une des sources de la sagesse. La capacité de bien juger en est une autre. *Discretio* est un mot fort rare dans la latinité classique, un peu plus fréquent dans l'Antiquité tardive où il signifie d'une part la distinction, la différence, et d'autre part la faculté de distinguer, le discernement. *Discretus* n'est dans la latinité classique que le participe passé de *discerno*. Au Moyen Age, il gagne son autonomie et désigne alors celui qui est capable de discerner, qui a du discernement. Et donc, sous Charles VI, *discretio* est une des manières de dire le discernement, et *discretus* une des manières de désigner celui qui a du discernement.

Discretio apparaît peu – une dizaine de fois – dans la *Chronique de Charles VI*. Il a alors, le plus souvent, sous la plume de Michel Pintoin, le sens classique de « distinction ». Des massacres, nous dit l'historien, ont eu lieu « sans distinction de sexe ou d'âge » (*absque discrecione sexus vel etatis*)[729]. Reste que, par trois fois, *discretio* apparaît avec le sens de « discernement », mais, fait remarquable, à chaque fois dans un document recopié[730]. Michel Pintoin connaît donc, comme ses contemporains, les deux sens de *discretio*. Il n'est guère porté à en user lui-même pour dire le discernement.

Discretus n'apparaît qu'une demi-douzaine de fois dans la *Chronique de Charles VI*, parfois dans des documents insérés[731], parfois sous la plume du Religieux lui-même. Il qualifie des gens chez lesquels le discernement va parfois de pair avec le savoir et l'expérience[732], ou avec l'art de prévoir[733]. Ce sont des princes, ou des ambassadeurs[734]. L'archevêque de Reims, Simon de Nanterre, qui est président au Parlement, un chevalier d'un âge fort avancé, et Gontier Col font ainsi partie de cette petite élite de sages dont Michel Pintoin et ses contemporains spécifient qu'ils ont du jugement[735].

Une fois, une seule fois, les *discreti* apparaissent comme un groupe anonyme de sages qui observent les événements et les jugent. C'est au printemps de 1412. Les princes s'obstinent à se combattre et se refusent à mettre un frein aux cruautés de leurs gens de guerre. La consternation pénètre au plus profond des cœurs des sages qui ont du discernement ; ils présagent que la discorde des princes n'en finira donc jamais[736]. Ainsi Michel Pintoin a au moins une fois usé de *discreti* pour mettre en scène un groupe de sages dont il se soucie de dire, face aux événements, les réactions et les prévisions.

Si le Religieux n'emploie guère *discreti*, c'est qu'il désigne autrement les gens qui ont du sens. Il parle alors bien plus souvent des « gens sérieux et pondérés » (*graves et modesti viri*). *Gravis* et *modestus*, sont l'un et l'autre d'une latinité parfaitement classique. Passons sur « *etate gravis* », « alourdi par l'âge », qu'on trouve assez souvent dans la *Chronique de Charles VI* et qui ne nous intéresse pas ici. Autrement, chez Michel Pintoin, *gravis* ne qualifie jamais un homme seul, et l'historien ne parle qu'une seule fois d'un *vir modestus*[737]. *Graves* et *modesti* n'apparaissent qu'au pluriel pour désigner un groupe et, plus remarquable encore, sauf exception, ils apparaissent toujours ensemble et forment une expression stéréotypée : *graves et modesti viri*.

Graves viri, ce sont précisément des gens de poids, des gens d'autorité, des gens graves, des gens sérieux. *Modesti viri*, ce sont des gens modérés, des gens pondérés. « *Graves et modesti viri* » peut donc se traduire à la lettre par : « des gens sérieux et pondérés ». Il est clair que, par cette expression routinière, Michel Pintoin veut dire « des gens sages ». Et d'ailleurs il peut à l'occasion parler de gens « *graves et prudentes* » ou « *modesti et prudentes* »⁷³⁸. L'historien précise rarement qui, à ses yeux, fait partie de ce groupe des gens sérieux et pondérés. Voici pourtant, en 1413, des « *modesti et graves* ». Ils choisissent parmi eux un personnage que Michel Pintoin dit « *vir prudens et notabilis* », « sage et notable⁷³⁹ ». Ce notable, qui est en même temps sage, c'est un échevin de Paris. Ailleurs encore, le Religieux précise la composition d'un petit groupe de gens sérieux et pondérés. Il y a là un évêque, un bailli, un avocat au Parlement⁷⁴⁰. Bref, les gens sérieux et pondérés, ce sont bien des gens d'autorité qui ont la réputation d'être sages.

Les gens sérieux et pondérés se trouvent une quinzaine de fois dans la *Chronique de Charles VI*. Dans la seule année 1413, dans le récit de la révolte cabochienne, ils apparaissent cinq fois. Ce sont alors des bourgeois d'autorité, des Parisiens notables qui jouent un rôle décisif au cours des événements : ils s'opposent aux émeutiers ; ils restent fidèles au roi ; ils veulent la paix ; et, finalement, ils l'emportent⁷⁴¹. Dans la dizaine d'autres cas où Michel Pintoin les évoque, entre 1392 et 1418, les gens sérieux et pondérés jouent un tout autre rôle. Ils n'agissent pas. Ils forment un groupe d'opinion dont l'auteur s'empresse à dire les réactions qu'ils ont en face de certains événements, ou les jugements qu'ils portent sur certains hommes.

En 1405, des irresponsables échafaudent des projets mirifiques pour remplir les caisses de l'Etat. Ils séduisent un moment. « Aux gens sérieux et pondérés, nous dit Michel Pintoin, leur calcul semblait acceptable⁷⁴² ». En 1411, les Parisiens détruisent de fond en comble l'hôtel de Bicêtre, qui appartenait au duc de Berry. C'était un palais superbe par son architecture et par tous les trésors qu'il renfermait. « Les gens sérieux et pondérés, nous dit Michel Pintoin, le supportèrent mal, et à juste titre [743] ». En cette même année 1411, quelques semaines plus tôt, le jeune duc d'Orléans Charles avait pris les armes pour obtenir réparation du meurtre de son père, le duc Louis d'Orléans. La cause du duc était peut-être bonne, mais, nous dit le Religieux, « les gens pondérés et sages lui faisaient un crime de sa conduite [744] ». En 1414, c'était au tour de Jean sans Peur, duc de Bourgogne, de devenir, pour les gens sérieux et pondérés, un objet de mépris et de dérision [745].

Parfois, Michel Pintoin précise bien qu'il rapporte là l'opinion unanime des gens sérieux et pondérés (*omnes modesti et graves*) [746]. Parfois aussi il pousse le scrupule jusqu'à dire que l'opinion dont il fait état est celle de partie seulement des gens sérieux et pondérés. En 1416, on apprend que l'empereur Sigismond, qui a été, peu avant, fort bien reçu à Paris, a finalement opté pour l'alliance anglaise. « Aux yeux d'un bon nombre de gens sérieux et pondérés » (« *penes quamplures graves viros et modestos* »), écrit le Religieux, il avait là entaché l'honneur de son nom [747]. En 1418 meurt Philippe de Villette, l'abbé de Saint-Denis. Michel Pintoin, qui ne l'aimait pas, en profite pour régler ses comptes dans un portrait contrasté où il rapporte avec une apparente objectivité ce que pensaient « quelques personnes sérieuses et pondérées » (« *penes nonnullos graves et modestos* ») [748]. Ainsi les « *graves et modesti viri* » forment bien, dans la *Chronique de Charles VI*, un groupe d'opinion dont Michel Pintoin se plaît à dire les réactions et les jugements. Le lecteur devine d'ailleurs sans peine que, ce faisant, il lève souvent le voile sur ses propres positions.

Par deux fois, nous venons de voir *graves* ou *modesti* liés à *prudentes*. *Prudencia, prudens, prudentes* apparaissent quelques dizaines de fois dans la *Chronique de Charles VI*. Ce sont des mots qui, au xive siècle comme dans la latinité classique, se réfèrent à une certaine forme de sagesse. Traduisant les mots latins, les contemporains de Michel Pintoin parlent de « sagesse » ou, plus précisément, de « prudence », de gens « sages », de gens « prudents ». Ils entendent par là des gens qui ont du savoir-faire, du savoir-agir, qui sont sages dans l'action. En 1414, l'abbé de Saint-Denis Philippe de Villette, faisant l'éloge du nouveau porte-oriflamme choisi par le roi, vante notamment sa « *prudencia in agendis* », sa sagesse dans l'action[749].

Cette prudence, qui exige des connaissances[750], de l'expérience et donc de l'âge[751], une certaine capacité à prévoir[752], du zèle[753], de la vertu[754], et qui ne va pas sans crainte de Dieu[755], sans fidélité au roi[756], sans souci de la justice et de la chose publique[757], cette prudence est, pour un historien du politique, la vertu suprême. C'est la sagesse que le Religieux et ses contemporains attendent des capitaines, des administrateurs, de tous les gens d'autorité, dont ils se félicitent qu'ils l'aient, ou déplorent qu'ils ne l'aient pas. La *Chronique de Charles VI* évoque ainsi, de loin en loin, les *prudentes* en action.

Mais, chose remarquable, Michel Pintoin fait état de l'opinion des prudents uniquement dans les deux cas que nous avons déjà repérés où l'historien parle d'un même mouvement des gens sérieux ou pondérés et des sages[758].

Au total, le Religieux dit rarement les opinions des *periti*, des *discreti*, des *prudentes*, un peu plus souvent celles des *graves et modesti viri*. Ce n'est pas qu'il n'attache pas d'importance à ce que pensent les sages. C'est que, pour parler d'eux, il use et abuse d'un autre mot : les *circumspecti*. *Circumspectare, circumspectio, circumspectus* sont des mots du latin classique. Ils sont restés courants au Moyen Age[759]. Dans le latin classique, *circumspectare*, c'est regarder fréquemment autour de soi. Tout naturellement, la *circum-*

spectio est l'art de bien voir où l'on met les pieds, la prudence. Et le *circumspectus*, c'est l'homme circonspect, prudent. Le Moyen Age n'a jamais oublié l'étymologie de *circumspectus*[760]. La *circumspectio* est restée l'art du savoir-agir[761], *circumspectus* est resté le parfait synonyme de *prudens*[762].

Guillaume de Tyr (mort peu après 1186) n'a jamais utilisé *circumspectio*. Mais, parmi tous les auteurs médiévaux, c'est peut-être lui qui a le plus volontiers employé « *circumspectus* ». Le mot sous toutes les formes du singulier apparaît vingt et une fois dans sa *Chronique*. Son sens est toujours le même. Avec lui, l'historien entend parler d'hommes prudents et expérimentés, et vanter leur sagesse dans l'action (*in agendis circumspectus*)[763]. Reste que, si Guillaume de Tyr use volontiers de *circumspectus* pour dire la sagesse dans l'action, c'est bien le synonyme de celui-ci qui revient constamment dans sa *Chronique*. *Prudentia* y apparaît trente fois, *prudentes* quarante fois, *prudens* cent quarante fois.

Michel Pintoin connaît parfaitement la *Chronique* de Guillaume de Tyr. Dans sa *Chronique de Charles VI*, il reprend textuellement un grand nombre de phrases de son prédécesseur[764], et en particulier l'une d'elles, pour dire combien Philippe le Hardi, le duc de Bourgogne, était sage dans l'action[765]. Est-ce Guillaume de Tyr qui a fait aimer *circumspectus* à Michel Pintoin ? En tout cas, ce dernier a aimé *circumspectus*, qui joue, dans sa *Chronique*, un rôle remarquable. Alors que *prudencia, prudens, prudentes* n'y apparaissent pas plus de quelques dizaines de fois, *circumspectio* y apparaît dix fois, et *circumspectus*, sous toutes ses formes, plus de cent cinquante fois.

Circumspectus a bien, chez le Religieux, le sens traditionnel de « sage dans l'action ». D'ailleurs, l'historien précise bien « *in agendis circumspectus* » en reprenant les mots de Guillaume de Tyr[766], ou, en usant d'un mot inconnu du latin classique et de Guillaume de Tyr, « *in agibilibus circumspectus* »[767]. Michel Pintoin, regroupant les deux synonymes, peut donc parfois tout naturellement écrire « *vir prudens et circumspectus* », que le traducteur de la *Chronique de Charles VI*, au xvᵉ siècle, rendra par une longue mais juste périphrase : « Il, qui estoit homme prudent considérant les choses qu'il appartenait de considérer, ensemble leurs circonstances[768]. » Comme la *prudencia*, la *circumspectio* est même, chez Michel Pintoin, quelque chose de plus que ce que précise cette traduction. Voici Arnaud de Corbie, premier président au Parlement. C'est, nous dit l'historien, un homme circonspect que le roi envoie en Picardie, en 1388, pour traiter avec les Anglais. Il l'envoie « avec quelques autres savants » (« *cum nonnullis aliis scientificis viris* »)[769]. C'est dire que, pour Michel Pintoin, la circonspection est aussi faite de savoir[770], et que le circonspect, à la fois savant et sachant agir, est bien le sage par excellence.

Et voici un dernier trait remarquable. Guillaume de Tyr a pu louer tel ou tel d'être circonspect. Il n'a jamais parlé des circonspects, *circumspecti*. Michel Pintoin au contraire n'a qualifié tel ou tel de circonspect qu'une quinzaine de fois. Dans tous les autres cas, soit cent quarante fois environ, il utilise *circumspectus* au pluriel. Les *circumspecti* sont considérés comme un groupe, un groupe de sages qui devient un des acteurs essentiels de la *Chronique de Charles VI*.

Autant que je puisse savoir, cette importance donnée à *circumspectio*, *circumspectus* et *circumspecti* est bien un trait qui distingue le Religieux de Saint-Denis de ses contemporains. Evrart de Tremaugon, par exemple, a écrit sous Charles V le *Somnium Viridarii* dont il a donné une traduction française, *Le Songe du Vergier*. Lorsqu'il parle en français de sagesse, il dit en latin *sapientia* ou *prudentia*. Dans toute son œuvre, il ignore *circumspectio* et *circumspectus*[771]. Mais, sous la plume de Michel Pintoin, *periti, discreti, pru-dentes*, et même *graves et modesti viri* ne sont que des à-côtés. *Circumspecti* est bien le mot clé pour comprendre le rôle que l'historien entend faire jouer aux sages dans son récit.

Qui est sage ?

Lorsque, en 1404, mourut Marie, la veuve de Louis 1er d'Anjou, Michel Pintoin fit d'elle un vibrant éloge. « Je dois dire qu'elle surpassa les dames de la plus haute autorité par sa sagesse et sa diligence dans l'action[772] ». La sagesse peut donc être vertu de princesse. Mais c'est ici la seule fois que Michel Pintoin vante une femme circonspecte. D'ordinaire, la circonspection est le propre de l'homme, « *vir circumspectus* », du moins des meilleurs d'entre eux. En 1403, le roi de France reconnaît volontiers que le pape Benoît XIII est un homme d'une grande circonspection[773]. La circonspection est vertu royale par excellence[774]. Les sujets de Charles VI n'ont que trop de raisons de lui rappeler la circonspection de son père, le roi Charles V[775]. La circonspection est aussi vertu de prince. Philippe le Hardi, le duc de Bourgogne, est, selon le Religieux de Saint-Denis, « sage dans l'action » (*in agendis circumspectus*)[776]. Louis, le duc d'Orléans, est, selon l'abbé de Cerisy, « sage et circonspect » (*prudens et circumspectus*)[777]. Charles II, le roi de Navarre, est circonspect[778]. Gaston Phébus, le comte de Foix, était « d'une grande circonspection » (« *magne circumspectionis* »)[779].

Gaston Phébus était en même temps un soldat de grande valeur (*emerite milicie*). Qui plus que les chefs de guerre, en effet, avait besoin d'être sage ? A Roosebeke, en 1382, le tout jeune Charles VI brûlait de se jeter dans la bataille. Son oncle, Philippe le Hardi, toujours si sage dans l'action, le retint. « Un roi, lui dit-il, doit aspirer à vaincre non moins par le conseil et l'attentif examen des problèmes que par le glaive[780]. » La circonspection est une vertu guerrière. Le connétable Louis de Sancerre, le maréchal Bouciquaut, le porte-oriflamme Guillaume Martel, d'autres encore étaient circonspects[781].

Il va de soi que l'action politique et administrative exige autant de sagesse et d'expérience que la chose militaire. Voici donc l'évêque de Nantes, chancelier de Bretagne ; Gontier Col, notaire et secrétaire du roi ; Guillaume, vicomte de Melun, chambellan du roi ; Arnaud de Corbie, premier président au Parlement, plus tard chancelier ; Gilles Des Champs, brillant docteur de l'Université ; et même Benoît Gentien, moine de Saint-Denis qui a joué un grand rôle dans les dix dernières années du règne de Charles VI et auquel Michel Pintoin porte une particulière estime[782]. De tous ceux-là, qu'il a rencontrés au cours de son récit, le Religieux a pu vanter la circonspection.

Un seul exemple nous confirmera l'impression de cette première enquête. En 1411, le duc de Berry et la reine demandent au roi, pour régler leur différend, de leur envoyer des gens dont ils estiment la sagesse et l'expérience (*Hos omnes reputabant circumspectos et prudentes*). Et ils citent une trentaine de personnes parmi lesquelles ils lui demandent de choisir. Ce sont le connétable, le chancelier, le maréchal de France, les grands maîtres des arbalétriers, de l'hôtel du roi, des eaux et forêts, le porte-oriflamme, des conseillers du roi, deux théologiens, deux décrétistes, quatre conseillers au Parlement, quatre maîtres de la Chambre des comptes, le prévôt des marchands de Paris et deux bourgeois[783].

Bref, les sages, les *circumspecti*, selon Michel Pintoin, ce sont, parmi les gens d'autorité, ceux dont il apprécie la sagesse et dont il se sent tout proche ; ceux, comme il dit, « qui habituent l'autorité à eux confiée au mors de la circonspection et la soumettent aux lois de la retenue[784] ». Les sages de Michel Pintoin sont l'élite d'une élite. Il leur reconnaît à la fois une grande autorité et une grande sagesse[785]. Ce petit groupe, qui apparaît si souvent dans la *Chronique de Charles VI*, quel rôle y joue-t-il ?

Les sages comme un groupe

Du début à la fin de sa *Chronique de Charles VI*, Michel Pintoin évoque les circonspects quelque cent quarante fois. Naturellement, d'une fois à l'autre, ce ne sont pas forcément les mêmes hommes qui forment le groupe dont il fait état. Et les groupes dont il fait état n'ont pas toujours la même fonction. Une quarantaine de fois peut-être, le Religieux parle de sages qui aident le roi et les princes à gouverner. Clercs ou laïques, ils peuplent les assemblées que le roi convoque et dont il espère des avis[786]. Ils siègent à son Conseil, inspirent ses décisions et ses lettres[787]. Ils remplissent de délicates missions politiques, administratives ou militaires[788]. Le roi leur confie des ambassades[789], des médiations[790], des arbitrages[791]. La bonne marche de l'Etat dépend de la présence et de l'activité des sages.

Le problème est que, sous Charles VI, comme l'expérience le prouve assez, la circonspection n'est pas le fait de tous les serviteurs de l'Etat. Pour nous en tenir au Conseil, l'Université, au début de 1413, rappelait au roi « que jadis on n'admettait dans les conseils du roi que des gens sages, pleins de zèle pour Dieu et le bien du royaume, et que le nombre en était limité[792] ». Tout, aujourd'hui, était bien différent. Et, de fait, le récit de Michel Pintoin ne manque pas d'exemples où les sages, au Conseil, doivent batailler avec plus ou moins de succès.

En 1411, beaucoup de gens sages (*multi circumspecti*) pensent que, l'hiver approchant, il faut renoncer à l'expédition prévue contre les troupes du duc d'Orléans. Mais le duc de Bourgogne, Jean sans Peur, a alors la principale autorité dans le gouvernement. Il passe outre l'avis des sages [793].

Nous voici maintenant en juin 1416. Après Azincourt, le connétable Bernard d'Armagnac, l'homme fort du gouvernement, veut refuser tous pourparlers avec le roi d'Angleterre, tout contact avec ses ambassadeurs. La majorité du Conseil (*plerisque assistencibus regali consistorio*) en est d'accord. Il y a cependant quelques sages (*fuerunt tamen aliqui circumspecti*) qui préféreraient, tout en continuant les opérations militaires en cours, faire traîner les négociations en longueur. Le roi prend le parti de cette petite minorité. On recevra donc les ambassadeurs [794]. Au début de 1420, la situation est plus dramatique encore. Les Bourguignons sont maîtres de Paris. Jean sans Peur a été assassiné. Par sa lettre du 14 janvier, Charles VI condamne le meurtre commis par le dauphin Charles et ses complices, et déshérite son fils [795]. Michel Pintoin nous dit avoir appris que cette lettre avait été inspirée par un tout petit nombre de gens sages (*paucos viros circumspectos*) qui haïssaient le dauphin mais qui pourtant refusaient que le gouvernement du royaume fût confié au roi d'Angleterre et jugeaient inadmissible que la fille du roi fût mariée sans le consentement du dauphin Charles [796]. En ces temps difficiles, les sages apparaissent souvent dans le récit de Michel Pintoin comme un groupe de pression plus ou moins nombreux à l'intérieur même des instances gouvernementales.

Parfois aussi, les sages y apparaissent comme un groupe de pression qui entend, de l'extérieur, peser sur le gouvernement. Avec un plus ou moins grand succès. En février 1397, les gens sages sont d'avis que la maladie du roi, dont les médecins ne viennent pas à bout, est due aux péchés des régnicoles qui, entre autres, ne peuvent se retenir de jurer. Les prédicateurs se déchaînent contre les blasphémateurs. Ceux qui sont à la tête du gouvernement suivent l'avis des gens sages[797] et interdisent par ordonnance de blasphémer. En 1398, la vie et les mœurs de deux Augustins venus à la cour pour guérir le roi scandalisent de nombreux sages (*multi circumspecti viri*) qui portent plainte auprès de l'évêque de Paris. Les deux Augustins sont condamnés par l'évêque et le prévôt de Paris les fait décapiter[798]. A la fin de juin 1416 est annoncée l'arrivée à Paris d'un illustre comte envoyé par l'empereur Sigismond. Quelques jeunes courtisans, on s'en souvient, conseillent au roi d'organiser un tournoi en son honneur. Mais la défaite d'Azincourt est toute récente, de nombreux seigneurs sont encore prisonniers, le duc de Berry est mort le 15 juin. A tous les hommes sages (*viris omnibus circumspectis*), le projet parut contraire aux convenances et à la raison. Une forte délégation de professeurs de l'Université alla le dire au roi. Elle en fut pour ses frais. Le roi, alors en bonne santé, ne céda pas. Le tournoi eut lieu[799].

Ainsi, une quarantaine de fois sur cent quarante, les sages de Michel Pintoin, à l'intérieur comme à l'extérieur du gouvernement, forment des groupes de pression qui entendent prendre une part active à la vie du pays. Mais dans les autres cas ce sont des groupes dont l'historien entend dire les opinions. Du début à la fin de la *Chronique*, le lecteur attentif voit surgir de façon récurrente l'expression « *circumspectorum judicio* » (« au jugement des sages »). C'est bien la preuve que l'ambition de Michel Pintoin n'est pas simplement de rendre compte des faits. La *Chronique de Charles VI* est aussi une chronique d'opinions.

Du jugement des sages dépend d'abord la réputation des personnes[800]. Mais les sages réagissent surtout aux événements, petits ou grands. En 1385, le jeune roi Charles VI (il a dix-sept ans) joute dans un tournoi. « Les gens sages, note Michel Pintoin, y trouvèrent à redire, comme à une chose peu convenable pour la dignité royale et contraire aux usages des anciens rois[801] ». Le 30 novembre 1415, jour de la Saint-André, le duc de Guyenne passe devant l'église de Saint-Denis mais néglige de faire ses dévotions au glorieux martyr, comme l'ont toujours fait ses ancêtres. « Au jugement de bon nombre de gens sages, note Michel Pintoin, sa conduite parut répréhensible[802] ». Mais les gens sages savent s'élever des faits divers aux vues générales. « Au jugement de beaucoup de sages, note Michel Pintoin en abordant l'année 1417, le royaume penchait vers son déclin[803] ».

Mais le propre de la circonspection n'est pas simplement de juger le présent. Elle doit aussi savoir envisager l'avenir. *Presagire*, prévoir, voilà ce que font aussi, tout naturellement, dans la *Chronique de Charles VI*, les sages. Toutes sortes de prodiges leur en donnent d'abord l'occasion. Voici, en 1399, une crue extraordinaire de la Seine et de ses affluents. Un bon nombre de gens sages, nous dit Michel Pintoin, en fut effrayé. L'expérience justifiait cette peur. Les plus anciens avaient vu jadis pareille inondation suivie d'une mortalité[804]. Ce fut encore le cas cette fois. Lorsque, en 1405, éclatèrent de furieux orages, lorsque, en 1408, naquit un enfant monstrueux, et lorsque, en 1410, des oiseaux carnassiers se livrèrent un combat extraordinaire, les sages regardèrent ces prodiges comme le présage de grands malheurs. L'expérience ne justifiait pas ici leurs craintes. Mais l'avenir montra qu'elles n'étaient que trop fondées[805]. Plus souvent que les prodiges, c'est l'examen des faits et des rumeurs qui nourrissait les appréhensions des sages. Parfois, l'événement les démentait[806]. Le plus souvent, hélas, il les justifiait[807].

Ce ne sont pas toujours les mêmes hommes qui forment les groupes de sages que Michel Pintoin évoque, et tous les hommes du groupe dont il parle ne partagent pas forcément l'opinion dont Michel Pintoin fait état. L'historien le fait bien comprendre à son lecteur attentif. En 1404, les ducs de France envoient, selon l'usage, une ambassade pour traiter de la trêve avec les Anglais. Tous les gens sages (*omnes circumspecti viri*) désapprouvent cette mesure. Ils trouvent déraisonnable (*irracionabile*) de vouloir renouveler des traités avec un ennemi si perfide[808]. En 1402, le roi, sur les instantes prières de ses parents, avait nommé connétable son cousin Charles d'Albret. Un grand nombre de sages s'en étonnèrent (*multi obstupuerunt circumspecti*). Charles d'Albret boitait. Il n'avait ni l'âge, ni le sérieux, ni l'expérience qui convenaient[809]. En 1413, des docteurs de l'Université et des bourgeois de Paris entendent imposer au gouvernement des réformes. L'historien a lui-même entendu un assez grand nombre de gens sages, sérieux et pondérés trouver la chose inconvenante (*plures circumspectos, graves et modestos viros audivi indecentissimum reputasse*). Ces docteurs et ces bourgeois se mêlaient de ce qui ne les regardait pas[810]. En 1401, le duc d'Orléans a conclu un traité avec le duc de Gueldre. Une de ses clauses mécontente les ducs de Berry et de Bourgogne. Quelques hommes sages (*nonnulli eciam viri circumspecti*) la désapprouvent aussi[811]. En 1408, pour régler la vie de l'Eglise, le gouvernement royal prend des mesures que le pape, en temps ordinaire, aurait dû prendre. La chose scandalise certains sages (*non sine quorumdam circumspectorum scandalo*)[812]. On pourrait multiplier les exemples. Il arrive même, mais rarement, que Michel Pintoin aille jusqu'à faire état d'un véritable débat au sein des sages. En 1401, Manuel, l'empereur de Byzance, est en France. Il y est accueilli par Charles VI. Le 25 février, jour où les moines fêtent la dédicace de leur église, le roi et l'empereur sont à Saint-Denis. Tous les deux suivent les offices du jour avec la plus grande dévotion. « J'ai cru devoir le noter, explique l'historien, parce que quelques hommes sages et d'une science éminente en furent scandalisés » (« *nonnulli circumspecti et eminentis sciencie viri inde scandalizati* »). Ils n'admettaient pas que des Français et des gens schismatiques fussent ainsi côte à côte dans leur église. Mais, ajoute Michel Pintoin, d'autres au contraire excusaient le roi (*regem alii excusabant*). Ses efforts ramèneraient peut-être les Grecs dans le sein de l'Eglise[813]. Comment en douter ? Un des grands soucis du Religieux est bien de consigner les opinions des sages, de jauger la plus ou moins grande force de leurs réactions, de ne pas masquer les débats qui les agitent.

Les sages et les autres

Un des caractères originaux de la *Chronique de Charles VI* est donc l'attention que son auteur porte aux réactions des régnicoles ou du peuple d'une part, des sages de l'autre. Ces réactions sont d'ailleurs à ses yeux de natures bien différentes. Devant un fait inopiné[814] porté par la rumeur publique (*rumor publicus*)[815], les régnicoles (*regnicole*) ou le peuple (*vulgus*) réagissent immédiatement, sans trop réfléchir. Ils expriment leur sentiment, leur opinion (*sententia, oppinio, vulgalis oppinio*)[816] publiquement (*publice*). C'est d'abord un murmure (*murmur*)[817] qui s'enfle de passion et devient bientôt ce qu'on dit partout (*fama publica*)[818].

Tout autre est l'attitude des sages. Ils peuvent être troublés par une rumeur. Ils se gardent d'une réaction intempestive. Ils attendent d'être plus sérieusement informés[819]. Puis ils prennent leur temps, y mettent des nuances, voient plus loin, et se permettent alors un jugement (*judicium*)[820] étayé et pondéré. Mais leur principal souci n'est pas forcément d'en faire état sur la place publique.

Dans les études d'opinions les plus achevées qu'il nous livre, Michel Pintoin superpose les sentiments du peuple et les jugements des sages qui, selon les cas, se contredisent, se distinguent ou, par un mouvement significatif, se rejoignent. En 1417, le jeune dauphin Jean meurt subitement. Presque tous les habitants du royaume avaient fondé sur lui de grandes espérances. Pourtant quelques hommes sages critiquaient sa prodigalité, que les courtisans louaient sous le nom de munificence [821]. En juillet 1390, tout le monde avait accusé quelques misérables d'avoir empoisonné les fontaines et les puits. Les sages avaient été troublés par cette rumeur publique. Ils n'y avaient adhéré qu'une fois informés par une relation assurée [822]. En 1380, après la mort de Charles V, ses frères s'étaient violemment affrontés. Presque tous les habitants du royaume avaient craint le pire. Les sages, dans leur jugement, avaient partagé l'opinion générale [823].

On pourrait multiplier les exemples. Dans chaque cas on pourrait d'ailleurs constater qu'aucun autre historien, aucun autre témoin ne livre d'analyses comparables. Le souci de dire les opinions du vulgaire et les jugements des sages est bien un trait spécifique de la *Chronique de Charles VI*.

Mais le récit de Michel Pintoin s'enrichit d'un autre trait remarquable : la constante intervention de l'historien lui-même.

7

L'INTERVENTION DE L'HISTORIEN

L'affirmation d'une maîtrise

Certains historiens ont pu prendre le parti de s'effacer devant leur œuvre, et de ne pas intervenir ouvertement dans leur récit. Ce n'est pas le cas de Michel Pintoin. Des dizaines de fois tout au long de sa *Chronique*, et plus souvent encore, semble-t-il, dans les dernières années, il use de formules qui disent sans ambiguïté ce qu'il fait, ce qu'il décide, et ce qu'il pense[824]. Il revendique ses responsabilités. Il s'affirme comme le maître d'œuvre.

Très souvent, l'historien intervient simplement pour marquer la structure de son œuvre. Il avertit son lecteur que sa plume amorce ou achève une digression ou une année, ou revient à son récit[825]. Très souvent aussi il précise par quelles voies lui est venue sa documentation[826], il souligne à quelle diligente enquête il s'est livré[827], il dit le résultat final, positif ou négatif, de ses investigations[828]. Il n'y a pas lieu de s'attarder ici sur ces innombrables et routinières interventions.

Plus importants pour notre présent propos sont les moments où l'historien prend ses responsabilités et annonce explicitement[829] ce qu'il va taire et ce qu'il va dire, et pourquoi. Pour cause de brièveté, il va taire les détails sans importance, les noms sans intérêt[830].

En revanche, il tient à avertir son lecteur de ce qu'il va dire et que celui-ci, peut-être, n'attendait pas. Des tempêtes et des ouragans[831]. Des faits qui peuvent passer pour des miracles[832]. Des cérémonies et des liturgies, toujours fort importantes aux yeux de Michel Pintoin[833]. Des acteurs de l'histoire dont il convient de dire les noms pour leur gloire ou leur honte éternelle[834]. Des documents dont il y a lieu, selon leur importance, de donner le texte exact, ou de résumer, ou de passer[835]. Des événements qui se sont déroulés à l'extérieur du royaume et que pourtant Michel Pintoin juge à propos de mentionner dans son histoire de France sous Charles VI[836]. Toutes ces interventions du Religieux permettent au lecteur attentif d'aisément dégager les buts généraux auxquels tendait l'historien en écrivant sa *Chronique*.

Mais il est d'autres moments, certes moins nombreux, où l'auteur tient à justifier telle ou telle de ses notations en expliquant à son lecteur qu'il a ici été guidé par des soucis beaucoup plus précis et circonstanciels. En octobre 1411, la situation était des plus complexes et des plus difficiles. Waleran de Luxembourg, comte de Saint-Pol, était capitaine de Paris. C'était un conseiller de Jean sans Peur, duc de Bourgogne, qui l'avait fait nommer par le roi quelques mois plus tôt. Mais ce fidèle serviteur du roi et du duc de Bourgogne avait fort à faire avec un peuple parisien animé contre les Armagnacs d'une haine mortelle. Or, au même moment, la pression des troupes armagnaques mettait la garnison bourguignonne qui occupait la ville et l'abbaye de Saint-Denis dans une situation impossible. Le 11 octobre, le capitaine bourguignon concluait donc avec les Armagnacs un traité par lequel il leur abandonnait Saint-Denis. Peu après, les Bourguignons quittaient Saint-Denis, les Armagnacs s'y installaient et, le 16 octobre, jour de l'octave de la Saint-Denis, le duc d'Orléans et les principaux seigneurs armagnacs venaient en pèlerinage dans l'église de Saint-Denis. La ville et les moines n'avaient joué aucun rôle dans ces événements. Pourtant, lorsque les Parisiens apprirent la capitulation de Saint-Denis, « ils entrèrent dans une violente colère et conçurent une telle haine contre eux » qu'ils jurèrent de détruire la ville et l'abbaye, et de massacrer tous les habitants [837]. Quelques jours plus tard, après le pèlerinage des princes, ce fut bien pire encore lorsque le bruit courut à Paris que « les religieux avaient remis au duc d'Orléans le sceptre, le diadème et les insignes de la royauté, l'avaient fait monter sur un trône et lui avait donné avec les cérémonies accoutumées l'étendard royal, qu'on appelle oriflamme ». Les moines craignaient le pire. Ils étaient impuissants à détromper les Parisiens. Du moins le Religieux s'applique-t-il à noter ce qui s'est exactement passé : les princes « vinrent en pèlerinage à l'église de Saint-Denis... ; ils entendirent une messe basse, baisèrent les saintes reliques et retournèrent à Saint-Ouen sans avoir rien mangé ». Et l'historien se justifie d'entrer dans de pareils détails : « Je mentionne ceci à dessein, pour détruire une erreur qui fut alors faussement accréditée parmi le peuple [838]. » Michel Pintoin était un historien attentif aux réactions de l'opinion publique. Et l'homme ne savait que trop les effets redoutables des erreurs populaires. Une peur bien légitime s'alliait ici à sa curiosité naturelle pour lui dicter son devoir : consigner un état d'esprit mais aussi tenter de le corriger.

En février 1414, le duc de Bourgogne, qui avait dû quitter Paris après les événements de 1413, avait la ferme intention d'y revenir en maître. Il descendit du nord avec son armée, occupa Saint-Denis, et se présenta, le 10 février, à Paris, devant la porte Saint-Honoré. Mais rien ne se passa. Les Armagnacs avaient pris les mesures nécessaires. Le peuple ne bougea pas. Jean sans Peur, nous dit Michel Pintoin, triste, honteux et confus, abandonna son projet, quitta Saint-Denis et rentra dans ses états. Et l'historien d'ajouter : « Je pense qu'il ne faut pas passer sous silence ceci (*nec reticendum censeo*) : il ne partit qu'après avoir causé le plus grand dommage à la ville et à l'abbaye, en prenant les vivres et les autres choses nécessaires sans les payer, quoiqu'il eût promis, sur sa parole de prince et en levant la main droite, de faire le contraire [839] ». Le sens de ce « *nec reticendum censeo* » est clair. L'historien va dire quelque chose que certains auraient préféré qu'il taise. Il en est bien conscient. Il doit pourtant le dire. Et, il en est également bien conscient, il y a là comme une condamnation de la conduite du duc de Bourgogne que certains, sans nul doute, n'appréciaient guère. « Je pense que je dois dire », « je juge que je ne dois pas taire » annoncent ainsi parfois un jugement à peine voilé.

Michel Pintoin a d'autres voies, plus explicites, pour dire ce qu'il pense. Il peut d'abord prendre position par un long développement. Tout un chapitre de son année 1385, où il raconte un duel entre deux chevaliers, l'un anglais, l'autre français, est traité par lui comme une moralité [840]. Il le marque très clairement par ses premiers mots : « Ce que je vais dire maintenant, à mon avis, serait sans importance et peu digne de mémoire [841]... s'il ne prouvait au roi et aux grands du royaume que les prévisions des devins n'exercent aucune influence sur les actions des hommes. » L'historien raconte alors comment l'Anglais a provoqué le Français, comment le Français a fait choix d'un jour marqué par les astrologues et leur a demandé de lire dans les astres si le combat serait heureux ou malheureux. Et il ajoute ici : « Je ne m'écarte pas de mon propos en disant que l'astrologie est une science recommandable toutes les fois qu'elle se renferme dans de justes bornes. Mais pas au-delà. Et j'ajouterai [842] que vouloir juger des effets d'après des causes inconnues dont les résultats peuvent être très divers, c'est prétendre à trop de science, et, comme dit l'apôtre, c'est être insensé ». Michel Pintoin continue encore... C'est que l'astrologie était un problème crucial pour l'historien. De tels développements, où il explique longuement sa pensée, sont exceptionnels dans la *Chronique de Charles VI.*

Le plus souvent, le Religieux se contente de marquer sa position par une formule brève mais explicite : « *censeo* », « je pense que » [843] ; « *in animo est* », « ma position est de » [844] ; « *meo judicio* », « à mon avis » [845] ; et surtout « *merito* » ou « *non immerito* », « à juste titre ». *Merito* ou *non immerito* peut apparaître dans une formule appuyée. Au début de 1418, Michel Pintoin mentionne les mesures prises par Martin V, le pape nouvellement élu, pour tenter de rétablir la paix dans le royaume de France. Et l'historien de marteler sa reconnaissance : « Je pense qu'il mérite les bénédictions de tous les Français [846]. » D'ordinaire, un simple *merito*, un simple *non immerito* glissé dans la phrase permet au lecteur de savoir que le Religieux approuve le fait ou l'opinion qu'il rapporte.

Ainsi, tout au long de son récit, par de multiples interventions plus ou moins discrètes, Michel Pintoin revendiquait nettement sa responsabilité de maître d'œuvre.

L'historien et les autres

Il est clair, pourtant, que cette omniprésence de l'auteur ne suffit pas à faire de la *Chronique de Charles VI* le fruit d'un effort solitaire. Est-ce le pouvoir royal qui interfère dans cette construction ? Depuis longtemps, on va répétant que la *Chronique de Charles VI* est une chronique officielle. Le problème est que rien dans la documentation royale ni rien dans la documentation dionysienne ne vient confirmer que le pouvoir royal aurait pu commander, ou payer, ou surveiller le travail de Michel Pintoin[847]. Pas un mot non plus dans le texte même de la *Chronique* ne le suggère. Bien au contraire, il aurait dû convaincre depuis longtemps des lecteurs attentifs que nombre de ses prises de positions n'avaient pas pu être dictées par le pouvoir.

Nous voici peu après Pâques 1399. Fin juillet 1398, pour résoudre le problème du Schisme, sous l'impulsion du patriarche d'Alexandrie Simon de Cramaud, le gouvernement a pris une décision capitale. Il a décidé de ne plus obéir au pape Benoît XIII. C'est la soustraction d'obédience. En février 1399, le roi réunit une assemblée du clergé à laquelle le chancelier réclame un subside, en faisant valoir les grandes dépenses auxquelles la poursuite de l'union entraînait le gouvernement[848]. Rendant compte, au début de son année 1399, juste après Pâques, de ces exigences, Michel Pintoin se lance dans une longue diatribe : « Ainsi le premier fruit de la soustraction fut d'exposer l'Eglise aux persécutions du bras séculier. On attribua généralement cette mesure aux conseils de monseigneur le patriarche d'Alexandrie, maître Simon Cramaud, et de ceux de sa faction ; car ils ne cherchaient qu'à s'enrichir, suivant leur coutume, par des ambassades que j'appellerais volontiers illusoires. Aussi le patriarche encourut-il l'inimitié de plusieurs évêques et jurisconsultes, qui le dénigraient par toutes sortes d'accusations et déclaraient publiquement que ni lui ni le conseil du roi n'avaient le droit d'imposer une dîme à l'Eglise gallicane. Ces protestations légitimes furent inutiles. Il fallut payer[849] ». Ces quelques lignes nous renseignent fort bien sur l'état d'esprit du clergé et sur les propres sentiments de l'historien. On ne peut certes pas penser que les responsables de la politique gouvernementale, s'ils les avaient lues, en eussent été satisfaits.

En mai 1403, le roi, pressé par le duc d'Orléans,

restitue à Benoît XIII l'obédience de la France. Le 1ᵉʳ octobre 1404, Boniface IX, le pape de Rome, meurt. Quelques jours plus tard est élu son successeur, Innocent VII. L'opinion, travaillée par les émissaires de Benoît XIII, est encore très favorable à celui-ci lorsque, en avril 1405, parvient à Paris une lettre d'Innocent VII qui donne très habilement sa version des faits. Michel Pintoin décide de donner le mot à mot de la lettre de celui qu'il appelle pourtant, conformément à la position de la France, l'antipape, l'intrus, et il l'introduit en ces termes : « Tous les dissentiments auraient pu cesser à mon avis (*videre meo*), si l'on avait suivi la voie de la raison (*si se racionis legibus submisissent*) et adhéré à ce rescrit, qui était ainsi rédigé[850] ». Certes, Michel Pintoin n'était sans doute pas seul de son avis. Lui-même note bien que l'opinion publique était divisée, que les princes n'étaient pas tous du même avis. Le duc de Berry attacha une grande importance à cette lettre. Mais le duc d'Orléans resta ferme sur ses positions. Le gouvernement ne changea pas de politique. Là encore, l'historien se faisait l'écho des diversités et des perplexités de l'opinion. On ne peut vraiment pas dire qu'il était le porte-parole du gouvernement.

Le concile de Constance et l'élection de Martin V, en novembre 1417, mettent fin au Schisme. Et voilà que, le 27 juin 1418, meurt Philippe de Villette, l'abbé de Saint-Denis. Le Religieux, on le sait, n'aimait pas son abbé. Dans son éloge funèbre, il n'entend pas passer sous silence ses défauts (*pauca tamen hic inserere dignum duxi*). Et son premier tort, toujours trop confiant dans son propre jugement, est, durant le Schisme, d'avoir pris témérairement parti dans les querelles des papes[851]. Ce qui revient à dire qu'en effet, dans le problème du Schisme, d'une façon générale, comme nos deux exemples le disent bien, le Religieux de Saint-Denis est loin d'avoir approuvé et justifié les errements du gouvernement français[852].

Est-ce le problème religieux qui a encouragé
Michel Pintoin à plus d'indépendance vis-à-vis du
pouvoir ? Non pas. En 1402, le roi nomme connétable
son cousin Charles d'Albret. Il l'a fait, nous dit Michel
Pintoin, sur les instances de ses parents. Et l'historien
d'ajouter : « Bien des sages (multi circumspecti)
furent étonnés de ce choix. Charles d'Albret était boi-
teux, de petite taille et faible de corps. Il n'avait ni
l'âge, ni le sérieux, ni l'expérience militaire que récla-
mait cette dignité[853] ». En 1406, Clignet de Brabant
est fait amiral de France. C'était, nous dit Michel Pintoin, un homme obscur et sans naissance imposé par
le duc d'Orléans. Et il continue : « Les gens sages ne
furent pas peu surpris de ce choix (non sine multorum circumspectorum admiracione). Ils disaient hautement (publice) qu'on ne l'avait jamais vu braver les
dangers de la mer, manier le gouvernail ou manœu-
vrer les voiles et les rames, et qu'il ignorait toute la
joie qu'on éprouve à ramener son vaisseau au port
après avoir vaincu les difficultés d'une traversée péril-
leuse[854]. » En 1412, le comte de Saint-Pol, fidèle du
duc de Bourgogne, est fait connétable à la place de
Charles d'Albret, qui avait pris le parti du duc d'Orléans. « Du comte de Saint-Pol (de ultimo tamen
dicam), continue l'historien, je dois dire que, malgré
la beauté de ce dernier, malgré la noblesse de son
extraction, la plupart des chevaliers et des écuyers
virent avec déplaisir qu'on lui confiait le commandement de la milice de France, parce qu'en campagne
il avait, disait-on (sicut publice referebat), pour habitude de battre en retraite dès qu'il essuyait quelque
revers, au lieu de lutter contre la mauvaise fortune[855] ». Curieuse chronique officielle en vérité,
qui prendrait grand soin de systématiquement consigner les critiques suscitées par les décisions du
gouvernement.

Charles V avait fait écrire par son chancelier Pierre
d'Orgemont la chronique du règne de son père Jean

le Bon et celle de son propre règne[856]. Il y a entre l'œuvre du chancelier de France et celle du chantre de Saint-Denis une profonde différence de nature. Le fidèle chancelier n'est que le porte-plume du sage roi. Qu'aurait écrit Michel Pintoin si Charles VI avait été sage ? En tout cas, le Religieux n'a pas été et ne s'est jamais voulu le porte-parole de tous ceux qui, au nom du roi, ont exercé le pouvoir.

C'est Guy de Monceaux, l'abbé de Saint-Denis, qui a confié à Michel Pintoin, vers 1390, la tâche d'écrire la *Chronique de Charles VI*. Et Michel Pintoin assume la pleine responsabilité de ce qu'il écrit. Pourtant, certaines de ses confidences jettent parfois quelques lueurs sur les conditions dans lesquelles il a été amené à rédiger tel ou tel chapitre. Bornons-nous à quelques exemples tirés de l'année 1413. En mai 1413, le roi fait donc publier, sous la pression populaire, la grande ordonnance que nous disons cabochienne. « Quelques personnes que leur fonction appelait à assister aux délibérations secrètes du Conseil » (Michel Pintoin désigne par là les notaires et secrétaires du roi) jugent les dispositions de cette ordonnance « utiles à tout le royaume » et déclarent donc qu'il faut les insérer tout au long dans l'histoire de France[857]. Michel Pintoin pense lui aussi qu'elles sont utiles au royaume et qu'il faut en donner le texte *in extenso*. Mais quelques mois plus tard les princes rentrent dans Paris en triomphateurs. Ils font immédiatement annuler et déchirer l'ordonnance « cabochienne ». Les amis de Michel Pintoin se rangent à l'avis des princes et ne veulent plus voir le texte de l'« utile » ordonnance consigné dans l'histoire de France. L'historien étouffe d'indignation, et il reproduit pour nous les propos échangés : « Pourquoi donc, leur demandai-je, avez-vous été d'avis qu'on les annulât ? – C'est, me répondirent-ils, qu'en nous pliant ainsi à la volonté des princes, nous conservons notre position à la cour – Je pourrais bien, leur dis-je alors, vous comparer aux coqs des clochers, qui tournent à tout vent[858] ». Et Michel Pintoin, effectivement, ne donne pas le texte de l'ordonnance cabochienne mais, à l'endroit où il aurait dû l'insérer, il fait précéder sa non-traduction d'une note vengeresse dont il est bien clair qu'un historien « officiel » se serait abstenu : oui, j'étais d'avis que l'ordonnance était utile, « et j'avais même pensé à la sauver de l'oubli et à la transmettre tout au long, mot à mot, au souvenir de la postérité »[859]. Et là se termine un chapitre derrière lequel on imagine les discussions animées de l'historien et de ses amis.

En septembre 1413, Louis, comte de Vendôme, vient à Saint-Denis et raconte à Michel Pintoin tout ce que lui a fait subir son frère le comte de la Marche qui l'a même, pendant un temps, retenu en prison. Le comte de Vendôme termine alors le long récit de ses malheurs. J'aurais pu, lui fait dire en substance le Religieux, porter l'affaire devant la justice du roi. Mais l'honneur de mon frère aurait été flétri à jamais. Ce déshonneur aurait rejailli sur notre famille et sur moi. J'ai préféré garder le silence. Mais le comte de Vendôme voulait quand même qu'un jour la vérité fût sue. Il m'a fait ce récit, termine Michel Pintoin, « pour que je le consignasse par écrit[860] ». Et, de fait, le Religieux a fait son devoir d'historien. Il a consacré tout un chapitre aux malheurs de Louis de Vendôme.

Le 1er décembre 1413, l'Université se réunit en assemblée générale et approuve le texte d'une lettre où elle exprime son accord avec la politique royale. Michel Pintoin introduit le mot-à-mot de cette lettre : « J'ai décidé d'insérer ici la teneur de ces lettres. J'obéis à ce que les docteurs de l'Université m'ont commandé. Je fais ainsi ce à quoi je suis tenu[861]. »

Ces quelques notations nous permettent de commencer à soupçonner la véritable nature de la *Chronique de Charles VI*. Sensibles à la prestigieuse tradition historiographique dionysienne, séduits par la personnalité du présent historien de l'abbaye, des Français ont eu l'ambition de faire enregistrer dans la *Chronique de Charles VI* ce qui leur tenait à cœur. Des Français, c'est-à-dire plus précisément des personnes et des groupes qui pouvaient espérer se faire entendre du Religieux de Saint-Denis. Lequel s'exécutait de plus ou moins bonne grâce. Et son œuvre, loin d'être la voix du gouvernement, faisait écho aux divers courants de l'opinion publique. Mais parmi tous ces groupes de pression, il en était un dont nous savons déjà que Michel Pintoin faisait le plus grand cas. Constamment présent, il a joué dans la construction de son œuvre un rôle essentiel. Ce sont les sages.

L'historien et les sages

Michel Pintoin se met lui-même souvent en scène écoutant les sages : « Comme je l'ai plusieurs fois entendu dire par des sages[862]... » « J'ai souvent entendu des sages leur reprocher publiquement...[863] » L'historien se met encore plus souvent en scène enquêtant et s'informant auprès des sages. En 1409, des bandes de Savoyards ravagent les terres du duc de Bourbon. « Je me souviens, écrit Michel Pintoin, que j'ai demandé à plusieurs sages la raison de cette agression inattendue, et ils m'ont dit...[864] » En 1411, d'autres bandes commettent autour de Paris des ravages épouvantables. Et Michel Pintoin de préciser : « Comme le veut mon devoir d'historien, je me suis soucié de savoir qui étaient les principaux responsables de si grands crimes, et j'ai appris de gens sages et dignes de foi que c'était des Bretons[865]. » Ainsi, Michel Pintoin demandait d'abord aux gens sages des informations. Mais il était surtout attentif à leurs avis (*sentencia*)[866] et à leurs jugements (*judicium*)[867].

Parfois, très rarement, le Religieux tient à dire qu'il

ne croit pas à l'information donnée par les sages, qu'il ne partage pas l'avis exprimé par eux. En 1385, pour mater définitivement les révoltes flamandes, le jeune roi fait exécuter devant lui vingt-quatre des plus riches du pays. A la surprise de tous les courtisans qui assistent à l'exécution, tous, sans une parole de plainte, offrent gaiement leur tête au bourreau. Et Michel Pintoin ajoute : « On entendit depuis lors beaucoup de gens sages et de grande autorité (*multi circumspecti et magne auctoritatis*) parler avec admiration de la fermeté des victimes.» Après quoi, le Religieux tient à se démarquer du jugement des sages. « Je partagerais leur admiration, et je regarderais tant de fermeté comme digne d'une gloire immortelle, si elle avait eu pour but le bien de la chose publique ou la défense de la foi catholique [868]. »

En 1409, des sages lui ont dit que c'était le duc de Bourgogne qui avait lancé les bandes savoyardes sur les terres du duc de Bourbon. Il précise qu'il n'en croit rien [869] et préfère une autre explication, qu'il donne. En mai 1413, Michel Pintoin fait à nouveau état de rumeurs hostiles au duc de Bourgogne. Des misérables se sont livrés à Paris à de regrettables violences. Tous les gens sages (*ubique circumspectiores viri*) ont été horrifiés de ces excès (*excessus*). L'historien dit d'un mot discret (*merito*) qu'il est bien de cet avis. Mais certains de ces sages (*fuerunt quoque ex eis*) ont été jusqu'à dire que Jean sans Peur avait, en sous main, encouragé les émeutiers. Michel Pintoin tient là encore à préciser qu'il ne partage pas cet avis [870].

Presque toujours, le Religieux partage le jugement des sages. Il le dit parfois expressément [871]. Il le marque plus souvent d'un discret « avec raison » (*merito, non immerito*) [872]. Plus souvent encore la chose est implicite. Puisqu'il qualifie de « sages » les gens dont il donne l'avis, il va de soi qu'il est d'accord avec eux. Face au peuple avec lequel il garde ses dis-

tances, l'historien qui analyse les réactions de l'opinion publique se situe sans ambiguïté du côté des
sages.

Entre les sages et l'historien, l'osmose est si évidente qu'il est légitime de se demander si, souvent,
faire état du jugement des sages n'est pas simplement
pour Michel Pintoin une façon plus impersonnelle de
faire connaître son propre avis. Les sages évoqués par
le Religieux ne sont-ils pas souvent un procédé littéraire ? Après avoir raconté la défaite d'Azincourt,
Michel Pintoin interrompt son récit et se demande
en un long chapitre pourquoi Dieu a permis un tel
désastre. Ce sont, répond-il, les fautes des habitants
du royaume qui en sont responsables. Ce qui lui
donne l'occasion de passer en revue les vices du
peuple, des clercs et des nobles. Au cours de son examen, il évoque par deux fois les savants (*scientifici
viri*) et, un peu plus tard, les sages (*circumspecti*)[873].
Les sages interviennent par une formule qui les laisse
dans l'abstraction : « Je laisse aux sages le soin de
décider si...[874] » En revanche, Michel Pintoin met
bien en scène les savants. Il prétend d'abord rapporter les propos qu'ils ont tenus devant lui[875] et il
déclare un peu plus tard s'y rallier[876].

Le problème est que, nous le savons maintenant, le
chapitre où il prétend rapporter ces propos est truffé
de phrases tirées soit de la *Chronique* écrite au
XIIᵉ siècle par Guillaume de Tyr, soit du *Tragicum
argumentum de miserabili statu regni Francie*
(« Plaintes sur le misérable état du royaume de France ») qu'un Italien, François de Montebelluna, avait
composé en 1357, sous le coup de la défaite de Poitiers, alors qu'il était moine bénédictin à Saint-
Bénigne de Dijon. Rien n'empêche d'admettre que les
savants et l'historien partageaient les mêmes vues,
exposées dans ce chapitre. Il est clair cependant que
la conversation précise évoquée par Michel Pintoin
n'est qu'une fiction.

Il est sans doute d'autres cas où les sages et les savants évoqués par Michel Pintoin ne sont qu'un mot, une manière de dire. Très souvent, pourtant, lorsqu'il en parle, il a dans l'esprit un groupe précis que son lecteur peut aisément identifier. Ici, ce sont des sages qui siègent au Conseil du roi et y prennent des positions que l'historien, de toute évidence, approuve[877]. Là, ce sont des seigneurs et des courtisans qui fréquentent la cour du roi et dont le Religieux estime les jugements[878]. Là encore, les sages dont fait état Michel Pintoin sont des officiers royaux, de hauts responsables, à la cour et à Paris, de la politique et de l'administration royales. En voici un exemple bien remarquable. Au printemps de 1413, nous raconte Michel Pintoin, des docteurs de l'Université et des bourgeois de Paris s'avisèrent de réformer l'Etat et obtinrent du fils de Charles VI, le jeune duc de Guyenne, la création d'une commission dominée par eux. Ce récit, l'historien l'a fait à chaud. Un peu plus tard, lorsque les suites désastreuses du mouvement « cabochien » furent devenues évidentes, il a relu son texte, et y a ajouté un paragraphe qui mérite d'être tout entier cité : « Lorsque j'écrivais ceci, j'ignorais complètement comment l'Université et les bourgeois finiraient ce qu'ils avaient commencé. Mais, dès ce moment-là, j'ai entendu plusieurs personnes sages, sérieuses et pondérées juger tout à fait inconvenant qu'ils osassent se mêler ainsi d'affaires qui ne devaient être traitées que dans les conseils secrets du roi par les princes des lis. Il est tout à fait absurde, disaient-ils, que des gens tout entiers occupés à la lecture et à la méditation, que des marchands et des artisans tout entiers tournés vers le profit se mêlent de gouverner le royaume et de régler par leurs lois la magnificence des princes et l'état royal. Car c'est en vérité ce à quoi ils aspirent. Quelques sages les tournaient même souvent en dérision et jugeaient que leurs sermons faits au vent devaient être enfouis dans l'oubli. J'en vins à suivre l'avis de ces sages lorsque je vis par la suite avec quelle négligence les commissaires remplissaient la mission dont on les avait chargés[879]. »

Peut-on douter que Michel Pintoin se faisait ici l'écho d'une opinion qu'avaient réellement exprimée des administrateurs dont il estimait la sagesse ? Et il a fallu de bien graves événements pour qu'il se rallie finalement à leur position. Car il avait de l'estime et de l'amitié pour nombre de ces clercs et de ces savants docteurs dont il appréciait d'ordinaire la sagesse. Aussi évoque-t-il les opinions de ces sages lorsqu'il traite des affaires de l'Eglise[880] ou des problèmes de l'Université[881]. Parfois aussi, il est clair que les sages dont il donne le jugement forment un petit groupe de moines qui l'entourent à Saint-Denis, avec lesquels il parle et discute quotidiennement[882]. N'en retenons qu'un exemple, le plus simple et le plus évident. En 1415, après le désastre d'Azincourt, le duc de Guyenne revient en hâte à Paris. Il passe à Saint-Denis le 30 novembre, jour de la Saint-André. Et, ô stupeur, passant devant l'église du glorieux martyr, il néglige de lui rendre ses devoirs et d'y faire ses dévotions, contrairement à ce qu'ont toujours fait ses ancêtres. Et le Religieux de préciser : « Plusieurs gens sages jugèrent la chose blâmable » (*quamplurium virorum circomspectorum judicio reprehensibilem*)[883]. Il est clair qu'il est ici l'écho d'un petit groupe de frères qui lui sont proches.

Derrière les *circumspecti* de la *Chronique de Charles VI*, il y a donc parfois un groupe de sages plus ou moins fictif. Il y a pourtant, le plus souvent, divers groupes de sages bien réels, une élite dans l'élite, liés à l'historien par l'estime et l'amitié. Attentif aux réactions de l'opinion publique, Michel Pintoin est plus encore soucieux de consigner dans sa *Chronique* les opinions et les jugements des sages. Mieux même, à plus d'une reprise il nous fait clairement comprendre que, s'il a décidé d'insérer ou de ne pas insérer tel chapitre dans sa *Chronique*, c'est à la suite d'un débat avec les sages.

En 1388, Charles VI, qui a maintenant vingt ans, prend personnellement le pouvoir. Relatant cet événement peu de temps après, et en tout cas avant la première crise de folie, en 1392, l'historien estime le moment venu de faire un portrait du jeune roi. Mais faut-il tout dire ? Tout ce qui en lui est louable ou blâmable ? « Au jugement des sages » (*circumspectorum judicio*), nous dit le Religieux, les qualités bonnes ou mauvaises de ce prince méritaient déjà d'être signalées à la postérité. Il s'est donc chargé d'en conserver le souvenir. Mais, ajoute-t-il aussitôt, « je ne dirai pourtant pas tout ; il ne le faut pas » (*non tamen omnia nec oportet*). Et, de fait, dans son portrait, Michel Pintoin souligne les qualités du roi. Mais, parlant ensuite de ses défauts, il sait ne pas aller trop loin [884].

Quelques mois plus tard, en 1389, de grandes fêtes royales ont lieu à Saint-Denis, dans l'abbaye. Les pires excès y sont commis. Fallait-il les mentionner ? « Je les aurais tus, précise le Religieux, si un très grand nombre de sages (*circumspecti viri plurimi*) ne m'avaient pas conseillé de ne pas passer sous silence tout ce qui peut servir d'exemple à l'avenir, soit en bien, soit en mal. Et, ajoute-t-il, je me suis rallié à cet avis » (*et hoc ultimum consulo*) [885].

En 1392, Clément VII, qui siège à Avignon, est le seul pape reconnu par le roi de France. Or, voilà que, le 2 avril, Boniface IX, qui siège à Rome – l'intrus, comme disent les Français –, envoie une lettre à Charles VI qui permet au moins d'espérer la reprise du dialogue entre Paris et Rome. Les deux chartreux porteurs du message de Boniface arrivent à Avignon en juillet. Ils y restent de longs mois. La tiédeur bien compréhensible de Clément VII, l'hostilité du duc de Berry, le premier accès de folie du roi, en août, tout cela explique assez ces atermoiements. Finalement, les deux chartreux arrivent à Paris en décembre, où tous ceux qui sont impatients de mettre fin au Schisme, et surtout l'Université, leur font bon accueil. Pour ne pas offenser Clément VII, le roi, rétabli, fait à Boniface, suivant l'avis de son conseil, une réponse aimable mais simplement orale. Le Religieux, lui, dans sa *Chronique*, devait-il donner le texte de la lettre de Boniface ? Le problème était délicat. Il y eut débat. Finalement, écrit l'historien, d'après l'avis de quelques personnes sages (*de consilio quorumdam circumspectorum virorum*), il a été décidé de donner le texte intégral (*de verbo ad verbum*) de la lettre. On peut bien supposer que, malgré l'hostilité des fidèles du duc de Berry et la prudence de beaucoup d'autres, Michel Pintoin a pris ses responsabilités en suivant l'avis de quelques sages amis dont il y a tout lieu de supposer qu'ils étaient des universitaires. En tout cas, quelque visage qu'on donne aux sages qu'il évoque, il est impossible de ne pas admettre la réalité du débat auquel Michel Pintoin fait allusion [886].

Seize ans plus tard, le gouvernement français cherchait toujours le moyen de mettre fin au Schisme. En 1398, il avait décidé que le royaume de France n'obéirait plus à Benoît XIII, le pape qui résidait à Avignon. En 1403, il avait restitué son obédience à ce même Benoît XIII. Et voilà que, par l'ordonnance du 25 mai 1408, il s'engage dans la voie de la neutralité. La France n'obéira ni au pape d'Avignon ni au pape de Rome. L'Eglise de France devra vivre sans pape. C'était une véritable révolution, qui obligeait à prendre de nombreuses mesures. Pour ce faire, les prélats du royaume furent convoqués à Paris. Ils siégèrent d'août à novembre 1408. Michel Pintoin insère dans sa *Chronique* l'instrument public contenant tous les articles qu'ils avaient finalement votés. Il tient toutefois à noter que quelques sages (*nonnulli circumspecti*) faisaient peu de cas de ces articles. Le plus remarquable est qu'il en donne la raison : ils faisaient peu de cas de cet instrument parce qu'il ne procédait pas de l'autorité apostolique. Et il donne même le nom du principal de ces sages récalcitrants. C'est Guy de Roye, l'archevêque de Reims, qui a toujours été un ferme partisan de Benoît XIII mais dont Michel Pintoin, pourtant beaucoup moins décidé à soutenir le pape avignonnais, n'a jamais cessé de proclamer la sagesse[887].

L'année précédente, le 23 novembre 1407, avait eu lieu, on s'en souvient, un événement dramatique dont devaient découler tous les malheurs de la seconde moitié du règne de Charles VI. Jean sans Peur avait fait assassiner son rival détesté, Louis. Très vite, il avait avoué son crime. Mieux même, il s'en était vanté. Le 8 mars 1408, en une séance solennelle à Paris, Maître Jean Petit, professeur de théologie à l'Université de Paris, justifiait le crime du duc par un fort long discours où il exposait des faits plus ou moins controuvés et développait des principes plus ou moins contestables[888].

Michel Pintoin résume en quelques pages cette interminable justification, et termine par une notation personnelle : « Je m'en souviens, il y avait là des sages et de savants professeurs qui trouvèrent ce plaidoyer répréhensible en de nombreux points. J'inclinerais à les suivre, mais je laisse aux vénérables docteurs en théologie le soin de décider si ces propositions sont erronées ou ridicules[889]. » Le Religieux fait donc état, en termes d'ailleurs très modérés, de critiques émises par certains (*quosdam*) auditeurs. Il serait plutôt de l'avis de ce petit nombre de sages. Mais il ne s'aventure pas dans les grands débats théoriques. Il reste prudent. Il laisse les théologiens en débattre.

Mais tant que le duc de Bourgogne a dominé Paris, les théologiens, prudents, n'en ont pas débattu. Après les événements de 1413 et le départ précipité du duc hors de Paris, Jean Gerson a estimé le moment venu de faire condamner par la faculté de théologie les principes développés par Jean Petit qu'il jugeait erronés. Il y parvint non sans mal. Les théologiens tirèrent de la justification de Jean Petit neuf assertions que, finalement, en février 1414, une majorité d'entre eux condamna.

Avant de donner le texte des neuf assertions condamnées, l'historien revient sur cet assourdissant silence qui avait duré tant d'années : « J'ai souvent demandé (*michi sepius siscitanti*) pourquoi rien n'avait été fait. On m'a répondu que c'était à cause de la redoutable autorité du duc de Bourgogne (*formidabilem auctoritatem ducis Burgundie*). » Mais maintenant, écrit-il, il peut revenir sept ans (*sic*) en arrière et reparler de la justification de Jean Petit. Et il explique que ce « scrupule de conscience » (*consciencie scrupulus*) lui a été inspiré par « certaines personnes sages et de science éminente » (*quorumdam circumspectorum virorum et eminentis sciencie*)[890]. Les personnes d'une science éminente, ce sont toujours, dans la *Chronique de Charles VI*, les docteurs de l'Université. Les sages professeurs qui ont ici conseillé l'historien sont faciles à identifier. Michel Pintoin avait pour Jean Gerson de la sympathie, de l'estime et de l'admiration[891]. Gerson et ses partisans, ceux-là mêmes qui se sont acharnés à la condamnation de Jean Petit, ont veillé à ce que celle-ci soit dûment enregistrée dans la *Chronique de Charles VI*.

Quelques années passent. La guerre civile continue. Les désastres se multiplient. Sous la pression des événements et de l'opinion publique, en juillet 1419, le dauphin Charles, futur Charles VII, rencontre Jean sans Peur, qui est toujours duc de Bourgogne. Les deux hommes tentent avec plus ou moins de sincérité de faire la paix. L'entrevue se déroule très mal et, pour comble de malheur, un formidable ouragan, accompagné de torrents de pluie, d'éclairs effroyables et de grands coups de tonnerre, ravage le lieu de la rencontre. L'historien devait-il mentionner cet orage ? Pour les uns, ce n'était qu'un phénomène météorologique naturel. Mais pour les autres, d'accord en cela avec le vulgaire (*sequentes oppinionem vulgalem*), il avait peut-être été produit par de malins esprits qui n'avaient point pour agréable l'entrevue des deux princes. Michel Pintoin ne prend pas parti au fond. Mais il déclare se rallier au jugement de quelques sages. Et il mentionne l'ouragan[892].

Lorsque, en juin 1418, l'abbé de Saint-Denis, Philippe de Villette, meurt, le Religieux, qui ne l'aimait pas, fait de lui un portrait peu flatté. Et il lui reproche d'abord d'avoir toujours été « trop confiant dans son propre jugement[893] ». Michel Pintoin, lui, désireux d'exécuter la tâche à lui confiée par l'abbé Guy de Monceaux, le prédécesseur de Philippe de Villette, soucieux de remplir son devoir d'historien, n'a jamais fui ses responsabilités. Mais, très attentif aux réactions du peuple et de l'élite, il a de surcroît voulu que sa *Chronique* reflète les opinions du petit nombre de ceux, dans l'élite, qu'il côtoyait et dont il estimait la sagesse. Il fait souvent état des débats des sages. Il mentionne leurs jugements, dont il se démarque parfois, auxquels il adhère presque toujours. Conscient de sa propre sagesse, l'historien veut aussi être, dans sa *Chronique*, le porte-parole des sages.

C'est là, parmi d'autres, une des grandes originalités de la *Chronique de Charles VI*. Depuis des siècles, l'abbé de Saint-Denis avait veillé à ce que l'atelier historiographique de son abbaye construise peu à peu une œuvre où les Français puissent lire la longue histoire du royaume depuis ses origines. Ce fut d'abord une compilation latine. Puis Primat la traduisit en français et l'adapta. En 1274, il put ainsi offrir à Philippe III, en présence de son abbé, une histoire continue du royaume, règne après règne, de Pharamond à la mort de Philippe Auguste[894].

Dans son histoire, Primat avait entrepris de dire les hauts faits des rois, la grandeur de Saint-Denis, la puissance des barons. Il pouvait, à l'occasion, mentionner les désordres populaires. Il ne se souciait pas de dire ce que pensaient les Français. Quoi qu'il en soit, son récit devint pour longtemps une œuvre de référence. Les moines dionysiens travaillèrent à la continuer, et en latin, et en français, jusqu'au milieu du XIVᵉ siècle. Et ils conservèrent, en ces additions, les mêmes perspectives.

Le père de Charles VI, Charles V, qui fut roi de 1364 à 1380 mais dont l'expérience politique avait commencé bien plus tôt, ne pouvait se satisfaire de cette tradition dionysienne. Le sage roi Charles V s'intéressait aux idées. Il était conscient que le pouvoir des rois reposait pour une large part sur les convictions des sujets. Les événements qu'il avait vécus l'avaient convaincu du poids de l'opinion publique. Il était soucieux d'appuyer sa politique sur une propagande efficace. Il voulut que l'histoire de son temps ne fût qu'un plaidoyer en faveur de son action, que son historien ne fût que son porte-parole. Il demanda à son chancelier, Pierre d'Orgemont, d'écrire en français l'histoire du règne de son père Jean le Bon (1350-1364) et le sien. Le chancelier s'acquitta de son devoir avec diligence. Son œuvre reflète fidèlement les perspectives du pouvoir royal.

Charles VI avait douze ans lorsque son père mourut. Il ne se souciait ni d'idées ni d'histoire. Adulte, il ne s'en soucia pas davantage. L'abbé de Saint-Denis, Guy de Monceaux, jugea le moment venu de reprendre la tradition dionysienne un moment négligée. Le latin était toujours la langue des clercs. Un premier humanisme avait commencé à redonner en France, dans la seconde moitié du XIVᵉ siècle, ses lettres de noblesse au latin classique. Michel Pintoin choisit d'écrire en latin. Il composa d'abord une chronique de Charles V. Quelles différences y avait-il ici entre les perspectives de Pierre d'Orgemont et celles de Michel Pintoin ? On aurait voulu les comparer. Cette œuvre du Religieux est malheureusement perdue. En revanche, il nous reste la *Chronique de Charles VI* qu'il composa à la suite. Et nous pouvons bien voir tout ce qui sépare la *Chronique de Charles V* écrite par Pierre d'Orgemont et la *Chronique de Charles VI* écrite par Michel Pintoin.

Autant et peut-être plus que Pierre d'Orgemont, Michel Pintoin est un fanatique de la majesté royale et du bien public. Mais il est en même temps un chrétien tout dévoué à son Eglise et à son monastère. Il n'entend nullement être le porte-parole du pouvoir dans ses aléas quotidiens. D'ailleurs, une fois le roi malade, dans ces conflits qui déchiraient la Cour, qui aurait pu dire où était le pouvoir ? Le Religieux a donc une conception plus ambitieuse de son devoir d'historien. Dans la meilleure tradition dionysienne, il dit les hauts faits du roi et des puissants. Mais, conscient du poids nouveau de l'opinion publique, il est constamment attentif aux réactions des gens d'autorité et du peuple. En outre, Michel Pintoin ne s'efface pas dans son œuvre. Tous les acteurs de son histoire, il les juge. Il les juge, appuyé sur ses principes et sur un petit nombre de gens qui l'entourent et dont il apprécie la sagesse.

Au centre de son histoire, toujours présents au cours de ces quarante années, il y a donc cette petite élite de sages, à la fois acteurs, témoins et juges. La *Chronique de Charles VI* est une chronique d'opinions dans les deux sens du terme. Elle est soucieuse de dire les réactions des Français, de l'élite et du peuple. Elle entend aussi faire état des jugements que porte sur les événements et les hommes une petite élite autoproclamée de sages. Pierre d'Orgemont a écrit sous l'œil de Charles V une chronique royale. Le Religieux de Saint-Denis a été le maître-d'œuvre d'une chronique des sages.

8

OPINION PUBLIQUE
ET PROPAGANDE
HISTOIRE DE DIX ANS (1401-1411)

Après l'analyse, la synthèse.

La lecture attentive de la *Chronique de Charles VI* nous a permis de dégager les différents groupes de régnicoles dont le Religieux de Saint-Denis s'est soucié d'observer les réactions. Nous avons vu tous les sentiments qui, de l'amour à la haine, ont parcouru les gens du commun, les gens d'autorité et les gens sages. Et nous avons mesuré à quel point les uns et les autres ont pu être les témoins lucides ou les auteurs responsables de leur propre histoire.

Car les sujets de Charles VI n'ont pas toujours été les victimes pitoyables de circonstances déplorables, de princes coupables et de gouvernants incapables. Ils ont pour une part mérité leur destin. Dans la suite des événements, leurs convictions ont joué un grand rôle. Et les princes le savaient si bien que les plus habiles d'entre eux ont beaucoup travaillé à les influencer, par leurs discours, leurs lettres et les rumeurs.

L'histoire des dix premières années de la guerre civile qui a failli ruiner le royaume, telle que le Religieux de Saint-Denis nous la donne à voir, va nous permettre de bien comprendre quels ont pu être le poids de l'opinon publique et l'efficacité de la propagande en France sous Charles VI.

Dans les dernières années du xive siècle, le problème du Schisme, qui se pose depuis 1378, est loin d'être résolu. Et les crises de folie qui, depuis 1392, forcent le roi à l'« absence » sont de plus en plus fréquentes et préoccupantes. Pourtant, les Français sont heureux. Ils jouissent de la paix et de la prospérité. Les oncles du roi, Jean, duc de Berry, et Philippe, duc de Bourgogne, qui vont sur leurs soixante ans, n'oublient certes pas leurs intérêts, mais, lorsque le roi est absent, ils s'entendent à gouverner le royaume avec modération. Et le frère du roi, Louis, duc d'Orléans, qui a des ambitions mais n'a pas trente ans, doit encore ronger son frein. Dans le même temps, Richard II, qui est de la même génération que Charles VI et Louis d'Orléans, a l'audace de rompre avec la traditionnelle politique belliqueuse de l'Angleterre. Il veut la paix avec la France. Les Français font bon accueil à ses ouvertures. En 1396, le roi Richard, qui a trente ans, épouse Isabelle, la fille aînée du roi Charles, qui n'en a pas six. Certes, nous dit l'historien, beaucoup (*multi*) s'inquiètent de cette disproportion d'âge. Mais il rend aussitôt compte de l'état d'esprit des Français et nous dit leur espoir d'effacer ainsi une longue et triste histoire dont ils n'ont que trop de raisons de se souvenir : « Les nobles et les non-nobles (*nobiles et ignobiles*) pensaient ainsi obtenir l'entente qu'ils souhaitaient depuis cinquante ans et plus. Ils n'avaient pas tort d'espérer que le gouffre des guerres qui avait été ouvert à l'occasion du mariage de madame Isabelle, fille du roi Philippe le Bel, allait être fermé par cette autre Isabelle[895]. »

A cette paix extérieure s'ajoutait la paix intérieure. Les médecins et les astrologues s'étaient montrés impuissants à guérir le roi. Le médecin du roi, Renaud Fréron, avait été chassé de Paris en 1395[896]. Seules les prières pouvaient maintenant guérir le roi. Les théologiens triomphaient. Les gens d'Eglise ordonnaient des processions qui ravivaient la piété du roi et attisaient la ferveur des sujets[897]. Plus que jamais soudés par la maladie de leur roi, les Français formaient un seul peuple (*unus populus*)[898] et ils étaient heureux.

Le siècle n'était pas achevé que les malheurs s'accumulaient, et menaçaient la paix et la prospérité des Français. Entre Pâques 1399 et Pâques 1400, le roi retomba six fois en démence. Les sages ne savaient plus que penser[899]. Les mois de mars et d'avril de cette même année 1399 connurent des inondations extraordinaires. Même les sages s'en effrayèrent. Les plus anciens assuraient qu'ils avaient vu jadis de pareilles inondations suivies d'une grande mortalité. Et, de fait, éclata bientôt une épidémie qui dura trois ans[900]. Au mois de novembre, on aperçut pendant huit nuits consécutives une comète qui jetait un éclat extraordinaire. Les sages eurent d'autant moins de mal à y voir le présage de révolutions qu'en août précédent Richard II avait été arrêté et enfermé à la Tour de Londres et que Henri IV venait d'être sacré roi le 13 octobre, jour de la Saint-Edouard[901]. Quelques mois plus tard, le roi déchu mourait en prison dans des conditions obscures. En août 1401, la petite Isabelle, qui dès avant la mort de Richard avait souffert de la haine que les Anglais portaient aux Français[902], pouvait retrouver ses parents et la France[903]. Les Anglais avaient toujours reproché à Richard la paix qu'il avait conclue avec les Français[904]. Les Français étaient maintenant animés contre les Anglais d'une haine implacable « à cause de l'horrible assassinat de leur roi et du renvoi inconvenant (*expulsionem indecentem*) de la reine, fille du roi de France[905] ». Et la trêve, sous la pression des haines qui dressaient les deux royaumes l'un contre l'autre, était de plus en plus souvent violée.

C'est alors que la rivalité du duc de Bourgogne et du duc d'Orléans commence à menacer la paix civile. En 1401, le Religieux perçoit le premier signe des guerres à venir[906]. Philippe, duc de Bourgogne, et Louis, duc d'Orléans, ont l'un et l'autre l'ambition de ramasser le pouvoir que le roi malade laisse peu à peu tomber. Le premier est l'oncle du roi, et il est le seigneur, autour du duché de Bourgogne et du comté de Flandre, de nombreuses et riches terres. Le duché d'Orléans et les autres seigneuries que le second a rassemblées forment un ensemble bien moins considérable, mais il est le frère bien-aimé du roi.

Il serait difficile de trouver deux personnalités plus opposées que cet oncle et ce neveu. Un premier contraste est évident et, pour notre propos, essentiel. L'oncle se soucie autant de l'opinion publique que le neveu s'en inquiète peu. La cruciale question de l'impôt, qui est récurrente, permet de voir combien leurs réactions sont différentes. Nous voici d'abord en mai 1402. Louis d'Orléans, qui est alors maître du gouvernement, fait annoncer la levée prochaine d'une imposition générale. Et, pour rendre la mesure plus acceptable, il précise qu'elle a été prise avec le consentement du duc de Bourgogne. Lequel n'était pas alors à Paris. Dès qu'il apprend l'affaire, Philippe adresse une lettre au prévôt de Paris, avec ordre d'en donner lecture publique (*publice*). Et le Religieux prend soin de résumer un document qui est un pur chef-d'œuvre politique. On en oublierait que le duc n'était pas le dernier à profiter des largesses royales. « Il y disait, résume l'historien, qu'il n'avait jamais consenti à ladite exaction, et que la lettre contenait une fausseté. Témoignant ensuite une grande compassion (*compaciendo*) pour les régnicoles, qui venaient d'être accablés par une épidémie de trois ans et qui étaient ruinés par les exactions, il déclarait que ce nouvel impôt était intolérable, et que si le trésor du roi était épuisé, il fallait le remplir non pas avec la substance du peuple (*non a plebe*) mais avec l'argent de ceux qui s'enrichissaient injustement des largesses du roi et auxquels il savait bien que reviendrait tout l'argent de cette nouvelle taille. Il ajoutait à la fin qu'il désirait que sa lettre justificative fût lue publiquement (*publice*) au Parlement, et affirmait que s'il avait consenti à la levée de cet impôt, il aurait eu pour cela deux cent mille écus d'or qu'on lui avait promis. » Et Michel Pintoin termine en montrant le plein succès de la lettre ducale : « Le peuple entendit la lecture de la lettre du duc avec une immense joie (*populus gratantissime audivit*)[907].

Nous voici maintenant en mars 1405. Le duc d'Orléans ordonne la levée d'un nouvel impôt. Le prétexte était honorable. Il s'agissait de lutter contre les Anglais. Mais cet impôt venait après beaucoup d'autres, et sa levée était brutale. Comment le duc, averti que le mécontentement était général, a-t-il réagi ? « Craignant que le peuple ne passe des paroles aux actes (*de verbis ad vindictam*), nous dit le Religieux, le duc fit défendre par la voix du héraut, sous peine d'emprisonnement, de porter ni poignards ni couteaux autres que ceux qui servaient pour les repas[908]. »

Il est dès lors aisé de comprendre pourquoi les sages et le peuple se retrouvaient ensemble à aimer le duc de Bourgogne et détester le duc d'Orléans. Ils appréciaient le sérieux (*gravitas*) du duc de Bourgogne[909], la compassion qu'il montrait envers le pauvre peuple, l'action qu'il menait en faveur du peuple[910]. Alors que le duc d'Orléans, lui, n'avait guère la prudence que réclame l'action politique[911], et son évidente et insatiable cupidité (*immoderata cupiditas, cupiditas insaciabilis*)[912] passait les bornes. L'historien a lui-même entendu les plaintes que les sages exprimaient publiquement, et les imprécations que le peuple vomissait contre le duc d'Orléans[913].

La mort du vieux duc Philippe, le 27 avril 1404, ne fit que durcir le conflit. Car son fils, Jean sans Peur, qui avait le même âge que Louis d'Orléans, se révéla un jouteur plus redoutable encore que son père, jouant des armes et de la propagande, de la menace et de la séduction, et toujours attentif aux réactions de l'opinion publique. Dès 1405, Louis d'Orléans et Jean sans Peur se livrèrent un premier assaut qui faillit bien ruiner la paix civile. Cette année-là, pendant la maladie du roi, la reine et le duc d'Orléans, qui étaient ses plus proches, s'entendaient à gouverner le royaume. Leur gestion commune suscitait un vif mécontentement. Mais personne ne disait rien publiquement. Le premier, l'ermite augustin Jacques Legrand osa. Les remontrances qu'il fit à la reine et au duc dans les deux sermons qu'il prêcha devant la Cour, le 28 mai, jour de l'Ascension, et le 7 juin, jour de la Pentecôte, annoncèrent la crise[914]. Sa fin fut célébrée par le grand sermon « *Vivat Rex* », « Vive le Roi », que Jean Gerson, chancelier de l'Université, prononça le 7 novembre devant les rois de Navarre et de Sicile, les ducs de Berry, d'Orléans, de Bourgogne et de Bourbon, les conseillers du roi et un grand nombre de prélats[915].

Dans l'intervalle prirent place deux tentatives maladroites et finalement malheureuses du duc d'Orléans. En juillet 1405, il tenta de s'approprier le gouvernement du riche duché de Normandie. Il dut vite y renoncer[916]. Comme le fils aîné du roi, le dauphin Louis, duc de Guyenne, qui avait maintenant huit ans, commençait à devenir, en l'absence de son père, la source de la légalité, la reine et le duc d'Orléans entreprirent de l'éloigner de Paris, où le duc de Bourgogne annonçait sa venue. En août 1405, la reine et le duc, partis pour Melun, se firent suivre par un petit convoi qui devait emmener vers eux le dauphin Louis. Jean sans Peur l'apprit. Il courut à bride abattue à la poursuite de l'enfant, qu'il ramena à Paris. Tout le monde s'attendait à ce que le duc d'Orléans réagît et, de fait, ce fut le début d'une crise qui tint pendant six semaines la France dans l'angoisse.

Chacun des deux ducs rassembla des gens de

guerre qui ravagèrent les environs de Paris. Mais il fallait aussi convaincre. Le vendredi 21 août se tint un conseil présidé par le petit duc de Guyenne, auquel assistaient les princes, des prélats, les conseillers du roi, le recteur de l'Université et un grand nombre de docteurs en l'un et l'autre droit. Jean sans Peur y fit exposer un vaste programme de réformes destinées à remédier aux défauts du présent gouvernement [917]. Après quoi il fit rédiger une lettre qui exposait ses projets de réforme, en fit envoyer en son nom, à l'Université de Paris et aux villes du royaume, une copie où il demandait à ses correspondants de débattre de ses propositions, de les corriger ou de les approuver [918]. Le 30 août était organisée à Paris une procession à laquelle prit part tout le clergé de la capitale. Il s'agissait officiellement de prier pour la paix mais, au cours de la procession, il fut prêché comment le duc travaillait à l'intérêt du royaume, et que chacun devait l'avoir pour recommandé dans ses prières [919].

Louis d'Orléans était furieux. Lui aussi envoya dans toute la France des lettres où il réfutait point par point celle du duc de Bourgogne [920]. Mais il reçut aussi à Melun une délégation de l'Université. Car les docteurs de l'Université, titillés par l'aimable lettre reçue du duc de Bourgogne, pensèrent pouvoir jouer un rôle dans la crise. Mais lorsqu'ils furent arrivés à Melun, la reine refusa tout simplement de les recevoir, et l'audience que leur accorda le duc d'Orléans fut plus que décevante. Le duc leur dit « que ceulx de l'Université qui estoient estrangers et de diverses regions ne se devoient point entremetre du regime ne de la reformacion du royaume, mais s'en devoient actendre à lui et à ceulx du sang royal et du grant conseil [921] ». Ainsi nous rapporte Monstrelet. Le récit du Religieux dit au fond la même chose, mais de façon plus cinglante encore : « Dans une question de foi, vous ne prendriez sans doute point conseil d'une assemblée de chevaliers. De même, dans une question de guerre, ce n'est pas vous qu'il est à propos de consulter. Retournez donc à vos études, et contentez-vous de faire votre métier. L'Université est appelée la fille du roi. Il ne lui appartient pourtant pas d'intervenir dans le gouvernement du royaume[922] ». Monstrelet termine en disant qu'après avoir entendu le duc les ambassadeurs de l'Université « s'en retournerent tout confus à Paris ». On le croit sans peine.

Et on comprend pourquoi, dans le récit qu'il fait de la crise de 1405, Michel Pintoin se montre constamment hostile au duc d'Orléans, et pourquoi, dans ce même récit, le jugement des sages (*circumspecti*) lui est constamment défavorable. Les sages approuvent les propos de Jacques Legrand. Les sages osent dire à la reine et au duc qu'ils allaient bientôt voir fondre sur eux les plus grands malheurs, en punition de leurs méfaits. Les sages trouvent l'essai de mainmise du duc sur la Normandie « contraire au droit et aux usages » (*indecens et insolitum*)[923].

Les sages étaient ainsi en communion avec les régnicoles en général et le peuple en particulier. Tous jugeaient les propositions de réforme du duc de Bourgogne « raisonnables et conformes au droit » (*racionabilia et juri consona*)[924]. Tous dénonçaient l'insatiable cupidité du duc d'Orléans[925], stigmatisaient sa « tyrannie[926] », l'accablaient publiquement de malédictions[927]. En 1405, comme toujours, le peuple était plus véhément que les sages, mais les sages et le peuple étaient à l'unisson.

Devant cette unanime hostilité, le duc de Bourgogne crut le fruit mûr. Il voulut porter au duc d'Orléans l'estocade finale. Le 24 septembre, il convoqua les gens d'autorité (*majoris auctoritatis viros*) et les exhorta à venir combattre sous ses bannières[928]. Les gens d'autorité, c'étaient les centeniers, les soixanteniers, les cinquanteniers et les dizainiers qui encadraient la milice bourgeoise. Le 21 août, le vieux duc de Berry s'était fait nommer par le roi capitaine général de Paris[929], et c'était donc lui qui commandait à tous ces cadres de la milice bourgeoise, dont l'appui était indispensable au duc de Bourgogne.

Or, le 24 septembre, Jean sans Peur avait sousestimé le désir de paix. Le peuple était sans doute prêt à le suivre. Mais les sages voulaient la paix[930]. Les princes, et surtout le duc de Berry, voulaient la paix[931]. Et les gens d'autorité étaient bien d'accord que, quels que fussent les défauts du duc d'Orléans, l'essentiel, c'était la paix. Lorsque le duc de Bourgogne eut fini de parler, tous lui répondirent qu'ils lui étaient reconnaissants du zèle avec lequel il avait jusqu'alors travaillé au bien des régnicoles et du royaume. Ils s'en tinrent là. Devant leur refus poli de prendre les armes pour lui, Jean sans Peur, déçu, fit pourtant bonne mine[932]. Mais il n'alla pas plus loin. Son adversaire non plus. Le 16 octobre, la reine et les deux ducs acceptèrent un accommodement[933]. Les gens de guerre s'éloignèrent. Le 7 novembre, Gerson put célébrer la paix pour cette fois sauvée.

Sous la pression de l'opinion publique, Jean sans Peur avait dû renoncer à la guerre civile comme, deux mois plus tôt, Louis d'Orléans avait dû renoncer à la Normandie. Les sages et les gens d'autorité avaient pu arbitrer les conflits et imposer la paix.

Mais, le 23 novembre 1407, Jean sans Peur fit assassiner le duc d'Orléans, et il l'avoua, et il s'en justifia[934]. L'historien et les sages n'eurent pas de mots trop durs pour stigmatiser « cette ignominie, ce crime monstrueux, qui aurait fait horreur aux nations les plus barbares, cet effroyable attentat, dont l'histoire n'offre aucun autre exemple[935] ». Et plus d'un sage trouva le justification de Jean Petit, le 8 mars 1408, « répréhensible sur bien des points » (*in multis reprehensibilia*). Et l'historien s'avoue tenté de partager cet avis[936]. De toute évidence, le droit avait été bafoué, l'acte du duc de Bourgogne était condamnable.

Pourtant, l'historien et les sages découvraient avec stupeur que le duc meurtrier n'avait rien perdu des faveurs du peuple parisien. Après le 23 novembre, une fois son crime avoué, Jean sans Peur avait fui Paris. Quelques semaines plus tard, il put y rentrer. Il fut accueilli par les habitants « avec honneur et empressement » (*honorifice et comi fronte*). La reine et les parents du roi auraient voulu l'empêcher de se justifier publiquement. Ils durent y renoncer[937]. Il était clair que les principes des sages et les passions du peuple étaient incompatibles. Et de même que le tyran antique s'aidait du menu peuple contre les gens notables[938], de même Jean sans Peur, sûr des faveurs du peuple, put songer à s'imposer à Paris et au roi.

Il y parvint au cours de la crise de 1410-1411, qui, tout à la fois, consacre le triomphe (pour un temps) du duc de Bourgogne, marque le début d'une guerre civile qui va durer un quart de siècle, et montre de quel poids va y peser l'opinion publique du royaume en général et de Paris en particulier. Au printemps de 1410, Jean sans Peur est déjà dans une position bien confortable. Il a « en ses mains le roy et monseigneur le dauphin[939] ». Le Conseil du roi lui est, dans sa majorité, favorable. Le prévôt de Paris, Pierre Des Essarts, est un de ses principaux conseillers. Il pourrait se satisfaire de gouverner ainsi le royaume et sa capitale. C'est son oncle, Jean de Berry, qui lui pose maintenant problème. Entre le duc de Bourgogne et le duc d'Orléans, le vieux duc de Berry avait jusqu'alors tenu une position d'arbitre, soucieux de la paix du royaume. En 1409 encore, il n'avait pour le duc de Bourgogne que des éloges[940]. Mais Jean sans Peur, une fois maître de la situation, négligea son oncle. Il ne le convoqua plus au Conseil. Jean de Berry en fut fort irrité. Or, son poids était encore considérable. C'était le seul frère survivant de

Charles V. C'était un riche et puissant seigneur. Il était toujours, depuis 1405, capitaine de Paris. Enfin, dans la géographie politique de la capitale, avec la prévôté de Paris et la capitainerie de Paris, il y avait une troisième position clé, la prévôté des marchands. Or, le prévôt des marchands était alors Charles Culdoé, qui avait certes plus de sympathie pour le duc de Berry que pour le duc de Bourgogne.

Le 15 avril 1410, le duc de Berry, ne supportant plus d'être tenu à l'écart du pouvoir par le duc de Bourgogne, laissa là sa position d'arbitre. Un grand nombre de ducs et de comtes, dont Bernard, comte d'Armagnac, réunis à Gien autour de Jean, duc de Berry, et Charles, duc d'Orléans, jurèrent de contrecarrer les menées du duc de Bourgogne et d'entrer en armes dans Paris pour s'y faire entendre du roi[941]. Trois jours plus tard, le 18 avril, était établi le contrat de mariage entre Charles d'Orléans et Bonne d'Armagnac, qui était la petite-fille du duc de Berry et la fille du comte d'Armagnac[942]. Le redoutable capitaine qu'était Bernard d'Armagnac, maintenant beau-père du duc d'Orléans, devenait ainsi l'homme fort du parti d'Orléans. Après quoi tous ces seigneurs quittèrent Gien. Ils « s'en allèrent chacun en son pays... pour assembler gens de guerre ». Ce que voyant, le duc de Bourgogne, lui aussi, « manda gens de guerre[943] ». C'était, de toute évidence, le début d'une guerre civile.

La cause de ce conflit n'échappait à personne. Ce qui était en jeu, entre Jean sans Peur et ses adversaires, c'était le pouvoir dans le royaume. Ses conséquences, elles aussi, étaient bien claires. Et les sages, songeant aux maux intolérables qui allaient fondre sur le royaume, en éprouvèrent une angoisse profonde. Et l'historien pensait comme eux[944]. De fait, manœuvres diplomatiques, opérations militaires et problèmes financiers se sont multipliés. Mais les gens d'armes assemblés à grands frais étaient ardents à piller et détruire plus qu'à s'affronter. Sur leur passage, ce « n'estoit que pilleries, roberies et destruction de peuple ». « Toutesfois ils ne se rencontroient pas trop volontiers[945]. » Dans cette atroce guerre civile, les opérations militaires pouvaient facilement ruiner les princes et le pays. Elles pouvaient difficilement emporter la décision.

Les princes étaient maintenant tous bien conscients que leur succès dépendait moins de l'ardeur de leurs soldats que des jugements, des sentiments et des passions des régnicoles. Pendant l'été, les ducs de Berry et d'Orléans, le comte d'Armagnac et quelques autres princes quêtèrent les faveurs de tout le royaume. Ils adressèrent aux « bonnes villes et citez », aux chapitres cathédraux et aux monastères les plus notables, des « lectres contenans leur intencion et la cause pour quoy ilz faisoient ces assemblées ». Mais les gens sages restaient réservés. Ils trouvaient normal que les princes demandent à être reçus par le roi. Ils jugeaient dangereux de les laisser entrer dans Paris avec leurs gens de guerre[946].

L'attention du duc de Bourgogne, elle, était pour l'instant concentrée sur Paris. Mais lui non plus n'obtint pas les concours qu'il espérait. Ce que voulait Jean sans Peur, avant d'aller plus loin, c'était d'abord chasser le duc de Berry de la capitainerie de Paris, y mettre un de ses fidèles, et s'assurer ainsi le contrôle de la milice parisienne. Il manda donc « les centeniers, les cinquanteniers et les dizainiers de la ville... et leur conseilla de se choisir un capitaine dont ils suivraient les ordres en toutes choses[947] ». Le farouche partisan du duc de Bourgogne qu'était le « Bourgeois de Paris » insiste bien sur le fait « que les gens de Paris amoient tant le duc de Bourgongne et le prevost de Paris nommé Pierre des Essars, pour ce qu'il gardoit si bien la ville de Paris », que le prévôt « faisoit faire aux gens de Paris toutes les nuys le plus bel guet qu'ilz povoient », et que « y avoit quarteniers,

cinquanteniers, diseniers qui ce ordonnoient[948] ».
Mais, selon Michel Pintoin, les centeniers, cinquanteniers et dizainiers répondirent au duc « unanime-
ment que depuis longtemps le duc de Berry avait bien
voulu accepter cet office par amour pour les bourgeois, et que, comme il s'était toujours fort bien
acquitté de ses fonctions, ils croiraient lui faire injure
en lui donnant un successeur[949] ». Et il faut bien que
ce soit l'historien qui dise vrai car, de fait, le duc de
Berry resta capitaine de Paris.

Jean sans Peur s'obstina. Pour faire céder les Parisiens, il s'abrita derrière l'autorité royale. Le
3 octobre, une ordonnance révoqua tous les dons de
lieutenances et de capitaineries auparavant accordés
par le roi[950]. Rien n'y fit. Le duc ne bougea pas. Les
Parisiens ne cédèrent pas. Les bourgeois d'autorité ne
suivaient pas plus le duc de Bourgogne que les sages
n'approuvaient ses adversaires. Les gens de guerre ne
combattaient pas, « et estait toute la guerre seulement contre les pauvres gens du plat pays[951] ». Les
ducs renoncèrent. Le 2 novembre, à Bicêtre, ils firent
mine de s'accorder. Ils s'engagèrent, les uns et les
autres, à s'éloigner de Paris. Pierre Des Essarts dut
quitter la prévôté de Paris. Les partisans du duc de
Berry le louèrent d'avoir obligé son neveu à sortir de
Paris. Les partisans du duc de Bourgogne le louèrent
d'avoir empêché son oncle d'entrer dans la ville. Les
sages et l'historien ne surent que penser de cette paix
qui ne réglait rien[952].

Et de fait, en 1411, de part et d'autre, les gens de
guerre furent à nouveau mandés[953]. Et Charles
d'Orléans multiplia les lettres. En mars, il écrivait à
l'Université de Paris pour dénoncer les erreurs intolérables contenues dans la justification de Jean Petit[954].
Vers la fin de mai, il écrivait au roi, à la reine, au duc
de Guyenne et à l'Université ; il était prêt à faire la
paix si le roi faisait justice de certains traîtres qui
hantaient journellement sa cour[955]. Le 14 juillet

enfin, de Jargeau, il adressa au roi une nouvelle lettre, longue et « assez prolixe », où il demanda à nouveau justice du meurtre de son père. Il envoya copie de sa lettre au duc de Guyenne, à l'Université et aux bourgeois de Paris, et « aux bonnes villes du royaume[956] ». Mais, mettant ainsi la paix en danger pour obtenir justice, le duc d'Orléans en exaspérait beaucoup. Le roi était très mécontent de son attitude (*cum summa displicencia*). Le peuple l'accablait publiquement de ses malédictions[957]. Quant aux gens sérieux et sages, ils lui faisaient un crime de sa conduite. Un peu plus tard, après avoir reproduit la lettre de Jargeau, l'historien explicite leur jugement : « J'ai entendu dire à quelques sages et à quelques savants qui lurent à plusieurs reprises ce message d'un bout à l'autre avec la plus grande attention qu'il ne contenait que de justes demandes. Seulement ils regardaient comme attentatoire aux lois divines et humaines, et comme du plus mauvais exemple, que le duc d'Orléans demandât justice non par d'humbles prières mais les armes à la main, à la tête de son parti et avec l'assistance des ennemis mortels du royaume[958]. »

Pour autant, Jean sans Peur n'avait pas encore partie gagnée. En avril 1411, Waleran de Luxembourg, comte de Saint-Pol, fidèle serviteur du duc de Bourgogne, avait tout fait pour obtenir des Parisiens le commandement de leur milice. Mais les bourgeois d'autorité (*summe auctoritatis cives*) qu'il avait sollicités avaient répondu une fois de plus « qu'ils ne voulaient pas d'autre capitaine que le duc de Berry[959] ». Jean sans Peur en fut réduit à faire entrer dans Paris des gens d'armes dont le comte de Saint-Pol était capitaine et qu'il payait de ses deniers[960].

C'est en août que tout se joua. Dès le 18 juillet, Charles d'Orléans avait envoyé une lettre de défi à Jean sans Peur. Celui-ci la reçut à Douai le 10 août. Le 13 août, il y répondit par sa propre lettre de défi.

Après quoi « il se prépara de toute sa puissance[961] ». Il fit les préparatifs militaires nécessaires. Il envoya dans tout le royaume des lettres souvent accompagnées des copies des deux lettres de défi. Et surtout il travailla Paris. Il fait envoyer des queues de vin de Beaune aux principaux docteurs de l'Université. Il fait distribuer de l'argent aux bouchers, maîtres en séditions[962]. Il fait fabriquer (mais pour quel usage précis) des milliers de panonceaux sur lesquels figure le rabot avec lequel il a juré de « planer le baton d'Orléans[963]. Il adresse lettres sur lettres à « ses bien veuillans et amis[964] » qui « par leur pouvoir avaient le peuple à eux[965] ». Et, de fait, les arguments de ses lettres sont repris par d'autres lettres qu'écrivent « ceux de l'Université de Paris » et « ceux de la Ville de Paris[966] ». Enfin et surtout, la ville est parcourue de rumeurs. On dit partout que le duc de Berry hait les habitants de Paris, qu'il leur veut du mal, qu'il travaille à faire entrer dans la ville les Armagnacs pour la livrer aux dévastations de ces pillards[967]. On dit aussi que les adversaires du duc de Bourgogne veulent « faire un nouveau roy et priver ses enfans de la couronne[968] ».

Cette admirable campagne de propagande et d'intoxication porte ses fruits. Il suffit de l'échec d'une ambassade envoyée par le roi aux ducs de Berry et d'Orléans pour que les passions se déchaînent. Le duc de Berry perd la faveur des Parisiens, qu'il avait jusqu'alors conservée[969]. Les bourgeois sont travaillés les uns contre les autres d'une haine inexpiable (*inexpiabii odio laborantes*)[970]. Les bouchers, les chirurgiens, les pelletiers, les écorcheurs de bêtes « et toutes gens pauvres » se soulèvent. Tous prennent l'enseigne ou devise du duc de Bourgogne, « voire les femmes et petits enfans[971] ». Pour la première fois, ils commencent à traiter leurs ennemis d'Armagnacs[972]. Ils n'hésitent pas à les pourchasser, à les dépouiller, à les jeter parfois dans la Seine. Les notables menacés prennent peur. Plus de trois cents d'entre eux s'enfuient de Paris[973].

Et c'est sur ce fond de passions et de violences que Jean sans Peur triomphe. Les bourgeois acceptent enfin que le comte de Saint-Pol soit nommé capitaine à la place du duc de Berry[974]. Charles Culdoé ayant fui Paris, le duc de Guyenne nomme à sa place, comme prévôt des marchands, Pierre Gencien, qui a la faveur du duc de Bourgogne mais que, d'ailleurs, Michel Pintoin, aussi, estime[975]. Pierre Des Essarts retrouve la prévôté de Paris[976]. Le conseil du roi n'est plus maintenant peuplé que de « Bourguignons[977] ». Et le grand maître des arbalétriers est destitué, et le connétable est remplacé[978]. Certes, les sages n'y trouvent pas leur compte. Ils déplorent, à Paris, les excès des bouchers et des méchants. Ils regrettent qu'il y ait, dans le royaume, tant de gens prêts à croire et à dire des sottises, et à prétendre que la mort du duc d'Orléans était le juste châtiment de ses perfides machinations contre le roi et sa famille[979]. Mais les sages, parce qu'ils sont sages, se taisent. Et le duc de Bourgogne est, pour un temps, le maître de Paris et du royaume.

Les armes n'ont eu aucun rôle dans ce succès. C'est le fruit de lettres, de rumeurs et de passions. La crise de 1410-1411 a abouti au triomphe d'un grand manipulateur. Un prince vraiment moderne qui a compris l'importance de l'opinion publique.

ÉPILOGUE

LE NAUFRAGE DES SAGES

La crise de 1410-1411 marque le début d'une guerre civile qui durait encore à la mort du Religieux de Saint-Denis. Ne nous attardons pas sur les péripéties. Evoquons simplement à grands traits la tourmente où les sages ont sombré.

Le roi, tout malade qu'il est, reste jusqu'à sa mort la source de la légitimité. Les Français entendent toujours se régler sur lui. Mais le moins qu'on puisse dire est qu'il est parfois déconcertant. Jusqu'en 1413, le duc de Bourgogne a pu compter sur son soutien. Après les événements de 1413 et l'écrasement du mouvement « cabochien », ce sont les adversaires de Jean sans Peur qui ont l'oreille de Charles VI. Dans sa lettre du 10 février 1414, le roi expose longuement les agissements du duc de Bourgogne durant ces dernières années, et il les condamne (alors qu'il les avait couverts de son autorité). L'historien voit bien ce que ce retournement a d'incroyable. Pour que personne ne puisse jamais douter de son récit, il décide de donner une très fidèle traduction de la longue lettre royale : « Comme ceux qui viendront après cette présente époque (*moderno seculo posteri succedentes*) pourraient à bon droit (*merito*) s'étonner que le roi se fût alors repenti d'avoir si longtemps suivi les conseils du duc de Bourgogne dans le gouvernement des affaires publiques, j'ai cru devoir, dans l'intérêt de la vérité, et pour qu'on ne doutât pas du changement survenu dans les dispositions du roi, transmettre à la connaissance des générations futures les motifs énoncés dans l'édit royal[980]. »

L'historien ne se serait pas permis d'écrire que la maladie du roi expliquait peut-être les inconséquences des positions royales. Tout le système politique français en eût été ébranlé. Pourtant, la maladie du roi est bien présente dans l'esprit de Michel Pintoin. Mais il l'invoque uniquement pour éviter que l'honneur de son souverain soit terni par les désastres accumulés. En 1415, l'inaction de l'armée française a permis à Henri V, débarqué en Normandie, de s'emparer d'Harfleur. « La chevalerie française, commente l'historien, devint à cette occasion la fable et la risée de tous les étrangers. » A quoi il ajoute : « Ce déshonneur semble devoir rejaillir sur le roi. Mais je pense qu'il est bien excusable (*ipsum tamen censeo merito excusandum*). Car il n'est pas douteux que son courage n'eût empêché ce malheur s'il avait été en bonne santé[981]. »

La maladie du roi lui épargne tout déshonneur. Et elle n'entame en rien son autorité. Elle l'empêche pourtant d'être le phare qui aurait pu indiquer aux Français en général et aux sages en particulier une route assurée.

L'inaction de l'armée française, à Harfleur, en 1415, fait rire les étrangers. L'inaction de l'armée royale, en 1417, fait rire même les sages. Elle n'arrive pas à reprendre la moindre place forte aux Anglais, ni à détruire les brigands qui dévastent la campagne. Elle se garde bien d'attaquer l'armée du duc de Bourgogne qui traverse la Champagne. Elle se contente de la suivre à distance. Aussi les sages la raillent-ils : « Oh ! Vaillants chevaliers, qui avez de si brillantes armures, ne vous pressez pas trop d'attaquer l'ennemi ; s'il prend la fuite, ne craignez pas de le suivre de loin ; hâtez-vous ensuite de revenir, pour recevoir la solde que vous aurez si bien méritée par vos exploits [982]. »

D'une façon générale, le principal souci des soldats qui prétendent combattre pour le duc de Bourgogne ou le duc d'Orléans n'est pas de vaincre leur adversaire. Le Religieux dénonce ceux qui « en gens de précaution, portent sur eux tantôt la croix de Saint-André, tantôt la croix blanche et droite d'Armagnac pour pouvoir se dire Armagnacs ou Bourguignons » et piller ainsi à leur aise [983]. Rien donc d'étonnant si les deux partis ne peuvent se vanter que de médiocres et dérisoires succès militaires. Michel Pintoin n'est pas dupe de ces joies gonflées par la passion. En 1419, il explique pourquoi il ne s'attarde pas à ces minuscules faits d'armes. « Un bon nombre de régnicoles (*quamplures regnicole*) applaudissaient à ces [exploits] et les vantaient à la façon des hérauts d'armes : "En telle rencontre, disaient-ils, les Armagnacs ont vaincu les Bourguignons." Puis venaient d'autres, qui prétendaient que les Armagnacs avaient eu plus souvent le dessous, comme si de pareils faits méritaient, à leurs yeux, d'être consignés par écrit. Quant à moi, aux yeux de qui toutes ces hostilités n'avaient d'autre résultat que la désolation du royaume, j'ai cru que le récit devait en être abandonné aux accents de la muse tragique, plutôt que retracé par la plume de l'historien [984]. » Le Religieux voit bien que ni d'un côté ni de l'autre les forces armées ne peuvent emporter la décision. Avec les gens de guerre, la guerre s'embourbe.

La décision est donc entre les mains des Français, et dépend de leurs jugements, de leurs sentiments et de leurs passions. Dans la capitale, en 1413, le « Bourgeois de Paris » est bien conscient du poids dont a pesé l'opinion publique dans les triomphe des princes. Lorsque, en août, le pouvoir des meneurs s'effondre, il accuse la Fortune, qui leur a été perverse. Puis il écrit : « Ainsi leur advint par fureur de

prince, par murmure de peuple [985]. » Et si, dans le plat
pays, les hommes ont pu être les victimes innocentes
de violences aveugles, les habitants des villes du
royaume, protégés par leurs murailles, n'ont pas simplement subi leur destin. Ils l'ont souvent, comme à
Paris, mérité. Le 21 mai 1414, les troupes royales
entraient dans Soissons et saccageaient la ville. Le
Religieux est triste de ce grand malheur, mais il
reconnaît qu'après tout les habitants en sont largement responsables. Leur amour obstiné du duc de
Bourgogne les a perdus. « Il est vrai de dire que ce
malheur était dû surtout à la funeste obstination des
habitants. Aveuglés par l'esprit de révolte, ils s'étaient
jetés dans les plus funestes résolutions et avaient
refusé d'obéir aux ordres du roi. Aussi, ces fiers et
intraitables rebelles, pour n'avoir pas voulu écouter
de sages avis et se soumettre au joug d'une légitime
obéissance, se perdirent par leurs propres fautes et
recueillirent le triste fruit de leur conduite [986] ». Le
sort de Soissons fut tragique. Mais, au printemps de
1418, les habitants de Senlis ne furent pas moins obs-
tinés. Ils restèrent fidèles au duc de Bourgogne et
refusèrent de se soumettre à l'armée royale. Après
deux mois d'inutiles efforts, le connétable Bernard
d'Armagnac dut renoncer [987]. En 1420, les Armagnacs,
qui tenaient Sens, ne purent s'y maintenir. La haine
que leur portaient les habitants les obligèrent à partir [988]. Pendant ces années, le royaume a retenti du
bruit des armes, mais les armes se sont souvent bri-
sées sur les passions.

L'essentiel est donc, pendant ces années, la haine,
la haine inexpiable, la haine invétérée, la haine mortelle [989] qui coupe le royaume en deux [990]. En 1411, les
partisans du duc d'Orléans commencèrent « à traiter
de "Bourguignons" ceux du parti adverse, qui les traitaient d'Armagnacs, et chacun d'eux se tenait pour
cruellement offensé de ces dénominations qui impli-
quaient le reproche de trahison [991] ». Et, de fait, pen-

dant des années [992], les uns et les autres se traitèrent
de traîtres (*proditores*), de traîtres infâmes (*proditores
pessimos*), de faux traîtres (*falsos proditores*), de
chiens (*canes*), toutes ces insultes qui déshonoraient
l'adversaire et, faisant de lui un nouveau Judas, lui
promettaient le bannissement, la prison, ou la mort.
En vain voulait-on parfois interdire à quiconque d'in-
jurier ses voisins en les traitant d'Armagnacs ou de
Bourguignons. La haine opiniâtre qui régnait de part
et d'autre rendait cette défense illusoire [993]. Et, en
1419 encore, partout, à l'instigation du diable, les
Français s'invectivaient les uns les autres : « Tu es un
Bourguignon », disait l'un. « Tu es un Armagnac »,
disait l'autre [994].

Dans les premiers mois de 1414, après toutes les
difficultés de 1413, la popularité du duc de Bourgogne est au plus bas. Il y a même des gens de bas
étage (*viles, gregarii et abjecti*) qui poursuivent son
nom de huées, le bafouent dans des chansons satiriques, et le traitent publiquement de traître. Jean
sans Peur en est très affecté [995], car il sait qu'il peut
d'ordinaire compter sur l'amour indéfectible et passionné des petites gens, du commun. Tandis que les
gens d'autorité, les « greigneurs bourgoiz [996] » sont
plus réservés, voire carrément hostiles. Ce qui fait
que les « Bourguignons » sont, à Paris et dans le nord
du royaume, beaucoup plus nombreux et beaucoup
plus véhéments que les « Armagnacs ». Les excès des
gens de guerre, Armagnacs ou Bourguignons, se
valent. Mais les excès des foules bourguignonnes sont
bien plus redoutables que les réactions des notables
armagnacs. Dès 1411, le nombre et la passion des
partisans du duc de Bourgogne laissaient Michel Pintoin pantois. Chacun redoutait la fureur du peuple
(*furor populi*), travaillé d'une haine inexpiable (*inexpiabili odio*) contre les seigneurs opposés au duc de
Bourgogne. « Je m'étonnais, ajoute le Religieux, de
voir tous les habitants du royaume, à l'exception des

partisans du duc d'Orléans, s'acharner à la perte de ces princes, comme s'ils eussent formé le projet d'incendier chaque ville en particulier[997]. »

Les Armagnacs et les Bourguignons, que tout opposait, avaient pourtant un point commun. Ils partageaient la même haine de l'Anglais. Or, maintenant qu'Henri IV était assuré sur son trône, dès que les ducs de Bourgogne et d'Orléans commencèrent à s'affronter, ils cherchèrent l'un et l'autre à s'aider du roi d'Angleterre. Dès juillet 1411, le bruit courut que les deux ducs rivaux lui avaient envoyé messages sur messages. Et le bruit courut aussi que le roi sollicité avait opté pour le duc de Bourgogne. Tous les régnicoles furent étonnés de ces démarches insolites (*inconsuetum*), inouïes (*inauditum*). Et tous trouvèrent révoltant et indigne (*indignissimum*) que le duc de Bourgogne se fût adressé aux ennemis capitaux du royaume[998]. Mais le duc nia effrontément. On l'aimait. Ces bruits fâcheux n'empêchèrent pas son triomphe.

En revanche, en 1412, lorsque le duc de Berry et ses alliés, pressés par l'armée du roi et du duc de Bourgogne, cherchèrent à faire alliance avec les ennemis du roi, et que l'affaire fut dévoilée en son Conseil, l'indignation fut unanime. Et le Religieux y trouve l'occasion d'une belle étude d'opinion publique. Les barons et les princes qui assistaient au Conseil en furent choqués (*offendit*). Les docteurs et les maîtres de l'Université, et les bourgeois notables de Paris, lorsqu'ils en lurent les preuves, en éprouvèrent un mécontentement extrême (*cum summa displicencia*). Le peuple fut transporté de rage (*rabies popularis... exarsit*), proféra publiquement mille malédictions contre les princes et leur souhaita d'être damnés éternellement comme le traître Judas[999].

Rapportant ces indignations de 1411 et 1412, Michel Pintoin glisse à chaque fois dans son récit un « *non immerito* » qui marque bien son adhésion personnelle. Les sages et l'historien ont la même haine de l'ennemi héréditaire que le peuple. C'est bien leur seul point d'accord. Pour le reste, les positions des sages sont aux antipodes des passions populaires. Ils approuvent que le duc d'Orléans cherche à obtenir justice du meurtre de son père. Mais ils refusent tous les excès. Leur premier souci est celui du bien public, de la paix publique. D'autant plus que seule cette paix intérieure permettra de lutter efficacement contre l'ennemi abhorré.

Or, ces buts des sages se révèlent, sous la pression des événements, incompatibles, inaccessibles. Année après année, les sages vont donc réduire leurs ambitions. Mais à leurs abandons succèdent de nouvelles déceptions. Et la pauvre nef des sages est entraînée sans recours vers le gouffre où elle va tout entière se perdre.

Donc, en 1411, les sages jugent les demandes du duc d'Orléans raisonnables. Mais ils n'admettent pas qu'il assemble des troupes pour les appuyer. Ils ne prennent pas son parti [1000]. En 1413, les dispositions de la grande ordonnance publiée sous la pression des émeutiers leur paraissent fort utiles [1001]. Mais les excès des Cabochiens leur font horreur [1002]. Ils tardent à prendre fait et cause pour l'un ou l'autre parti et longtemps se contentent d'appeler de tous leurs vœux la fin des discordes civiles [1003]. Mais la guerre et ses ravages ne cessent pas.

Henri V en profite pour débarquer en Normandie, et c'est, le 25 octobre 1415, le désastre d'Azincourt. L'armée royale est humiliée. De nombreux seigneurs français sont tués. De nombreux autres sont faits prisonniers, dont Charles, le duc d'Orléans. Le parti armagnac en est affaibli. Jean sans Peur juge son heure venue. Il multiplie, dans le nord du royaume, les pressions politiques et militaires. Il a parfois des opposants, qu'il châtie durement. Il a surtout des partisans. Au début de 1417, l'historien est stupéfait de ses succès, de l'adhésion subite des populations, de leurs applaudissements extraordinaires, de la joie (*gaudium*) qu'elles manifestent. Il en demande, ici et là, la raison [1004]. « C'est, lui répond-on, que les régnicoles (*regnicole*) sont aujourd'hui tellement accablés que chacun va répétant partout : Vive, vive celui qui pourra être le maître, pourvu que l'Etat jouisse enfin des douceurs de la paix. » Ainsi disait le peuple. Les sages étaient plus réservés. Ils étaient choqués que le duc fût accueilli dans les villes aux cris de « Noël », comme s'il était roi. Ils blâmaient son ambition sans bornes.

Mais voilà qu'en août 1417 Henri V débarque à nouveau en Normandie et commence maintenant la conquête méthodique du royaume. Devant un danger aussi pressant, tous les gens d'autorité et tous les sages (*summe auctoritatis et circumspectionis viri universi*) se résignent. Ils souhaitent que le Conseil du roi, toujours dominé par le connétable Bernard d'Armagnac, rappelle auprès du roi le duc de Bourgogne. Et Michel Pintoin d'expliquer longuement ce douloureux abandon : « Pour tous ceux qui avaient autorité et sagesse, il était clair comme le jour (*ipsis luce clarius constabat*) que toutes ces calamités tenaient à ce que la plus grande partie des habitants du royaume (*regnicolarum major pars*) était favorable au duc de Bourgogne et que le reste (*reliqua*) l'avait en aversion. Craignant que la fortune inconstante, qui tantôt favorise les plus puissants et tantôt les réduit, par un revirement soudain, aux dernières extrémités n'entraînât le roi lui-même dans l'abîme inévitable de la guerre, ils proposèrent de rappeler le duc... En effet, tous espéraient que, les villes une fois rentrées sous l'autorité royale, le roi, aidé des forces du duc de Bourgogne, pourrait plus facilement chasser les Anglais, ces ennemis de toujours, et assurer la délivrance du duc d'Orléans et des autres princes de son sang [1005]. »

Naturellement, le connétable traîne les pieds. La haine continue de dresser Armagnacs et Bourguignons les uns contre les autres [1006]. Et, le 29 mai 1418, les troupes de Jean sans Peur entrent dans Paris, à la grande joie du peuple parisien qui, poussé par la haine, se livre aux pires excès et massacres de nombreux Armagnacs ou prétendus tels. Ainsi périt le connétable.

A ce moment-là, tous ses frères étant morts, c'est Charles, le dernier fils survivant de Charles VI, le futur Charles VII, qui est dauphin. Charles a quinze ans. Quelques fidèles du parti armagnac le prennent en main, et le font échapper de Paris au moment des massacres. Les vengeurs du duc d'Orléans ont une nouvelle légitimité. La haine perdure.

C'est alors que commence l'agonie du petit groupe des sages. Les plus heureux périssent sous les coups des émeutiers. Ainsi Jean de Montreuil, notaire et secrétaire du roi, qu'unissaient au chantre de Saint-Denis des liens d'estime et d'amitié. Les survivants ne savent plus que faire. Les uns n'entendent pas pardonner à Jean sans Peur les excès de ses partisans. Les autres s'accrochent à l'espoir d'une réconciliation entre le duc de Bourgogne et le dauphin. Elle seule peut sauver le royaume de la ruine. Elle seule peut chasser les Anglais, les ennemis de toujours du royaume. C'est bien là, insiste le Religieux, ce que veut le roi [1007]. Et l'on voit bien que c'est le parti qu'il a pris.

Et voilà que, le 10 septembre 1419, sur un pont, à Montereau, au cours d'une entrevue où ils devaient parler de paix, Jean, duc de Bourgogne, est assassiné sous les yeux du dauphin Charles. A-t-il été frappé, sur un signe du dauphin, par des Armagnacs heureux de venger, après douze ans, le meurtre de Louis d'Orléans ? A-t-il lui-même provoqué, par ses paroles et ses gestes, l'entourage du dauphin et mérité ainsi, par sa folie, sa mort ? La propagande delphinale aurait voulu accréditer cette seconde version des faits. Mais la première a pour elle trop de témoignages [1008]. Quoi qu'il en soit, le nouveau duc de Bourgogne, le fils de Jean sans Peur, Philippe, ne douta pas, lui, du guet-apens. Et il n'eut pas de mal à en convaincre le roi et la reine. Par sa lettre du 17 janvier 1420, Charles VI déclara que son fils s'était rendu indigne de lui succéder. Restait une dernière étape à franchir. Pour réduire le dauphin criminel et ses partisans, pour enfin rétablir la paix dans le royaume, le roi et le duc avaient besoin de l'armée anglaise. Le 21 mai 1420, le traité de Troyes décidait que Catherine, la dernière fille à marier de Charles VI et d'Isabeau de Bavière, alors âgée de dix-huit ans, épouserait Henri V, qui deviendrait par là même le fils et héritier du roi de France.

La pression des événements imposa aux sages des choix crucifiants. Pourtant partis des mêmes principes, ils prirent des voies divergentes. Après le 10 septembre 1419, il y eut des sages heureux, qui jugèrent que le duc de Bourgogne avait bien mérité sa mort et continuèrent à servir le dauphin sans états d'âme. Mais d'autres ressentirent un profond malaise. Comment Gerson, qui avait travaillé pendant des années à faire condamner le duc meurtrier et sa justification, n'aurait-il pas été atterré de voir maintenant les pernicieux principes bourguignons appliqués par les Armagnacs ? Il n'était pas en France au moment du meurtre. Après le meurtre, il se fixa à Lyon, loin du dauphin, et s'enfonça dans la solitude et le silence [1009].

En 1420, il y eut des sages, peu nombreux en vérité (*paucos viros circumspectos*), qui poussèrent à la lettre royale du 17 janvier et au traité du 21 mai. Ils le firent en haine du dauphin (*in odium dalfini*), et parce qu'ils redoutaient par-dessus tout les ravages des Armagnacs. Ils choisirent, en somme, de deux maux le moindre (*quasi ex duobus malis minus malum eligere viderentur*). Mais ils continuèrent à dire ce qu'ils avaient toujours dit : il était blâmable et condamnable (*vituperabile et dampnosum*) de confier le gouvernement du royaume au roi d'Angleterre. D'autres sages, qui n'avaient travaillé ni à la lettre du 17 janvier ni au traité du 21 mai, eurent encore plus de mal à suivre le roi, à s'écarter, ô honte ! des voies suivies par leurs ancêtres (*a vestigiis tamen priscorum proc pudor deviantes*), et à ne plus considérer les Anglais comme l'ennemi capital[1010]. D'abandons en renoncements, la sagesse avait fait naufrage.

Il est clair que Michel Pintoin fut le plus affligé de tous ces résignés. Il avait voulu la justice et la paix. Il avait dû renoncer à la justice pour avoir la paix. Il avait voulu la paix civile pour lutter contre l'Anglais abhorré. Il n'avait pas eu la paix civile. Et, fidèle à son roi, accroché à son abbaye, il avait dû se résigner à la paix anglaise. Un vent de folie avait tout emporté. Il ne restait rien du monde de Michel Pintoin. A l'automne de 1420, la plume tomba des mains du vieil historien. Quelques mois plus tard, le 16 février 1421, il mourait.

CHRONOLOGIE

Vers 1349		naissance de Michel Pintoin
1368	3 décembre	naissance de Charles, fils aîné de Charles V, futur Charles VI
1371	28 mai	naissance de Jean sans Peur, fils de Philippe le Hardi, futur duc de Bourgogne
1372	13 mars	naissance de Louis, second fils de Charles V, futur Louis d'Orléans
1380	16 septembre	mort de Charles V
1380	4 novembre	sacre de Charles VI à Reims ; comme le roi est mineur, ses oncles gouvernent
1382		Nombreuses insurrections rurales et urbaines en France, en particulier à Paris
1388	3 novembre	Charles VI remercie ses oncles et gouverne avec les « Marmousets »
1392	5 août	première crise de folie de Charles VI ; ses oncles reprennent le pouvoir
1399-1402		Grave épidémie de peste en France
1399	1er octobre	Richard II est déchu ; Henri IV devient roi d'Angleterre
1399	mars	Richard II est assassiné dans la Tour de Londres
1404	27 avril	mort de Philippe le Hardi ; Jean sans Peur devient duc de Bourgogne

1405	7 novembre	après la crise qui a secoué le royaume, Jean Gerson, au nom de l'Université de Paris, prononce devant le roi et les princes son « *Vivat Rex...*, Vive le roy ! »
1407	23 novembre	meurtre du duc d'Orléans
1408	8 mars	séance solennelle de la Justification du duc de Bourgogne par Jean Petit
1409	9 mars	paix à Chartres
1410	15 avril	ligue de Gien, acte de naissance du parti armagnac *(group qui voulait diriger l'État)*
1410	2 novembre	paix de Bicêtre
1411	14 juillet	par le manifeste de Jargeau, le nouveau duc d'Orléans, Charles, conteste la validité de la paix de Chartres
1412	22 août	paix d'Auxerre ; les princes jurent d'observer la paix de Chartres
1413	20 mars	mort d'Henri IV ; Henri V devient roi d'Angleterre
1413	avril-mai	journées d'émeute à Paris (journées « cabochiennes ») *révolte du peuple*
1413	26-27 mai	lecture au Parlement de l'Ordonnance « cabochienne »
1413	23 août	Jean sans Peur quitte Paris
1413	5 septembre	l'Ordonnance « cabochienne » est cassée
1415	14 août	les Anglais débarquent en Normandie
1415	25 octobre	les Français sont écrasés par Henri V à Azincourt
1416	15 juin	mort du duc de Berry
1417	5 avril	tous ses frères étant morts, Charles, le dernier fils de Charles VI et Isabeau de Bavière, devient dauphin
1417	août	les Anglais débarquent en Normandie
1418	29 mai	Jean sans Peur rentre dans Paris ; de nombreux massacres ont lieu dans les semaines qui suivent

1419	19 janvier	Henri V entre dans Rouen ; la Normandie entière est conquise par le roi d'Angleterre
1419	10 septembre	meurtre de Jean sans Peur, duc de Bourgogne, à Montereau, en présence du dauphin Charles
1420	20-21 mai	traité de Troyes : Henri V épouse Catherine, fille de Charles VI ; il sera roi de France et d'Angleterre à la mort de Charles VI
1421	16 février	mort de Michel Pintoin
1422	31 août	mort d'Henri V
1422	21 octobre	mort de Charles VI

NOTES

BNF   = Bibliothèque nationale de France
DLF-MA   = *Dictionnaire des Lettres françaises. Le Moyen Age*
GCF   = *Les Grandes Chroniques de France*
LPA   = Nicole Oresme, *Le Livre de Politiques d'Aristote*
RSD   = *Chronique du Religieux de Saint-Denis*

1. *Chroniques des règnes de Jean II et de Charles V*, Roland Delachenal éd., t. I, Paris, 1910, p. 119-120.
2. Bernard Guenée, *Politique et Histoire au Moyen Age*, p. 189-190.
3. On trouvera la bibliographie du sujet dans : B. Guenée, *L'Occident aux xive et xve siècles, 6e éd., Paris 1998*, p. CVII et CVIII. On pourra ajouter : Xavier Nadrigny, « L'information politique à Toulouse dans la première moitié du xve siècle (1414-1444) », *Positions des Thèses de l'Ecole des Chartes*, Paris, 1999, p. 305-313. B. Guenée, *Un roi et son historien*, Paris, 1999, s.v. propagande.
4. *Journal d'un Bourgeois de Paris, 1405-1449*, Alexandre Tuetey éd., Paris, 1881, p. 6, n. 3. Sur le *Journal d'un Bourgeois de Paris*, voir en dernier lieu l'introduction de Colette Beaune à la nouvelle édition qu'elle a donnée, Paris, 1990. C. Beaune ayant conservé, dans cette édition, la même structure avec paragraphes numérotés qu'avait adoptée A. Tuetey, je renvoie le lecteur aux paragraphes du « journal », qui sont les mêmes dans les 2 éditions. *Journal d'un Bourgeois de Paris*, § 12, 74, 85, 86, 157, 189, etc.
5. *Journal d'un Bourgeois de Paris*, C. Beaune éd., Paris 1990, p. 23.
6. Sur Michel Pintoin, voir B. Guenée, *Un roi et son historien*, en particulier p. 33-78 et *Saint-Denis et la royauté — études*

offertes à Bernard Guenée, Fr. Autrand, Cl. Gauvard et J.-M. Moeglin éd., Paris, 1999.

7. *Chronique du Religieux de Saint-Denys contenant le règne de Charles VI de 1380 à 1422*, publiée en latin et traduite par M.-L. Bellaguet, 6 vol., Paris, 1839-1852 ; reproduite avec une introduction de Bernard Guenée en trois volumes contenant chacun deux tomes, Paris, 1994. Désormais cité *RSD*. Ici : *RSD*, I, 448-460.

8. « In exercitu erant conciones moribus, etate, genere ac intencione dissimiles », *RSD*, I, 460.

9. « Aliter et aliter affectis civibus, dispares mores disparia sequunter studia, ut juxta prudentis verbum : Quot homines, tot sentencie » (Cic., *De finibus*, I, 15) ; *RSD*, I, 146. Exactement repris en I, 408. Voir aussi : *RSD*, I, 614 « ut varie sunt sentencie ». Et *RSD*, V, 12.

10. *RSD*, III, 284-288.

11. *RSD*, I, 702-706. Michel Pintoin situe son récit en 1391, mais c'est bien en 1392 que Louis devient duc d'Orléans ; Eugène Jarry, *La Vie politique de Louis de France, duc d'Orléans (1372-1407)*, Paris, 1889, p. 89-90.

12. *RSD*, III, 274 et 286-288.

13. Jarry, *op. cit.*, 322.

14. *Partie inédite des chroniques de Saint Denis suivie d'un récit également inédit de la campagne des Flandres en 1382 et d'un poème sur les joutes de Saint-Inglebert (1390)*, Jérôme Pichon éd., Paris, 1864, p. 61-78. *Le Livre des Fais du bon messire Jean le Maingre, dit Bouciquaut, maréchal de France et gouverneur de Jennes*, Denis Lalande éd. ; Genève, 1985, p. 65-74 ; *Œuvres de Froissart, Chroniques*, XIV, 1389-1390, Baron Kervyn de Lettenhove éd., Bruxelles, 1872, p. 105-151. *RSD*, I, 672-680.

15. Ernest Petit, « Séjours de Charles VI », *Bulletin historique et philologique du Comité des travaux historiques et scientifiques*, 1893, p. 447.

16. *Œuvres de Froissart, Chroniques*, XIV, 151.

17. Guenée, *Un roi et son historien*, p. 195-199.

18. *RSD*, I, 672, 676.

19. Geoffroy Chaucer, *Les Contes de Cantorbéry*, André Crépin trad., Paris, 2000, p. 49. La citation est légèrement adaptée.

20. « Unicus frater vester, ob singularem amorem quem de jure naturali habebatis ad ipsum », *RSD*, III, 750. « Amorem et honorem..., ad que de jure cognacionis tenentur », *RSD*, IV, 348.

21. *RSD*, III, 10, 18, etc.

22. *RSD*, II, 668.

23. « Post mutua amoris designativa pocula », *RSD*, II, 458.

24. *RSD*, III, 18 ; VI, 342.
25. *RSD*, I, 498.
26. *RSD*, II, 778.
27. *RSD*, I, 498.
28. *RSD*, IV, 740.
29. *RSD*, VI, 14-18.
30. Guenée, *Un roi et son historien*, 195-199.
31. *RSD*, II, 718 ; V, 100.
32. *RSD*, I, 156 ; IV, 460.
33. *RSD*, I, 226.
34. *RSD*, I, 556.
35. *RSD*, V, 100.
36. *RSD*, I, 556.
37. *RSD*, IV, 628.
38. *RSD*, IV, 346, 374, 438.
39. *RSD*, IV, 372-374.
40. *RSD*, VI, 74.
41. *RSD*, I, 361.
42. Ce tableau est repris de Yann Grandeau, « Les enfants de Charles VI. Essai sur la vie privée des princes et des princesses de la Maison de France à la fin du Moyen Age », dans *Bulletin philologique et historique (jusqu'à 1610) du Comité des Travaux historiques et scientifiques*, année 1967, II, Paris, 1969, p. 809-849 ; *op. cit.*, p. 809, n. 2. La dernière colonne indique le passage de la *Chronique de Charles VI* où Michel Pintoin fait état de la naissance de l'enfant considéré.
43. *GCF*, VIII, 140.
44. *Œuvres de Rigord et de Guillaume Le Breton, historiens de Philippe Auguste*, H.-Fr. Delaborde éd., I, Paris, 1882, p. 81-82, § 54.
45. *GCF*, VI, 166-167.
46. *Chronique des règnes de Jean II et Charles V*, R. Delachenal éd., II, 1364-1380, Paris, 1916, p. 62-66.
47. *RSD*, I, 454.
48. Guenée, *Un roi et son historien*, p. 14-18.
49. 1192 : *GCF*, VI, 212.1350 : Guenée-Lehoux, *Les Entrées royales*, p. 48.
50. La *Philippide*, chant XII, v. 240-275, dans *Œuvres de Rigord et Guillaume Le Breton*, H.-Fr. Delaborde éd. II, Paris, 1885, p. 357-358. Traduction G. Duby, *27 juillet 1214. Le Dimanche de Bouvines*, Paris, 1973, p. 261-262.
51. « Nec solum cantu vel gestu corporis ardor exprimitur mentis », v, 244-245.
52. v, 240, 266.

53. v, 266.
54. « Omni gloria, laus et honor regi cantatur ab ore », v, 242-243.
55. v, 246.
56. Mathieu Paris, *Chronica Majora*, Henry Richards Luard éd., II, *A.D. 1067 to A.D. 1216*, Londres, 1874, p. 581.
57. *GCF*, VI, 361-362.
58. « Qui cum ineffabili gaudio ab utriusque sexus populo laudes regias acclamante exceptus », *RSD*, I, 28.
59. *RSD*, VI, 332.
60. *RSD*, VI, 252-254.
61. *RSD*, VI, 332. *Journal d'un Bourgeois de Paris*, § 6, 72, 104.
62. *RSD*, I, 34.
63. « Cunctis displicencius visum fuit » ; *RSD*, 1, 32.
64. « Morum transgressor majorum » ; *RSD*, 1, 68.
65. « Sexu quoque promiscuo laudes regias acclamante » ; *RSD*, I, 68.
66. *RSD*, I, 130.
67. *RSD*, I, 156.
68. « In quibus prius affabiliter oblato omni obsequioso servicio, populoque laudes triumphales acclamante, exceptus est » ; *RSD*, I, 232.
69. *RSD*, I, 234.
70. « Ad eorum captandam benivolenciam, voces vulgi promiscui laudes regias acclamantes in biviis et civitatis compitis resonabant, in signum exuberantis leticie... Sed mox... extrema ostensi gaudii luctus publicus occupavit » ; *RSD*, I, 250-252.
71. *RSD*, I, 620.
72. Guenée, *Un meurtre, une société*, p. 189.
73. Françoise Autrand, *Charles VI*, 431.
74. Monstrelet, *Chronique*, I, 391.
75. Monstrelet, *Chronique*, I, 392.
76. Monstrelet, *Chronique*, I, 391.
77. *RSD*, IV, 186.
78. *RSD*, IV, 190.
79. *RSD*, IV, 186.
80. *Journal d'un Bourgeois de Paris*, § 6 ; Monstrelet, *Chronique*, I, 401.
81. *Journal d'un Bourgeois de Paris*, § 56-58 ; *RSD*, IV, 724 ; Monstrelet, *Chronique*, II, 302-303 ; Lehoux, *Jean de France*, p. 290 ; Guenée, *Un roi et son historien*, p. 297.
82. « Cum tanta exuberanti leticia, ut laudes sibi regias acclamarent ac si suscepissent regem qui de adversariis regni triumphasset », *RSD*, IV, 724.

83. Fr. Lehoux écrit : « Le jeudi 31 août 1413, le roi Louis, les ducs d'Orléans et de Bourbon, les comtes de Vertus et d'Alençon faisaient à Paris une entrée triomphale » ; *Jean de France*, III, 324. Elle s'appuie sur le récit du Religieux de Saint-Denis.

84. *RSD*, V, 150.

85. *RSD*, V, 364.

86. F. Autrand, *Charles VI*, 548-554.

87. *Journal d'un Bourgeois de Paris*, § 214.

88. Monstrelet, *Chronique*, III, 273.

89. *RSD*, VI, 252-254.

90. Je reprends ici quelques éléments de mon étude : « Liturgie et politique. Les processions spéciales à Paris sous Charles VI », parue dans : *Saint-Denis et la royauté. Etudes offertes à Bernard Guenée*, Paris, 1999, p. 23-49 ; et dans Bernard Guenée, *Un roi et son historien*, Paris, 1999, p. 425-454.

91. *RSD*, III, 148.

92. *RSD*, IV, 658-662. Jacques Chiffolau, « Les processions parisiennes de 1412. Analyse d'un rituel flamboyant », *Revue Historique*, 284 (1990), 37-76.

93. « In cujus claustro factus est sermo ubi plures parrochiani Parisius assistebant » ; *Chronographia regum Francorum, 1270-1405*, H. Moranvillé, éd., 3 vol., Paris, 1891-1897 ; *op. cit.* III, 57.

94. *RSD*, II, 22, 92.

95. *RSD*, II, 406-408.

96. *RSD*, V, 160.

97. *RSD*, V, 194-196.

98. *Journal d'un Bourgeois de Paris*, § 210. Guenée, *Un roi et son historien*, p. 451.

99. Je résume ici en quelques mots ce que m'ont appris l'inépuisable érudition de François Dolbeau et l'enquête qu'ont bien voulu faire pour moi, au Comité Du Cange, Anne Grondeux et Bruno Bon.

100. Voici les références de ces quatorze passages : *RSD*, I, 42, 58, 108, 130, 526, 712, 728 ; III, 12, 186, 334, 732 ; V, 140, 168 ; VI, 124.

101. *Favilla* : *RSD*, I, 42. *Cinis* : *RSD*, III, 12.

102. *Fomes* : *RSD*, III, 12 ; V, 168.

103. *Ardor* : *RSD*, III, 334. *Ignis* : *RSD*, I, 58, 712. Le plus souvent : *incendium*.

104. *RSD*, I, 728 ; III, 186 ; V, 168.

105. *Discordia* : *RSD*, III, 12, 334 ; V, 168. *Contencio* : *RSD*, I, 42.

106. « Ut et lingua et patria sic et disconveniencia morum erant dissimiles » ; *RSD*, I, 728.

107. *RSD*, I, 108, 130.

108. *Temeritas* : *RSD*, I, 130, 526, 728 ; III, 186. *Arrogancia* : *RSD*, I, 526 ; III, 12.

109. *RSD*, III, 186. Voir aussi : *RSD*, I, 130 ; III, 12, 732 ; V, 168 ; VI, 124.

110. « Absconsa indignacionis scintilla » ; *RSD*, I, 712.

111. « Indignacionis fomes » ; *RSD*, III, 12. « Indignacione stimulante » ; *RSD*, I, 728.

112. « Quasi ex modica displicencie scintilla grave indignacionis et vindicte incendium » ; *RSD*, III, 186.

113. *RSD*, I, 708, 728.

114. *RSD*, III, 12, 334.

115. *RSD*, V, 168.

116. *RSD*, III, 186.

117. *RSD*, I, 712, 728 ; III, 186.

118. *RSD*, I, 108 ; III, 12.

119. « Velud scintilla displicencie in incendium inextinguibile crevisset » ; *RSD*, I, 130. « Sic scintilla displicencie in odium excrevit inextinguibile ; *RSD*, III, 732. Egalement *RSD*, V, 168.

120. *Magnus* : *RSD*, I, 58. *Ingens* : *RSD*, I, 712 ; III, 12.

121. *Maximus* : *RSD*, I, 728. *Immensus* : *RSD*, I, 526.

122. *RSD*, I, 712 ; III, 334, 732 ; V, 168.

123. « Odii inexpiabilis incendium inextinguibile » ; *RSD*, V, 140.

124. « Quam periculosum sit... superiores ad iracundiam provocare » ; *RSD*, IV, 592.

125. « Ut oculis Parisiensium displicencie spinam magis infigeret » ; *RSD*, VI, 124. Voir aussi *RSD* IV, 554, 574. « Quasi displicencie stimulis agitatí », *RSD*, III, 56. « Inde in parte maxima felle indignacionum moti », RSD, VI, 230.

126. Pour *displicencia*, il ne s'agit de groupes que dans 32 cas sur 118, soit 37 %. Pour *indignacio*, il ne s'agit de groupes que dans 11 cas sur 60, soit 18 %. Pour *ira* et *iracundia*, il ne s'agit de groupes que dans 11 cas sur 90, soit 12 %.

127. *RSD*, VI, 16.

128. Quatre fois sur 60 occurrences, l'indignation est celle de Dieu, soit 6 % des cas. Seize fois sur 90 occurrences, la colère *(ira, iracundia)* est celle de Dieu, soit 17 % des cas.

129. *Displicencia* : 15 occurrences sur un total de 118, soit 12 %. *Indignacio* : 13 occurrences sur un total de 60, soit 21 %. *Ira, iracundia* : 29 occurrences sur un total de 90, soit 32 %.

130. « Super pena indignacionis regie incurrende » ; *RSD*, I, 88 (1381). « Sub pena incurrendi indignacionem nostram » ; *RSD*, V, 192 (1413), etc.

131. *RSD*, IV, 768 ; II, 488 ; IV, 262 ; VI, 188.
132. « In ira modi nescius existebat » ; *RSD*, II, 548.
133. Cf. *supra* n. 116.
134. *RSD*, I, 566.
135. *RSD*, II, 516.
136. Par exemple : *RSD*, V, 580.
137. *RSD*, IV, 424.
138. *RSD*, II, 184-186.
139. *RSD*, V, 32.
140. 1405 : « Enormitatem excessus ipsi duces cum displicencia nec immerito audierunt » ; *RSD*, III, 370. 1413 : « Quem excessum nepos impacientissime tulit ad iracundiam interum merito provocatus » ; *RSD*, V, 44. 1414 : « Quos quamvis inde iracundia digna motos minime ignorarent scirent tamen excessus inobedience oblituros » ; *RSD*, V, 312.
141. *RSD*, I, 44.
142. *RSD*, VI, 264.
143. Cf. *supra* n. 126.
144. *Francigeni* : *RSD*, VI, 314. *Gallici* : *RSD*, I, 672 ; III, 200. *Regnicole* : *RSD*, III, 266, 726 ; VI, 304. *Universi* : *RSD*, I, 4.
145. *RSD*, V, 280.
146. *RSD*, VI, 308.
147. *RSD*, VI, 386-388. Voir également *RSD*, V, 348.
148. « Non sine nobilium regnicolarum displicencia » ; *RSD*, V, 580. *RSD*, III, 262.
149. *RSD*, I, 608 ; II, 36 ; III, 220, 486.
150. « Plebs... non sine murmure et indignacione... » ; *RSD*, III, 140.
151. *RSD*, I, 228 ; III, 276, 320, 414.
152. Cf. *supra* n. 151.
153. *RSD*, I, 318 ; IV, 170.
154. *RSD*, I, 728.
155. *RSD*, III, 184-186.
156. *RSD*, I, 4, 108, 194, 272 ; III, 30, 464.
157. La défaite de Courtrai date de 1302. Dans son récit l'historien laisse la place pour préciser la date *(anno Domini millesimo...)*, mais n'a pas pu le faire ; *RSD*, I, 228.
158. *RSD*, VI, 304.
159. 1380 : *RSD*, I, 44. 1382 : *RSD*, I, 130, 150 ; 1404 : *RSD*, III, 140 ; 1416 : *RSD*, VI, 6. Etc.
160. *RSD*, III, 266 ; V, 348, 586.
161. *RSD*, VI, 6.
162. *RSD*, I, 44.
163. « Sciens multitudini confuse nihil promptius inesse

quam inopinate ab iracundia ad facinora transire » ; *RSD*, I, 20-22.

164. *RSD*, I, 128-130.
165. « Cum commocione capitis erecto supercilio, rigentique facie » ; *RSD*, I, 22.
166. *RSD*, II, 72, 406 ; VI, 124.
167. *RSD*, I, 520 ; II, 414 ; III, 132, 140, 302 ; IV, 320, 366 ; VI, 292, etc.
168. *RSD*, II, 414 ; IV, 320.
169. « Ad compescendum murmur populare » ; *RSD*, VI, 388.
170. *RSD*, II, 404-406.
171. *RSD*, III, 38.
172. *Journal d'un Bourgeois de Paris*, § 72.
173. *RSD*, VI, 124.
174. *RSD*, VI, 50.
175. « Non sine multorum murmure... publice asserencium... » ; *RSD*, V, 292. « Non sine tamen multorum regnicolarum murmure, asserencium publice... » ; *RSD*, VI, 50.
176. *RSD*, III, 286.
177. *RSD*, IV, 442.
178. *RSD*, IV, 628.
179. « Murmurantes non palam sed in occulto » ; *RSD*, VI, 124. « Nunc privatim, nunc publice » ; *RSD*, I, 86. « Nunc clam, nunc publice » ; *RSD*, I, 516. « Nunc occulte, nunc publice » ; *RSD*, V, 12. « Publice vel in secreto » ; *RSD*, V, 436.
180. « In civitatum compitis » ; *RSD*, III, 228.
181. *La Chronique d'Enguerran de Monstrelet*, L. Douët-d'Arcq éd., I, Paris, 1857, 224-227.
182. « Inde timore decuriones cum regnicolis territi, quamvis de maleficio perpetrato diu inter se murmuraverunt, ducem tamen ausi non sunt super tanta nequicia publice infamare » ; *RSD*, III, 756-758.
183. *RSD*, V, 42-44.
184. « Tantam verborum audaciam » ; *RSD*, V, 28.
185. *RSD*, VI, 386-388.
186. *RSD*, V, 326 ; *RSD*, V, 78 ; III, 378 ; *RSD*, V, 288.
187. « Contempto erubescencie freno » ; *RSD*, VI, 200.
188. *RSD*, III, 228 ; *RSD*, IV, 442.
189. *RSD*, III, 228.
190. *RSD*, VI, 108.
191. « Ampullosis sermonibus » ; *RSD*, I, 128.
192. « Ab injuriis verborum » ; *RSD*, I, 728.
193. « Verba ignominiosa proferentes » ; *RSD*, II, 680.
194. « Unde frequenter eorum nominibus vilipensis, eos prin-

cipes latronum publice nuncupabant » ; *RSD*, VI, 238. « Quem nonnulli latronum et homicidarum principem publice nominabant » ; *RSD*, VI, 254.

195. 1414 : « Cantilenis satiricis famam ejus denigrantes ipsum proditorem publice nominabant » ; *RSD*, V, 278. 1416 : « Publice et inverecunde famam ejus multis conviciis lacessentes, sepe ipsum proditorem pessimum et homicidam crudelem filiumque adultere nuncupabant » ; *RSD*, VI, 54. Cf. à propos de Richard II : « In ipsum jam delatrando virosas linguas laxabant et ipsi libere conviciando eumdem absque erubescencie velo spurcissimum bastardum et tyrannum indignum regno et vita publice proclamabant » ; *RSD*, II, 722.

196. « Omnes fere regnicole... cum sese mutuo impugnando, nunc Armeniacos, nunc Burgundiones, proditores pessimos nominarent » ; *RSD*, VI, 64.

197. *RSD*, III, 734-750 ; IV, 112.

198. *RSD*, V, 278.

199. *RSD*, VI, 54. Cf. *supra* n. 196.

200. « Murmure et verbis minacibus » ; *RSD*, I, 22. « Frementes dentibus et in minas mortales sepius erumpentes » ; *RSD*, IV, 508. « Et id luce clarius patuit per minas notorias, quibus publice et utebantur contra... » ; *RSD*, V, 178. « Multis minacibus et indignacionis verbis inter se interjectis » ; *RSD*, VI, 240.

201. « Ut se vident a desideris fraudati, ducis abhominantur consilium, ipsum in perpetuum dampnant, ejus memoriam execrantur, orant ut cum proditore Juda in eternis incendiis habeat porcionem » ; *RSD*, I, 294.

202. « In ipsum propter collectam ab eo constitutam ausi erant maledicta publice jaculari » ; *RSD*, III, 148.

203. « Hac de causa multi imprecaciones, cum plus non possent, in ducem Aurelianis absque erubescencie velo jaculabant » ; *RSD*, III, 232.

204. *RSD*, III, 266.

205. *RSD*, III, 460.

206. *RSD*, III, 722.

207. Cf. *supra* n. 197.

208. *RSD*, IV, 362.

209. « Nec erubesceret in eum plebs maledicta publice jaculari » ; *RSD*, IV, 418.

210. *RSD*, IV, 628.

211. *RSD*, V, 62.

212. Cf. *supra* n. 198 et 199.

213. *RSD*, VI, 268.

214. *RSD*, VI, 376.

215. *RSD*, I, 22.
216. Cf. *supra* n. 203.
217. *RSD*, III, 486.
218. *RSD*, V, 24-26.
219. « Hac ergo occasione... » ; *RSD*, I, 712.
220. *RSD*, I, 492.
221. *RSD*, II, 10.
222. « Id inter ambos odii et discordie mortalis fomitem ministravit » ; *RSD*, IV, 634.
223. « Anglicorum inveteratum... odium, ex amissis prediis conceptum, ut creditur » ; *RSD*, I, 4.
224. *RSD*, III, 730-732.
225. *RSD*, V, 578.
226. *RSD*, I, 354.
227. *RSD*, I, 730.
228. *RSD*, I, 290, 482 ; VI, 346.
229. *RSD*, II, 486 ; VI, 296.
230. *RSD*, II, 486.
231. Entre les ducs d'Anjou et de Bourgogne, 1380 ; *RSD*, I, 42. Entre les ducs de Berry et de Bourgogne, 1412 ; *RSD*, IV, 698, etc.
232. À Paris, 1380 : « Tunc civitas secum discors intestino inter summos et infimos jam flagrabat odio » ; *RSD*, I, 44. 1407 : « Intestinum odium inter duces Aurelianis et Burgundie » ; *RSD*, III, 732.
233. *RSD*, III, 12. Egalement : *RSD*, I, 20, 482 ; III, 486 ; IV, 240, 420.
234. *RSD*, III, 732 ; V, 168.
235. *RSD*, III, 274, 486.
236. *RSD*, III, 30.
237. « Hucusque latens erupit inveteratum odium » ; *RSD*, I, 482. Egalement : *RSD*, III, 486.
238. « Cum inter ambos duces viderentur orte inimicicie eciam usque ad odium manifestum » ; *RSD*, III, 334. « Erantque inter eos inimicicie jam non occulte, sed que usque ad odium procedebant manifestum » ; *RSD*, III, 450.
239. *RSD*, III, 732 ; V, 168.
240. *RSD*, I, 104, 108, 152, 162, 168 ; III, 16, 306, 486 ; IV, 136, 328, 372, 508. « Inexpiabile mutuum odium inveteratum » ; *RSD*, VI, 346.
241. *RSD*, VI, 196-260.
242. « Odio ministrante furorem » ; *RSD*, III, 16. « Furorem odio ministrante » ; *RSD*, III, 330. « Odio administrante furo-

rem » ; *RSD*, V, 140. « Quasi odio evaporate scintille furoris ardorem inextinguibilem ministrarent » ; *RSD*, III, 334.

243. « Anglicorum inveteratum obstabat odium ex amissis prediis conceptum, ut creditur ; que cum irrecuperabilia scirent, indignacione administrante furorem, ad dissipacionem regni aspirabant » ; *RSD*, 1, 4.

244. 1383 : *RSD*, I, 290. 1386 : *RSD*, I, 420. 1402 : *RSD*, III, 30. 1406 : *RSD*, III, 464.

245. *RSD*, II, 432.

246. « Indecentissime » : *RSD*, II, 704.

247. 1381 : *RSD*, I, 112.

248. « Barbare naciones... que mediante inveterato odio cordiali Francorum prosperitati semper inviderunt » ; *RSD*, IV, 624.

249. *RSD*, II, 432.

250. *RSD*, III, 34.

251. *RSD*, III, 202. *Histoire de Bordeaux* sous la direction de Ch. Higounet, t. II ; *Bordeaux sous les rois d'Angleterre*, sous la direction de Y. Renouard, Bordeaux, 1965, 457.

252. *RSD*, I, 168, 476 ; III, 108 ; IV, 168, 394.

253. « Non reipublice seu patrie amore, sed cordiali privato laborans odio » ; *RSD*, I, 172. « Favore aut odio, bonum privatum utilitati communi proferentes » ; *RSD*, I, 572.

254. « Quia inexpiabili odio in eum laborabant, tandem ordine juris neglecto, ... » ; *RSD*, II, 722. Voir aussi : *RSD*, I, 20.

255. *RSD*, III, 12. « Hec predicta inter Biturie atque Burgundie duces odii et discordie fomitem ministrarunt » ; *RSD*, IV, 288, 472, 634 ; VI, 160. « Quia mortali odio instiguante dyabolo discordiarum incentore, mutuo laborabant » ; *RSD*, VI, 260. « Mediante discordiarum incentore dyabolo, diviso odio inexpiabili mutuo laborabant » ; *RSD*, VI, 284.

256. « Tunc, jam contumelias mutuo irrogabant nec procul sedicione res erat ; *RSD*, I, 44.

257. *RSD*, V, 140.

258. *RSD*, III, 334 ; IV, 326.

259. *RSD*, I, 482, 510, 518, 722, 730.

260. « Unde sibi multum odii in Universitate acquisivit » ; *RSD*, II, 60. Cf. N. Valois, *La France et le grand Schisme d'Occident*, II, Paris, 1896, 419-420.

261. *RSD*, III, 468.

262. *RSD*, III, 486.

263. *RSD*, III, 580, 582, 638 ; IV, 18, 60.

264. *RSD*, III, 12-18.

265. *RSD*, III, 306, 314, 330, 334, 340, 344.

266. *RSD*, III, 312. Cf. Guenée, *Un roi et son historien*, p. 449.
267. *RSD*, III, 332.
268. *RSD*, III, 340-342.
269. *RSD*, III, 450.
270. Guenée, *Un meurtre, une société*, Paris, 1992.
271. *RSD*, III, 730-732.
272. *RSD*, IV, 136, 288.
273. *RSD*, IV, 362. « Inexpiabile odium quod, sicut cunctis notum est, ex cupidine regnum regendi procedit » ; *RSD*, IV, 372.
274. *RSD*, IV, 442-446, 458.
275. *RSD*, V, 26, 50, 84, 140 ; VI, 48, 260, 284, 320.
276. *RSD*, VI, 64. Egalement : *RSD*, VI, 168, 202, 322.
277. *RSD*, IV, 466-486. Monstrelet, *Chronique*, II, 171-187.
278. Monstrelet, *Chronique*, II, 173-185.
279. Monstrelet, *Chronique*, II, 176.
280. Monstrelet, *Chronique*, II, 175.
281. *RSD*, IV, 470-472.
282. *RSD*, IV, 466.
283. « Et abhinc ambo naciones odium tam inexpiabile mutuum conceperunt, qued... » ; *RSD*, IV, 472.
284. « Ad vindictam inveterati odii » ; *RSD*, IV, 486.
285. Il me suffira de citer ici un tout récent et excellent article grâce auquel le lecteur retrouvera toutes les données du problème, et sa bibliographie : Daniel Lord Smail, « Hatred as a Social Institution in Late Medieval Society », dans *Speculum*, 76 (2001), p. 90-126.
286. *RSD*, I, 50.
287. *RSD*, I, 556.
288. *RSD*, II, 356.
289. *RSD*, V, 212.
290. *RSD*, I, 704.
291. *RSD*, I, 570, 730 ; V, 220, 350.
292. *RSD*, IV, 552.
293. *RSD*, II, 600.
294. *RSD*, II, 42 ; V, 222.
295. *RSD*, I, 268, 272 : III, 420 : IV, 140 ; V, 324.
296. *RSD*, III, 498. Cf. *RSD*, IV, 352.
297. *RSD*, II, 228, 242.
298. « Ut glorificentur ab omnibus populis qui habitant super terram » ; Exode, 33, 16.
299. « Eritque in nationes et reges populorum orientur ex eo » ; Genèse, 17, 16.
300. *RSD*, I, 220 ; IV, 172, 262.

301. *RSD*, II, 542.

302. *RSD*, VI, 426.

303. *RSD*, V, 424.

304. *RSD*, III, 334.

305. *RSD*, II, 48.

306. *RSD*, II, 708.

307. *RSD*, IV, 346.

308. *RSD*, II, 24, 39, 542.

309. Bruno Bon, ingénieur de recherche au CNRS (Comité Du Cange), m'a beaucoup aidé dans cette enquête. Je l'en remercie bien vivement.

310. F. Gaffiot, *Dictionnaire latin-français*, s. v.

311. Migne, *Patrologie latine*, p. 204, col. 1171 D, selon le fichier du Comité Du Cange, lequel, pour *regnicole*, n'a que cette seule fiche.

312. Du Cange, *Glossarium Mediae et Infimae Latinitatis*, V, 1845, p. 672.

313. Salimbene de Adam, *Cronica*, G. Scalia éd., Turnhout, Brepols, 1999 (Corpus christianorum, Continuatio medievalis 125 a), p. 686 et 950.

314. Salimbene, *Cronica*, p. 686.

315. *Lexicon Latinitatis Medii Aevi Iugoslavie*, II, Zagreb, 1978, p. 956.

316. Du Cange, *Glossarium Mediae et Infimae Latinitatis*, V, 1845, p. 672.

317. *Ibid.*

318. *Lexicon Latinitatis Nederlandicae Medii Aevi*, fasc. 53, Leyde, 2000, R 207.

319. Comparer par exemple la lettre royale de février 1415 dans son texte original français (Jean Dumont, *Corps universel diplomatique du droit des gens...*, II, 2, Amsterdam, 1726, p. 22, col. a) et dans la traduction latine qu'en donne Michel Pintoin (*RSD*, V, 426).

320. Oscar Bloch et Walther von Wartburg, *Dictionnaire étymologique de la langue française*, 7e éd., Paris, 1986, p. 543.

321. *RSD*, V, 18.

322. « Cuncti regnicole, qui solum regem recognoscebant dominum » ; *RSD*, IV, 480.

323. Cf. *supra* n. 286 et 287.

324. « Regnicoles omnes contemplari celicolarum gloriam didicistis » ; *RSD*, V, 134.

325. *RSD*, I, 424-426 ; II, 746 ; III, 526.

326. *RSD*, II, 22.

327. *RSD*, II, 530 ; V, 580 ; VI, 284.

328. *RSD*, I, 184, 186, 198, 204, 208, 222.

329. *RSD*, III, 324, 326, 328.

330. *RSD*, V, 552, 560.

331. *RSD*, III, 444, 446.

332. « Habebat secum multos Gallicos, Britones, Normanos et alios Francigenas » ; *RSD*, III, 82. « Cum quanta bellatorum copia Gallicorum, Britonum, Normanorum, Guasconum et Alemanorum Aurelianis dux hostem agredi intendebat » ; *RSD*, IV, 484. « Cum Picardis, Burgundionibus, Gallicis et Normanis longe lateque per regnum tunc dispersis » ; *RSD*, IV, 630. « Dum cum Britanis, Normanis, Picardis et domesticis Gallicis » ; *RSD*, IV, 364. Voir : Guenée, *Un roi et son historien*, 402.

333. *RSD*, I, 352.

334. *RSD*, I, 522, 524, 528.

335. *RSD*, I, 330, 332.

336. *RSD*, I, 162.

337. *RSD*, III, 172.

338. *RSD*, I, 192-228, 272-282, etc.

339. *RSD*, III, 464.

340. *RSD*, III, 82. Cf. *supra* n. 300.

341. *RSD*, II, 102.

342. « Externe naciones, Britanie et Vasconie maxime » ; *RSD*, V, 378.

343. *RSD*, II, 118.

344. *RSD*, I, 330 ; V, 650, 678.

345. « Francos et Anglicos lingua sane legibus et moribus differentes » ; *RSD*, VI, 438.

346. *RSD*, I, 70, 686 ; II, 436, 488 ; III, 222 ; VI, 380.

347. « Attentis feodalibus legibus ab origine Francorum inviolabiliter observatis » ; *RSD*, V, 532.

348. *RSD*, II, 92.

349. *RSD*, I, 704 ; IV, 266, 456, 480 ; V, 30, 548.

350. « Clarissima Francorum progenies » ; *RSD*, II, 138 ; III, 144, 352. « Francorum generosa prosapia » ; *RSD*, I, 120 ; IV, 396.

351. *RSD*, III, 266 ; V, 378.

352. *RSD*, IV, 624.

353. Par exemple : *RSD*, V, 134.

354. *RSD*, I, 448-450.

355. *RSD*, V, 552.

356. *RSD*, I, 360-362.

357. Cf. *supra* n. 308.

358. *RSD*, I, 360, 454.

359. *RSD*, II, 22.

360. *RSD*, II, 24.

361. « In ore omnium Gallicorum » ; *RSD*, III, 526. « Is vivens carus non fuit Francigenis » ; *RSD*, I, 228 ; III, 54.

362. 1412 : *RSD*, IV, 658, 700. 1415 : *RSD*, V, 584. 1416 : *RSD*, VI, 12. 1417 : *RSD*, VI, 170. 1418 : *RSD*, VI, 298.

363. 1417 : *RSD*, VI, 98.

364. « Non sine omnium regnicolarum favore » ; *RSD*, I, 562.

365. *RSD*, II, 22, 86, 92, 406.

366. *RSD*, IV, 594.

367. *RSD*, III, 184.

368. « In hanc sentenciam ibant omnes regnicole » ; *RSD*, III, 38.

369. *RSD*, III, 266, 284.

370. *RSD*, IV, 318.

371. *RSD*, IV, 404, 406, 720 ; V, 290, 448.

372. *RSD*, V, 586.

373. *RSD*, II, 586.

374. « Ubi ad aures regnicolarum pervenit » ; *RSD*, IV, 442.

375. *RSD*, I, 14.

376. « Sermo unus in ore fere omnium regnicolarum vertebatur... » ; *RSD*, III, 738.

377. *RSD*, VI, 60.

378. *RSD*, IV, 340.

379. « Non sine tamen multorum regnicolarum murmure, asserencium publice quod... » ; *RSD*, VI, 50.

380. *RSD*, VI, 388. Cf. *supra* n. 148 et 186.

381. *RSD*, III, 484. Cf. Guenée, *Un roi et son historien*, 126.

382. *RSD*, VI, 380.

383. *RSD*, VI, 170.

384. *RSD*, V, 620, 738.

385. « Cum nonnullis summe auctoritatis civibus nobiles et episcopos congregavit » ; *RSD*, I, 66.

386. « Ex nobilibus, ignobilibus, viris ecclesiasticis » ; *RSD*, II, 388.

387. « Cum clero nobiles et ignobiles » ; *RSD*, III, 228.

388. « Viri ecclesiastici, ... nobiles, ... plebs communis » ; *RSD*, III, 300.

389. « In detrimentum nobilium, ignobilium et ecclesiarum regni vestri » ; *RSD*, V, 216.

390. « Ecclesiam, nobilitatem et populum » ; *RSD*, V, 110.

391. Jean Dumont, *Corps universel diplomatique*, II, 2, Amsterdam, 1726, 21-23. Cf. Guenée, *Un roi et son historien*, 136-137.

392. *RSD*, V, 420-436.

393. Dumont, *op. cit.*, p. 23, col. a. *RSD*, V, 430.

394. Dumont, *op. cit.*, p. 23, col. a. *RSD*, V, 430-432.

395. « Trini status » ; *RSD*, VI, 172.

396. « Presentibus multis trium statuum summe auctoritatis viris » ; *RSD*, VI, 230.

397. E. Cosneau, *Les Grands Traités de la guerre de Cent Ans*, Paris, 1889, p. 111, § 24, et p. 113, § 29. *RSD*, VI, 424, 428.

398. E. Cosneau, *op. cit.*, 113, § 27. *RSD*, VI, 428.

399. Dumont, *op. cit.*, p. 23, col. a.

400. *RSD*, V, 434.

401. Cf. *supra* n. 381-384.

402. *RSD*, III, 16.

403. *RSD*, II, 24.

404. *RSD*, II, 408.

405. J.-D. Mansi, *Sacrorum conciliorum nova et amplissima collectio...*, 22, 1767, reprod. Gray, 1961, col. 1007. Je dois cette remarque à Nicole Bériou et Catherine Vincent.

406. « A viris ecclesiasticis, utriusque sexus devote concomitante populo » ; *RSD*, II, 406.

407. « Multi utriusque sexus contra eam murmurabant », RSD, II, 406.

408. *RSD*, I, 104, 576 ; II, 38 ; III, 88, 470 ; V, 178 ; VI, 6, 206.

409. *RSD*, III, 726.

410. *RSD*, V, 178.

411. *RSD*, IV, 128.

412. *RSD*, V, 434.

413. Dumont, *op. cit. supra* n. 391, p. 23, col. a.

414. *RSD*, V, 434.

415. *RSD*, II, 640.

416. « Viri ecclesiastici humili cum plebe » ; *RSD*, IV, 352. « Cum plebe viri ecclesiastici » ; *RSD*, V, 446.

417. « Sermones ad populum » ; *RSD*, I, 474. « Predicacionem ad plebem faciens » ; *RSD*, I, 492. « Doctores, sermones ad populum facientes » ; *RSD*, II, 92.

418. Cf. *supra* n. 416. Et Guenée, *Liturgie et politique. Les processions spéciales à Paris sous Charles VI*, dans *Saint-Denis et la royauté*, p. 23-49 ; ou dans *Un roi et son historien*, p. 425-454.

419. Cf. *supra* n. 413 et 414.

420. « Omnes utriusque sexus nobiles et ignobiles » ; *RSD*, I, 732, etc.

421. *RSD*, V, 110.

422. *RSD*, V, 288.

423. *RSD*, VI, 114.

424. « De collecta generali super plebem imposita » ; *RSD*, III,

228. « Concilium... pro exigendis popularibus peccuniis » ; *RSD*, I, 686. « Collectas populares » ; *RSD*, III, 764. « Populares exactiones » ; *RSD*, IV, 742. « More solito popularem peccunialem collectam statuerunt levandam » ; *RSD*, V, 750.

425. « Jugum intollerabile plebis » ; *RSD*, III, 228.

426. *RSD*, III, 272.

427. *RSD*, II, 68-70.

428. *RSD*, III, 262.

429. *RSD*, VI, 56.

430. « Francigene nobiles et ignobiles intense inexpiabili odio laborantes » ; *RSD*, VI, 62.

431. *RSD*, V, 586.

432. « Omnes utriusque sexus nobiles et ignobiles » ; *RSD*, I, 732.

433. *RSD*, II, 415.

434. « Promiscui sexus nobiles et ignobiles » ; *RSD*, II, 684.

435. « Cum clero nobiles et ignobiles dolentes » ; *RSD*, III, 228.

436. « In hanc sentenciam ibant nobiles et ignobiles universi » ; *RSD*, IV, 354.

437. « Inter summos et infimos jam flagrabat odio » ; *RSD*, I, 44. Cf. Cicéron, Rep., I, 53 ; *La République*, Esther Bréguet éd. et trad., t. I, Paris, 1980, p. 231.

438. *RSD*, V, 82.

439. *RSD*, VI, 264.

440. *RSD*, III, 340.

441. *RSD*, II, 438 ; IV, 490, 724 ; V, 10, 34, 38, 46, 62, 96 ; VI, 296, 376, 442 ; etc.

442. *RSD*, I, 92, 234, 250 ; IV, 56, 138, 674 ; V, 120 ; VI, 132, etc.

443. « Nonnulli ex consiliariis regiis et summe auctoritatis burgensibus et ideo nominandi, videlicet... » ; *RSD*, VI, 370.

444. *RSD*, IV, 124, 446.

445. *RSD*, IV, 138.

446. *RSD*, IV, 180, 188, 190.

447. Monstrelet, *Chronique*, I, 392.

448. N. Pons, « Michel Pintoin et l'historiographie orléanaise », dans *Saint-Denis et la royauté. Etudes offertes à Bernard Guenée*, Paris, 1999, p. 237-259, surtout p. 238. La petite enquête dont je donne ici les résultats a été faite pour moi par Nicole Pons, que je remercie bien vivement.

449. *RSD*, IV, 138. BNF, Fr. 13569, f. 110 v.

450. *RSD*, IV, 180, 188, 190. BNF, Fr. 13569, f. 111 v, f. 116 v, f. 117 r-v

451. Cf. *supra* n. 437.
452. *RSD*, I, 234.
453. *RSD*, VI, 376.
454. *RSD*, VI, 374.
455. 1414 : *RSD*, V, 240.
456. 1413, 1418 : *RSD*, V, 246 ; VI, 228, 242, 256, 262.
457. 1382, 1389, 1413 : *RSD*, I, 250, 628 ; V, 42.
458. 1417, 1418 : *RSD*, IV, 92, 296.
459. *Journal d'un bourgeois de Paris, 1405-1449*, A. Tuetey éd., Paris, 1881, § 13, p. 72, 80. Christine de Pisan : The « *Livre de la paix* » *of Christine de Pisan*, Charity Cannon Willard ed., La Haye, 1958, p. 128.
460. *Journal*, § 86.
461. *Journal*, § 71, 84.
462. Christine de Pisan, *Le Livre de la paix*, p. 132.
463. *Ibid.*, p. 130.
464. *Ibid.*, p. 133.
465. *RSD*, IV, 144 ; V, 10, 446 : VI, 230.
466. « Sibi virorum mechanicorum auxilium... contemptendum... est » ; *RSD*, V, 548.
467. *RSD*, V, 548.
468. *RSD*, I, 50, 706.
469. *RSD*, I, 20, 48 ; V, 20, 82 ; VI, 264.
470. « Qui nec regi noverant ordine racionis » ; *RSD*, I, 46. Egalement : *RSD*, I, 310 ; V, 42.
471. *RSD*, V, 46, 106.
472. « Que modum tenere nescit » ; *RSD*, I, 52. « Modum nesciens » ; *RSD*, I, 146.
473. *RSD*, I, 44, 146, 240.
474. *RSD*, I, 140.
475. « Novendarum rerum... aviditas » ; *RSD*, I, 44.
476. « Cura novendarum rerum mobile vulgus sepius agitabatur » ; *RSD*, V, 6. « Ignobile vulgus urbium et civitatum, natura semper mobile » ; *RSD*, V, 236. « Quamvis periculosum et grandi alea plenum scirent se vulgi natura nobilis fidelitati committere » ; *RSD*, VI, 232.
477. *RSD*, I, 20 ; VI, 242.
478. *RSD*, VI, 244, 266.
479. « Quosdam plebeios abjecti et infimi status ville nostre Parisiensis », « prefati abjectissimi viri », « prefati viles et infimi status viri » ; *RSD*, V, 256-258.
480. *RSD*, I, 306 ; VI, 170.
481. *RSD*, I, 306 ; VI, 250.
482. *RSD*, V, 8.

483. « Viles statu et viliores moribus » ; *RSD*, I, 138. « Ob inconditos mores » ; *RSD*, I, 306. Egalement *RSD*, V, 88.

484. « Sortilegis et supersticionibus cujusdam abjectissime omasarie et immunde inducti » ; *RSD*, I, 198. A l'heure actuelle, il n'y a aucune autre occurrence connue d'*omasarius* dans toute la littérature latine ancienne ou médiévale. Je remercie Bruno Bon d'avoir fait pour moi cette recherche au Comité Du Cange.

485. « Is abjectissimus homo, vilis statu et habitu, sed mente vilior » ; *RSD*, I, 642.

486. « Quis stolidissimorum » ; *RSD*, I, 138.

487. *RSD*, V, 32.

488. Plutôt que de multiplier sans profit les références, je préfère m'en tenir à une citation qui dit tout ; en 1413, « le duc de Guyenne fut saisi de frayeur, et on le comprend, lorsqu'il vit la maison royale entouré d'hommes armés. Il savait que la folle témérité du peuple, si souvent agité par la fureur qui est en lui, n'écoute alors ni la raison ni la pitié, mais est toujours prompte à perpétrer des crimes inouïs » ; *RSD*, V, 42.

489. *RSD*, I, 306 ; VI, 244.

490. « Turmatim » ; *RSD*, I, 138 ; VI, 232, 244.

491. *RSD*, I, 138.

492. *RSD*, I, 20.

493. Cf. *supra* n. 488.

494. *RSD*, I, 132, 138, 140.

495. *RSD*, I, 306.

496. *RSD*, V, 12, 64, 88, 258.

497. *RSD*, VI, 232, 244, 250.

498. *RSD*, III, 300 ; IV, 704 ; VI, 170.

499. *RSD*, II, 166 ; IV, 66 ; V, 662.

500. « Ut firmiter creditur instinctu dyabolico agitati » ; *RSD*, II, 66.

501. « Ausu dyabolico et spiritu furoris concepto » ; *RSD*, III, 186.

502. « Ausu dyabolico » ; *RSD*, III, 734.

503. *RSD*, VI, 2.

504. « Dyabolico instinctu, velut ferali rabie agitati » ; *RSD*, I, 308.

505. *RSD*, V, 18, 20, 44.

506. *RSD*, VI, 148, 240, 242, 244, 322. « Ubique regnicole instinctu dyabolico » ; *RSD*, VI, 322.

507. *RSD*, II, 464 : IV, 590, 662 ; V, 56.

508. Chapitre XLIX ; *RSD*, V, 248-270. Guenée, *Un roi et son historien*, p. 135-136.

509. Chapitre L ; *RSD*, V, 270-278.

510. « Quorumdam circumspectorum virorum et eminentis sciencie consciencie scrupulos » ; *RSD*, V, 270.

511. Guenée, *Un roi et son historien*, p. 348.

512. *Ibid.*, p. 354.

513. *RSD*, V, 276-278.

514. Maistre Nicole Oresme, *Le Livre de Politiques d'Aristote*, Albert Douglas Menut éd., Philadelphie, 1970.

515. *Dictionnaire des lettres françaises. Le Moyen Age*, Geneviève Hasenohr et Michel Zink éd., Paris, 1992, p. 1072-1075. Maistre Nicole Oresme, *Le Livre de Politiques d'Aristote*, 19-20.

516. Donatella Nebbiai-Dalla Guarda, *La Bibliothèque de l'abbaye de Saint-Denis en France du IXᵉ au XVIIIᵉ siècle*, Paris, 1985.

517. *Le Livre de Politiques d'Aristote*, p. 34-39.

518. *Ibid.*, manuscrit A, p. 34.

519. *Ibid.*, manuscrits B, M, et Y, p. 34-35.

520. *Ibid.*, manuscrits C et P, p. 35 et 37.

521. *Ibid.*, manuscrits O, G, H, F, et J, p. 35-37.

522. Jacques Verger, Théorie politique et propagande politique, dans *Le Forme della propaganda politica nel Due et nel Trecento*, Paola Cammarosano ed., Rome, 1994, p.43.

523. *Le Livre de Politiques d'Aristote*, manuscrit O, p. 35.

524. Guenée, *Un roi et son historien*, p. 46, 216.

525. « Gens d'armes », « gens de mestier », « povres gens », etc. ; *Le Livre de Politiques d'Aristote*, désormais *LPA*, p. 276, 358, 362, 366.

526. « Gent de mer », « gent de mestier », « gent sacerdotal », etc. ; *LPA*, p. 362.

527. *LPA*, p. 322.

528. *LPA*, p. 276, 302.

529. *LPA*, p. 276.

530. *LPA*, p. 364.

531. *LPA*, p. 302.

532. *LPA*, p. 269, 302.

533. *LPA*, p. 276, 302, 322.

534. *LPA*, p. 264, 269, 266, 268, 233, 319, 233.

535. *LPA*, p. 233, 265.

536. « Une très grande multitude de menue gens » ; *LPA*, p. 287.

537. *LPA*, p. 260.

538. « La multitude de povres et le menu commun » ; *LPA*, p. 260. Voir également *LPA*, p. 215, 266.

539. *LPA*, p. 269.

540. *LPA*, p. 305-306.

541. *LPA*, p. 306, 318, 347.

542. *LPA*, p. 370.

543. *LPA*, p. 322.

544. *LPA*, p. 135, 204, 274.

545. *LPA*, p. 135, 222.

546. *LPA*, p. 264.

547. *LPA*, p. 201.

548. Jacques Krynen, « Les légistes "idiots politiques". Sur l'hostilité des théologiens à l'égard des juristes, en France, au temps de Charles V », *Théologie et droit dans la science politique de l'Etat moderne. Actes de la table ronde organisée par l'Ecole française de Rome avec le concours du CNRS, Rome, 12-14 novembre 1987*, Rome, 1991, p. 171-198, en particulier p. 172, 184, 191.

549. *Le Songe du Vergier*, Marion Schnerb-Lièvre éd., I, Paris, 1982, p. 411.

550. *LPA*, p. 115.

551. *LPA*, p. 215, 260, 265, 266.

552. *LPA*, p. 305.

553. « Par princey Aristote entent souvent, ce semble, non pas seulement la souveraine dominacion mes generalment quelcunque posté publique ou auctorité ou office publique honnorable qui resgarde toute la communité ou aucun membre de elle. Et donques citoien est celui qui participe de faict en aucunes de teles choses ou qui est habile a ce, considéré son lignage ou « nativité, son estat, sa puissance, ses possessions, etc. » ; *LPA*, p. 115.

554. *LPA*, p. 373.

555. *LPA*, p. 305.

556. *LPA*, p. 262.

557. *LPA*, p. 262.

558. *LPA*, p. 263.

559. *LPA*, p. 136, 137, 322.

560. *LPA*, p. 203, 230, 273.

561. *LPA*, p. 123, 145, 311-312.

562. *LPA*, p. 305-306.

563. *LPA*, p. 322.

564. *LPA*, p. 306.

565. *LPA*, p. 305.

566. *LPA*, p. 305.

567. *LPA*, p. 325, 328.

568. *LPA*, p. 226.

569. *LPA*, p. 305.

570. *LPA*, p. 276.

571. *LPA*, p. 115.
572. *LPA*, p. 115.
573. *LPA*, p. 329.
574. *LPA*, p. 120, 203.
575. *LPA*, p. 228, 233.
576. *LPA*, p. 135, 137.
577. *LPA*, p. 313.
578. *LPA*, p. 228, 266.
579. *LPA*, p. 330.
580. *LPA*, p. 313.
581. *LPA*, p. 305.
582. *LPA*, p. 262, 306.
583. *LPA*, p. 319.
584. *LPA*, p. 268.
585. *LPA*, p. 262.
586. *LPA*, p. 109, 115, 153, 260.
587. *LPA*, p. 268, 372.
588. *LPA*, p. 262.
589. B. Guenée, *Tribunaux et gens de justice dans le bailliage de Senlis à la fin du Moyen Age (vers 1380-vers 1550)*, Strasbourg, 1963, p. 409-410.
590. Il me suffira de citer ici : *L'Etat moderne et les élites*, J.-Ph. Genet et G. Lottes éd., Paris, 1996 ; *Les élites urbaines au Moyen Age. XXIVe Congrès de la Société des Historiens Médiévistes de l'enseignement supérieur public (Rome, mai 1996)*, Paris-Rome, 1997.
591. *LPA*, p. 244.
592. *LPA*, p. 135, 137.
593. *LPA*, p. 145, 329.
594. *Dictionnaire des Lettres françaises. Le Moyen Age*, Geneviève Hasenohr et Michel Zink éd., Paris, 1992, p. 764-765. Xavier de la Selle, *Le Service des Ames à la cour. Confesseurs et aumôniers des rois de France du xive au xve siècle*, Paris, 1995, p. 297-298. Giuseppe Di Stefano, *L'œuvre oratoire française de Jean Courtecuisse*, Turin, 1969, p. 16-17, 23, 317-333. Guenée, *Un roi et son historien*, p. 352.
595. *DLF-MA*, p. 823-824. Jean de Montreuil, *Opera*, 1, *Epistolario*, Ezio Ornato ed., Turin, 1963. Nicole Grévy-Pons et Ezio Ornato, « Qui est l'auteur de la *Chronique latine de Charles VI*, dite du Religieux de Saint-Denis ? » *BEC*, 134 (1976), p. 85, 102. Guenée, *Un roi et son historien*, p. 46.
596. Xavier de la Selle, *Le Service des Ames à la cour* (cf. *supra* n. 594), p. 273-276.
597. *DLF-MA*, p. 733-734. Evencio Beltran, *L'Idéal de sagesse*

d'après Jacques Legrand, Paris, 1989, p. 7-9. Jacques Legrand, *Archiloge Sophie – Livre de Bonnes Meurs*, Evencio Beltran éd., Paris, 1986, p. 25. Jean de Montreuil, *Opera*, IV. *Monsteroliana*, Ezio Ornato, Gilbert Ouy et Nicole Pons éd., Paris, 1986, p. 351. *RSD*, III, 266-274.

598. *DLF-MA*, p. 782-785. Guenée, *Un roi et son historien*, p. 43.

599. *DLF-MA*, p. 280-287. Suzanne Solente, Christine de Pisan, *Histoire littéraire de la France*, XL, Paris, 1974, p. 335-422. Christine de Pisan, *Le Livre du corps de Policie*, R.H. Lucas éd., Genève-Paris, 1967, p. XII-XIII.

600. Di Stefano, *L'Œuvre oratoire*, p. 330.

601. Raimond Thomassy, *Essai sur les écrits politiques de Christine de Pisan*, Paris, 1838, p. LXXII-LXXIII, 161-169.

602. Jean de Montreuil, *Opera*, I, *Epistolario*, lettre 215, p. 344, 349 ; l. 213, p. 321 ; l. 215, p. 344 ; l. 215, p. 346 ; l. 42, p. 68 ; l. 74, p. 115 ; l. 125, p. 184 ; l. 215, 344 ; l. 155, 222 ; l. 213, 321.

603. Thomassy, *Essai*, LXXII.

604. Jean Gerson, *Œuvres complètes*, P. Glorieux éd., VII², *L'œuvre française, sermons et discours (340-398)*, Paris. Tournai-Rome-New York, 1968, p. 1179.

605. Thomassy, Essai, p. LXXII, 163. The « Livre de la Paix » of Christine de Pisan, Charity Cannon Willard ed., La Haye, 1958, p. 131.

606. Beltran, *L'idéal de sagesse*, p. 218. Jacques Legrand, *Archiloge Sophie*, p. 42.

607. Jean de Montreuil, *Opera*, I, l. 215, p. 344, 346 ; l. 213, p. 321.

608. Thomassy, *Essai*, p. 162. Pisan, *Livre de la Paix*, p. 130. Pisan, *Policie*, p. 197. Beltran, *L'Idéal de sagesse*, p. 218.

609. Gerson, *Œuvres*, VII², p. 1114.

610. Gerson, *Œuvres*, VII², p. 1115, 1121, 1146, 1170, etc.

611. Jean de Montreuil, *Opera*, t. I, *Epistolario*, l. 42, p. 68 ; l. 125, p. 184 ; l. 215, p. 344.

612. Jacques Legrand, *Archiloge Sophie*, p. 353.

613. Thomassy, *Essai*, p. 162. Pisan, *Livre de la Paix*, p. 128-130.

614. Gerson, *Œuvres*, VII², p. 1146.

615. Gerson, *Œuvres*, VII², p. 1154, 1161.

616. « Quidquid vulgus predicat vel etiam cogitat, vacuum est ; quidquid loquitur, falsum est ; quidquid improbat, bonum est ; quidquid approbat, malum ; quidquid predicat, infame est ;

quidquid agit, stultum est » ; l. 42, p. 68 ; l. 125, p. 184 ; l. 215, p. 344.

617. Beltran, *L'Idéal de sagessse*, p. 219.

618. « Errores hominum videlicet, qui his, in regionibus tribus statibus partiuntur : clero, nobilibus ac populo » ; Jean de Montreuil, *Opera*, I, *Epistolario*, l. 167, p. 256.

619. Gerson, *Œuvres*, VII², p. 603, 1178.

620. *Ibid.*, p. 1165.

621. Beltran, *L'Idéal de sagesse*, p. 176.

622. Solente, *Christine de Pisan*, p. 394-395. Pisan, *Charles V*, II, 28-30.

623. Jean Courtecuisse, *L'Œuvre oratoire*, p. 333.

624. Pisan, *Charles V*, II, 30.

625. Thomassy, *Essai*, p. 162-166. Christine de Pisan, *Livre de la Paix*, p. 130-133.

626. Pisan, *Policie*, p. 12.

627. *LPA*, p. 145,329.

628. Pisan, *Policie*, p. 74.

629. Courtecuisse, *L'Œuvre oratoire*, p. 16-17, 283, 333.

630. Gerson, *Œuvres*, VII², p. 1147.

631. Gerson, *Œuvres*, VII², p. 1165.

632. Gerson, *Œuvres*, VII², p. 603.

633. Gerson, *Œuvres*, VII², p. 1151.

634. Gerson, *Œuvres*, VII², p. 1145, 1151, 1154.

635. Cf. *supra* n. 549.

636. Jean de Montreuil, *Opera*, t. I ; *Epistolario*, l. 215, p. 343, 351.

637. *Ibid.*, l. 215, p. 349.

638. *Ibid.*, l. 184, p. 274.

639. *Ibid.*, l. 38, p. 60.

640. *Ibid.*, l. 37 et 38, p. 52-63.

641. *Ibid.*, l. 38, p. 60 ; l. 215, p. 344.

642. Pauci, : *Ibid.*, l. 215, p. 344.

643. *Ibid.*, l. 215, p. 343.

644. Beltran, *L'Idéal de Sagesse*, p.197

645. Jacques Legrand, *Archiloge Sophie*, p. 353, 387.

646. Jacques Legrand, *Archiloge Sophie*, p. 36, 357, 387.

647. Beltran, *L'Idéal de sagesse*, p. 219, 244.

648. Jacques Legrand, *Archiloge Sophie*, p. 363.

649. *Ibid.*, p. 43.

650. Beltran, *L'Idéal de sagesse*, p. 164.

651. Monstrelet, *Chronique*, II, 241-242. Beltran, *L'Idéal de sagesse*, p. 191.

652. «Tantorum principum opposicionem ex visceribus

compassionis procedentem, utique viri virtutum racionabilem dixissent, sed assistencium non sanior pars, quamvis major, ut sepe contingit... », *RSD*, III, 230.

653. Noël Valois a montré que plusieurs des chapitres où Michel Pintoin raconte l'ambassade de 1407 sont repris de la relation qu'en avait faite Jacques de Nouvion, notaire et secrétaire du roi. (Noël Valois, Jacques de Nouvion et le Religieux de Saint-Denis, *BEC*, 63 (1902), p. 233-262 ; Noël Valois, *La France et le grand Schisme d'Occident*, III, Paris, 1901, p. 508, n. 3 de la page 507.) L'apparition, par deux fois, de *viri honorabiles* dont n'a jamais auparavant usé Michel Pintoin, montre bien que d'autres chapitres ont dû, eux aussi, être empruntés.

654. *RSD*, V, 648.

655. *RSD*, V, 122.

656. *LPA*, p. 228, 266.

657. Par exemple : *RSD*, II, 238, 242 ; IV, 80, 426 ; V, 108 ; etc.

658. Par exemple, lettre de Charles VI du 10 février 1414. Français : « plusieurs notables gentilz hommes, escuiers et autres ». Latin : « plures notabiles milites et armigeros » ; Monstrelet, *Chronique*, II, 444 ; *RSD*, V, 252 ; Guenée, *Un roi et son historien*, p. 135.

659. *RSD*, I, 600.

660. *RSD*, II, 220 ; IV, 14, 16 ; etc.

661. *RSD*, III, 512 ; IV, 342, 366, 376 ; etc.

662. *RSD*, V, 120, 142 ; VI, 124.

663. *RSD*, VI, 194.

664. Bernard Guenée, « Catalogue des gens de justice de Senlis et de leurs familles (1380-1550) », *Comptes Rendus et Mémoires de la Société d'Histoire et d'Archéologie de Senlis*, années 1979-1980, Compiègne, 1981, p. 52.

665. *RSD*, VI, 370.

666. *RSD*, II, 700 ; III, 306, 552, 556 ; V, 404, 424, 436 ; VI, 132, 146.

667. *RSD*, II, 38, 700 ; III, 306 ; V, 404, 424.

668. « Fere regnicole omnes auctoritate preminentes » ; *RSD*, III, 62. Voir aussi : I, 236 ; VI, 244.

669. *RSD*, I, 382, 484 ; II, 562, 690 ; III, 10.

670. « Presentibus multis trium statuum summe auctoritatis » ; *RSD*, VI, 230. « Flandrenses, que promiserant complentes, ex trino statu patrie quosdam magnificos et summe auctoritatis milites, clericos et burgenses regi luce precedenti transmiserant » ; *RSD*, V, 348. « Omnes de regio sanguine procreati nec

non et summe auctoritatis gentes trium statuum dominiorum suorum » ; *RSD*, V, 432.

671. *RSD*, V, 208, 438.

672. *RSD*, IV, 126 ; V, 380, 570 ; I, 594, 630 ; etc.

673. *RSD*, I, 594, 652.

674. *RSD*, IV, 150-152. Bertrand Schnerb, *Enguerrand de Bournonville et les siens. Un lignage noble du Boulonnais aux XIVe et XVe siècles*, Paris, 1997.

675. Monstrelet, *Chronique*, I, 372.

676. « Indiferenter burgenses cum ruralibus capiens » ; *RSD*, I, 108. « Quotquot burgenses sive accolas agrestes obvios reperiebant » ; *RSD*, I, 152, « Burgenses cum ruricolis » ; *RSD*, II, 710. « Ad manus rusticorum et burgensium » ; *RSD*, II, 722. « Si quos se ruricolis aut civibus obvios haberi contigisset » ; *RSD*, IV, 404.

677. Cives : 376 occurrences ; burgenses : 83 occurrences.

678. Dans la Belgique actuelle ; *RSD*, II, 42.

679. *RSD*, III, 16 ; IV, 364, 370.

680. *RSD*, V, 240.

681. *RSD*, I, 46 ; III, 332 ; IV, 58, 342.

682. *RSD*, IV, 446 ; VI, 264.

683. *RSD*, V, 130, 744.

684. « Nonnulli summe auctoritatis et ex generosis proavis ducentes originem » ; *RSD*, IV, 364. « Cives summe auctoritatis burgenses sex domino duci presentarent de quorum numero Petrum dictum Genciam, virum utique prudentem et ex generosis proavis ducentem originem » ; *RSD*, IV, 448.

685. « Regina, diciores et summe auctoritatis burgenses advocans » ; *RSD*, IV, 138.

686. *RSD*, I, 248 ; IV, 674 ; V, 10 ; VI, 296.

687. *RSD*, V, 10, 120.

688. *RSD*, V, 130.

689. *RSD*, III, 340 ; IV, 56, 180 ; etc.

690. *RSD*, VI, 126.

691. *RSD*, III, 86 ; IV, p.190.

692. *RSD*, I, 248 ; VI, 308.

693. *RSD*, IV, 580.

694. « Quod ut noticiam minoris populi et mechanicis artibus insudancium pervenit »... ; « spretis summe auctoritatis burgensibus » ; *RSD*, VI, 92.

695. *RSD*, IV, 364.

696. *RSD*, IV, 446.

697. *RSD*, V, 64.

698. *RSD*, VI, 376.

699. *RSD*, VI, 370.

700. « Honestiores », opposé à « plebei » se trouve dans le *Digeste* ; *Le grand Gaffiot*, Pierre Flobent éd., Paris, 2000, s.v.

701. *RSD*, I, 128.

702. Amos, 5, 13. *LPA*, V, 1, p. 204.

703. « Scientes quod populares, erecto supercilio et ampullosis sermonibus obstinacione animi indicantes » ; *RSD*, I, 128.

704. *RSD*, I, 130.

705. « Quod tamen summe auctoritatis dominas circumspectione et industria in agendis superaverit » ; *RSD*, III, 214.

706. « Vir prudens et notabilis » ; *RSD*, V, 120.

707. *RSD*, I, 44-52, 146, 242.

708. *RSD*, I, 382 ; V, 10, 120 ; VI, 172.

709. *RSD*, II, 398.

710. *RSD*, III, 62.

711. *RSD*, VI, 2-4.

712. « A summe auctoritatis incolis sequencia didici » ; *RSD*, IV, 450. « A summe auctoritatis decurionibus didici » ; *RSD*, V, 296.

713. Lettre de l'Université de Paris, 1394, *RSD*, II, 158, 174. Lettres royales, 1407, 1408 ; *RSD*, III, p. 640 ; IV, 24. Traité de Troyes, 1420 ; *RSD*, VI, 414, 428.

714. *RSD*, III, 660, 668. Cf. *supra*, n. 653.

715. L'abbé de Cerisy ; *RSD*, IV, 128. Guillaume Saignet ; *RSD*, V, 98, 100, 110.

716. « Universitatis scientificis viris » ; *RSD*, IV, 412. « Rector venerabilis cum eminentis sciencie Universitatis suppositis » ; *RSD*, III, 188. « Prelati et eminentis sciencie doctores et magistri » ; *RSD*, III, 484. Guenée, *Un roi et son historien*, p. 348.

717. *RSD*, III, 764.

718. *RSD*, I, 644. II, 224, 248, 280, 774 ; III, 502 ; IV, 16 ; V, 270 ; VI, 208.

719. *RSD*, V, 4-6.

720. « Theologi et artiste in disputacionibus magis quam processibus examinandis experti »... « inter eos atque in jure peritos » ; *RSD*, IV, 16.

721. *RSD*, I, 570.

722. *RSD*, III, 18, 142.

723. *RSD*, III, 146.

724. « Gonterum Colli, regis secretarium peritum » ; *RSD*, IV, 108.

725. *RSD*, I, 664.

726. *RSD*, I, 506 ; II, 156 ; IV, 24.

727. *RSD*, I, 2.

728. *RSD*, II, 688.
729. *RSD*, IV, 54.
730. *RSD*, II, 360 ; III, 540 ; V, 502.
731. *RSD*, II, 140 ; IV, 294.
732. « Personas... discretas, peritas » ; *RSD*, IV, 294.
733. « Vir providus et discretus » ; *RSD*, I, 708 ; II, 498.
734. *RSD*, II, 140.
735. *RSD*, VI, 26.
736. « Discretorum pectoribus alcius descendebat... idque presagium perpetue discordie existere » ; *RSD*, IV, 620.
737. *RSD*, I, 20.
738. *RSD*, III, 160 ; IV, 418.
739. *RSD*, V, 120.
740. *RSD*, V, 80.
741. *RSD*, V, 10, 48, 80, 88, 120.
742. *RSD*, III, 352.
743. *RSD*, IV, 520-522.
744. « Penes modestos et prudentes graviter criminabatur » ; *RSD*, IV, 418.
745. « Inde penes modestos et graves in subsannacionem et contemptum conversus fuerat » ; *RSD*, V, 278.
746. *RSD*, V, 120.
747. *RSD*, VI, 54.
748. *RSD*, VI, 272.
749. *RSD*, V, 284.
750. Pas forcément universitaires : « Virum utique litteratum et prudentem » ; *RSD*, II, 448. « Per prudentes et litteratissimos viros » ; *RSD*, II, 622.
751. « Virum utique prudentem et in judiciis expertum » ; *RSD*, I, 628. « Prudentem virum in cunctis expertum » ; *RSD*, III, 714. « Viri prudentes, experti, sciencia atque facundia clari », opposés à « indocti juvenes » ; *RSD*, IV, 760.
752. Charles V était « prudens et providus » ; *RSD*, II, 152.
753. « Viros prudentes et industrios » ; *RSD*, V, 60.
754. « Nonnullis aliis prudentibus et probis hominibus » ; *RSD*, V, 266.
755. « Viri prudentes, experti, timentes Deum et qui zelum ad rem publicam habeant » ; *RSD*, IV, 372. « Prudentes... qui regni ardua secundum Deum et justiciam disponant » ; *RSD*, IV, 374. « Prudentes nuncii, Deum habentes pre oculis, honorem et utilitatem amborum regnorum » ; *RSD*, VI, 314.
756. « Prudentes viri et fideles » ; *RSD*, IV, 766.
757. Cf. *supra* n. 755.

758. « Penes graves et prudentes » ; « penes modestos et prudentes » ; *RSD*, III, 160 ; IV, 418.

759. Dans cette petite enquête sur le destin de ces mots au Moyen Age, Anne Grondeux et Bruno Bon, au Comité Du Cange, m'ont été d'un puissant secours. Je les remercie bien vivement.

760. « Sed Pippinus, in modum sancti animalis habentis oculos ante et retro undique circumspectus, prudenter agebat in cunctis » (« Mais Pépin, regardant partout comme le saint animal qui avait des yeux devant et derrière, agissait prudemment en tout ») ; *Catalogus codicum hagiographicorum latinorum bibliothecae regiae Bruxellensis*, I, Bruxelles, 1886, p. 597.

761. « Providus in consilio, circumspectus in facto » ; Anselme de Liège, « Gesta episcoporum Tungrensium, Traiectensium et Leodiensium », *Monumenta Germaniae Historica, Scriptores*, VII, R. Koepke éd., 1846, p. 206.

762. « Prudens et circumspectus vir » ; Iod. Badius Ascensius, « In Parthenicen Catharinariam Baptiste Mantuani exp. », *Corpus christianorum Continuatio medievalis*, 119A, A.P. Orban éd., Turnhout, 1992, liv. 3, 1. 1426. « In consilio circumspectus et prudens » ; *Sancti Bernardi opera*, J. Leclercq et H.M. Rochais éd., V, 1968, p. 444.

763. « Vir circumspectus et rerum multarum habens experientiam » ; « vir prudentia preditus seculari, in agendis circumspectus » ; « vir prudens et in agendis circumspectus » ; « vir experientia preditus seculari, prudens admodum et in agendis circumspectus » ; Guillaume de Tyr, *Chronique*, R.B.C. Huygens éd., Turnhout, 1986, liv. 1, chap. 11, l. 26 ; liv. 10, chap. 23, l 22 ; liv. 11, chap. 16, l. 32 ; liv. 19, chap. 2, l. 1.

764. Guenée, *Un roi et son historien*, s.v.

765. « Fuit vir experientia preditus seculari, prudens admodum et in agendis circumspectus » ; Guillaume de Tyr, *Chronique*, liv. 19, chap. 2, l. 1-2 ; *RSD*, III, 146.

766. *RSD*, III, 146 ; cf. *supra* n. 765.

767. *RSD*, IV, 254 ; VI, 404.

768. *RSD*, IV, 118. BNF, fr 13569, fol 964-v. Je dois ce renseignement à Nicole Pons, que je remercie bien vivement.

769. *RSD*, I, 570.

770. Dans le même sens : *RSD*, II, 248, 536, 560 ; III, 92.

771. Je dois ces renseignements à l'éditeur du *Songe du Vergier* (2 vol., Paris, 1982), du *Somnium Viridarii* (2 vol., Paris, 1993-1995) et des *Trois leçons sur les Décrétales* d'Evrart de Tremaugon (Paris, 1998), Marion Schnerb-Lièvre, que je remercie bien vivement.

772. « Summe auctoritatis dominas circumspectione et industria in agendis superavit » ; *RSD*, III, 214.

773. « Dominum papam virum eminentis sciencie, magne circumspectionis » ; *RSD*, III, 92.

774. *RSD*, II, 48 ; V, 206.

775. *RSD*, IV, 742.

776. *RSD*, III, 146.

777. *RSD*, IV, 118.

778. *RSD*, IV, 372

779. *RSD*, I, 572

780. « Asserente non minus concilio et circumspectione rerum que geruntur quam gladio ad victoriam regem debere aspirare » ; *RSD*, I, 220.

781. *RSD*, III, 66 ; IV, 254 ; V, 286.

782. *RSD*, VI, 404 ; II, 248 ; I, 570 ; V, 630.

783. *RSD*, IV, 440.

784. « Nisi auctoritatem sibi commissam assuescant freno circumspectionis ac legibus temperancie moderari » ; *RSD*, V, 78.

785. « Summe auctoritatis et circumspectionis viri » ; *RSD*, VI, 172.

786. *RSD*, II, 224 ; IV, 90.

787. *RSD*, I, 6 ; III, 312 ; IV, 360 ; VI, 26, 368, 386.

788. *RSD*, I, 628 ; IV, 384, 584.

789. *RSD*, II, 248 ; III, 512 ; IV, 408.

790. *RSD*, I, 730.

791. *RSD*, I, 154.

792. *RSD*, IV, 756-758.

793. *RSD*, IV, 568.

794. *RSD*, VI, 26.

795. Guenée, *Un roi et son historien*, p. 469.

796. *RSD*, VI, 386.

797. « Circumspectorum virorum attendentes sentenciam » ; *RSD*, II, 530.

798. *RSD*, II, 662.

799. *RSD*, VI, 16.

800. *RSD*, I, 584 ; II, 262 ; IV, 690.

801. « Circumspecti tunc dixerint reprehensibile, regieque incongruum dignitati et contra progenitorum morem » ; *RSD*, I, 352.

802. « Quamplurium virorum circumspectorum judicio reprehensibilem cunctis se reddidit » ; *RSD*, V, 582.

803. « Multorum sane circumspectorum judicio » ; *RSD*, VI, 64.

804. *RSD*, II, 692.
805. *RSD*, III, 282 ; IV, 2, 232.
806. *RSD*, V, 94, 308.
807. *RSD*, III, 306 ; IV, 326 ; VI, 284.
808. *RSD*, III, 160.
809. *RSD*, III, 68.
810. *RSD*, V, 4.
811. *RSD*, III, 10.
812. *RSD*, IV, 52.
813. *RSD*, II, 774.
814. « Inopinata re » ; « inopinatum recessum » ; *RSD*, I, 682 ; III, 450.
815. *RSD*, I, 682.
816. Sententia : *RSD*, I, 14 ; VI, 322. Vulgalis oppinio : *RSD*, III, 496 ; IV, 442.
817. *RSD*, III, 286 ; VI, 50.
818. *RSD*, II, 86 ; IV, 354.
819. « Verax relacio », « fide dignorum relacio » ; *RSD*, I, 682 ; VI, 32.
820. *RSD*, II, 86 ; VI, 50.
821. « Regnicole fere omnes indubitanter sperabant quod... ». « a nonnullis viris criminabantur circumspectis » ; *RSD*, VI, 60.
822. « Rumor publicus refferebat » ; « inopinata re merito perturbati multi circumspecti viri veraci relacione cognoverunt quod... » ; *RSD*, I, 682.
823. « In hanc sentenciam ibant fere cuncti regnicole, timentes ne... » ; « judicio quoque circumspectorum » ; *RSD*, I, 14.
824. Guenée, *Un roi et son historien*, p. 56-57.
825. « Ad expedicionem regiam stilus regreditur » ; *RSD*, I, 458. « Ad discursiones hostiles Anglicorum... rediens stilus noster » ; *RSD*, I, 56. « Ad hystoriam stilum reducens », *RSD*, I, 566. « Calamus annum finiens » ; *RSD*, I, 404. Sans *stilus* ou *calamus*, un simple participe présent : « ad propositum rediens » ; *RSD*, I, 634. « Addens hystorie » ; *RSD*, I, 682. « Ad finem casus veniens » ; *RSD*, I, 244.
826. « Vidi », « conspexi » ; *RSD*, I, 398, 402. « Perlegi » ; *RSD*, I, 468. « Cum audirem » *RSD*, I, 134. « Sicut fida relacione cognovi » ; *RSD*, I, 118. « Didici » ; *RSD*, I, 224, 262, 438, 656, etc.
827. « Memini me... investigasse » ; *RSD*, I, 502. « Memini tunc nonnullos interrogasse » ; *RSD*, I, 520. « Michi sciscitanti » ; *RSD*, II, 460 ; III, 228.
828. « Reperio » ; *RSD*, I, 280. « Comperio » ; *RSD*, I, 284,

332. « Pro comperto non habui » ; *RSD*, I, 428, 626, 684. « Nescio » ; *RSD*, I, 694. « Non teneo » ; *RSD*, I, 368, 668.

829. Censeo, censui ; dignum duco, dignum duxi ; commendendum, notandum, inserendum, non reticendum, etc.

830. Guenée, *Un roi et son historien*, p. 83-84.

831. *RSD*, I, 258, 300.

832. *RSD*, II, 518-520.

833. *RSD*, I, 622 ; V, 342-344. Guenée, *Un roi et son historien*, s.v.

834. *RSD*, I, 258, 596 ; IV, 236, 246. Guenée, *Un roi et son historien*, p. 60.

835. Guenée, *Un roi et son historien*, p. 91-139.

836. *RSD*, I, 318.

837. « Ira inexpiabili stimulati in eos tantum odium conceperunt quod... » ; *RSD*, IV, 508.

838. « Et id notanter infero ad destruendum errorem popularem tunc mendaciter adinventum » ; *RSD*, IV, 514.

839. *RSD*, V, 246.

840. *RSD*, I, 392-398.

841. « Casum sequentem censerem parvipendendum et memoria indignum... »

842. « A proposito non dissidet, si hanc artem dixerim commendandam... nec ultra, si addidero quod... »

843. *RSD*, I, 382.

844. *RSD*, II, 406.

845. *RSD*, I, 446 ; II, 100.

846. « Inde ipsum merito benedicendum censeo, ab universis Francigenis » ; *RSD*, VI, 206.

847. Guenée, *Un roi et son historien*, p. 41-45.

848. Noël Valois, *La France et le grand Schisme d'Occident*, III, Paris, 1901, p. 313.

849. *RSD*, II, 688-689.

850. *RSD*, III, 240.

851. *RSD*, VI, 272.

852. Hélène Millet, « Michel Pintoin, chroniqueur du grand Schisme d'Occident », dans *Saint-Denis et la Royauté*, Paris 1999, p. 213-236.

853. *RSD*, III, 68.

854. *RSD*, III, 362.

855. *RSD*, IV, 602.

856. Guenée, « Les grandes chroniques de France. Le roman aux roys (1274-1518) », dans *Les Lieux de mémoire*, Pierre Nora éd., II, *La Nation*, 1, Paris, 1986, p. 201.

857. « Ut utiles toti regno, ad longum dixerant Francorum hystorie inserendo » ; *RSD*, V, 154.

858. *RSD*, V, 154.

859. *RSD*, V, 52.

860. « Hiis narratis, ut in scriptis redigerem » ; *RSD*, V, 164.

861. « Quarum tenorem, eorum jussionibus parens ut teneor, scriptis inserere dignum duxi » ; *RSD*, V, 196.

862. « Ut audivi pluries a viris circumspectis » ; *RSD*, III, 240.

863. « Unde sepius ipsis publice a circumspectis improperari audivi » ; *RSD*, III, 228.

864. « Memini me nonnullos circumspectos tam inopinate invasionis originem sciscitando tunc dixisse... » ; *RSD*, III, 240. « Michi causam varietatis sciscitanti a quibusdam circumspectis responsum est » ; *RSD*, IV, 480.

865. « Michi ex officio inquirenti sollicite qui motores principales tantorum scelerum extitissent, circumspectorum et fidelium virorum relacione didici quod Britones Armorici » ; *RSD*, IV, 516.

866. *RSD*, VI, 90.

867. *RSD*, I, 458 ; II, 86 ; III, 470 ; V, 578 ; VI, 50, etc.

868. *RSD*, I, 382-384.

869. « Sed istos ut sequar non inclinat animus » ; *RSD*, IV, 240.

870. « Quos ut sequar animus non inclinat » ; *RSD*, V, 46.

871. « Circumspectorum sequens judicium » ; *RSD*, I, 458. « Judicio tamen circumspectorum virorum adherendo » ; *RSD*, III, 470. « Addam tamen libere, sine contradictione et circumspectorum virorum sequens sentenciam, quia... » ; *RSD*, VI, 90.

872. Cf. *supra* n. 846 et 870.

873. *RSD*, I, LXXIV-LXXX ; V, 574-580. Guenée, *Un roi et son historien*, p. 74-78.

874. « Judicio omnium circumspectorum relinquo in finalibus si causa ruine regni extiterit nobilitas gallicam. »

875. « Quibus et scientifici viri, me audiente, pluries responderunt. »

876. « Hos scientificos viros ut sequar inclinat animus. »

877. *RSD*, III, 312 ; IV, 360 ; VI, 26.

878. *RSD*, I, 382-384. Cf. *supra* n. 868.

879. *RSD*, V, 4-6.

880. *RSD*, II, 48 ; IV, 30.

881. *RSD*, III, 240, 764 ; V, 270.

882. *RSD*, II, 774 ; cf. *supra*, n. 813. *RSD*, III, 32 ; IV, 366.

883. *RSD*, V, 582.

884. *RSD*, I, 562-564. Guenée, *Un roi et son historien*, p. 185-218.

885. *RSD*, I, 598.

886. *RSD*, II, 48. N. Valois, *La France et le grand Schisme d'Occident*, II, Paris, 1896, p. 398-402. F. Lehoux, *Jean de France, duc de Berri...*, II, Paris, 1966, p. 295-296.

887. *RSD*, IV, 30, 52. N. Valois, *La France et le grand Schisme d'Occident*, IV, Paris, 1902, p. 21-31. Voir aussi : *RSD*, III, 484-486 ; IV, 16.

888. Guenée, *Un meurtre, une société. L'assassinat du duc d'Orléans, 23 novembre 1407*, Paris, 1992.

889. « Sic parlamento soluto, quosdam presentes circumspectos et eminentis sciencie memini perorata in multis reprehensibilia censuisse ; quos et sequi quamvis animus inclinaret, in sacra tamen pagina magistris venerabilibus determinandum relinquo si erronea vel ridiculosa sint dicenda » ; *RSD*, III, 764.

890. *RSD*, V, 270.

891. Guenée, *Un roi et son historien*, p. 354.

892. « Unum contigit quorumdam circumspectorum virorum judicio non silendum sed hiis scriptis inserendum » ; *RSD*, VI, 330.

893. *RSD*, VI, 272.

894. Guenée, « Les Grandes Chroniques de France. Le Roman aux roys (1274-1518) », *Les Lieux de mémoire*, Pierre Nora éd., II, *La Nation*, 1, Paris, 1986, p. 189-214.

895. *RSD*, II, 414.

896. *RSD*, II, 405.

897. Guenée, *Un roi et son historien*, p. 267, 425-454.

898. *RSD*, III, 334.

899. *RSD*, II, 684.

900. *RSD*, II, 692 ; III, 28.

901. *RSD*, II, 696, 714, 726.

902. *RSD*, II, 704.

903. *RSD*, III, 2-4.

904. *RSD*, II, 722.

905. *RSD*, III, 34.

906. « Quasi guerrarum imminencium signum » ; *RSD*, III, 14.

907. *RSD*, III, 28.

908. *RSD*, III, 232.

909. *RSD*, III, 36.

910. *RSD*, III, 28, 138, 230.

911. *RSD*, III, 36.

912. *RSD*, III, 140, 228.

913. *RSD*, III, 228, 232.
914. *RSD*, III, 268-274.
915. *RSD*, III, 346.
916. *RSD*, III, 284-288. Cf. *supra*, n. 10-13.
917. *RSD*, III, 296, 304. Lehoux, *Jean de France*, III, 48.
918. *RSD*, III, 310. Monstrelet, *Chronique*, I, 121.
919. *RSD*, III, 312.
920. *RSD*, III, 314. Lehoux, *Jean de France*, III, 55.
921. Monstrelet, *Chronique*, I, 122.
922. *RSD*, III, 314.
923. *RSD*, III, 274, 282-286.
924. *RSD*, III, 310.
925. *RSD*, III, 266, 272.
926. *RSD*, III, 230, 266, 270.
927. *RSD*, III, 266, 284.
928. *RSD*, III, 340.
929. Lehoux, *Jean de France*, III, 51.
930. *RSD*, III, 344.
931. *RSD*, III, 316. Lehoux, *Jean de France*, III, 51 et suiv.
932. « Civium responsionem satis gratanter audivit » ; *RSD*, III, 342.
933. *RSD*, III, 344.
934. Guenée, *Un meurtre, une société*.
935. *RSD*, III, 730, 736.
936. *RSD*, III, 764.
937. *RSD*, III, 754.
938. Nicole Oresme, *Le Livre de Politiques d'Aristote*, Albert Douglas Menut ed., Philadelphie, 1970, p. 233.
939. Juvénal, *Histoire de Charles VI*, 455.
940. *RSD*, IV, 286.
941. *RSD*, IV, 316-318. Lehoux, *Jean de France*, III, 168.
942. Lehoux, *Jean de France*, III, 169.
943. Juvénal, *Histoire de Charles VI*, 454.
944. *RSD*, IV, 326-328.
945. Juvénal, *Histoire de Charles VI*, 455.
946. *RSD*, IV, 354. Monstrelet, *Chronique*, II, 82.
947. *RSD*, IV, 352.
948. *Journal d'un Bourgeois de Paris*, § 12.
949. *RSD*, IV, 352.
950. Lehoux, *Jean de France*, III, 195.
951. Juvénal, *Histoire de Charles VI*, 455.
952. *RSD*, IV, 382-384.
953. Lehoux, *Jean de France*, III, 214-215, 232-233.
954. Lehoux, *Jean de France*, III, 213.

955. *RSD*, IV, 410. Lehoux, *Jean de France*, III, 223-224.

956. *RSD*, IV, 418. Juvénal, *Histoire de Charles VI*, 456. Lehoux, *Jean de France*, III, 228.

957. « Nec erubesceret in eum plebs maledicta publice jaculari » ; *RSD*, IV, 418.

958. *RSD*, IV, 434.

959. *RSD*, IV, 402.

960. C'est ainsi que j'interprète les documents cités par Lehoux, *Jean de France*, III, 215, n. 2.

961. *RSD*, IV, 434-438. Monstrelet, *Chronique*, II, 155-162, Lehoux, *Jean de France*, III, 229-235

962. *RSD*, IV, 444.

963. Lehoux, *Jean de France*, III, 234.

964. Lehoux, *Jean de France*, III, 234, n. 5.

965. Juvénal, *Histoire de Charles VI*, 468.

966. Juvénal, *Histoire de Charles VI*, 467.

967. *Journal de Nicolas de Baye*, II, 19. *RSD*, IV, 442.

968. Juvénal, *Histoire de Charles VI*, 467.

969. *RSD*, IV, 442.

970. *RSD*, IV, 446.

971. Juvénal, *Histoire de Charles VI*, 467.

972. *RSD*, IV, 444. Juvénal, *Histoire de Charles VI*, 467.

973. *RSD*, IV, 446.

974. *RSD*, IV, 442-444.

975. *RSD*, IV, 446-448.

976. *RSD*, IV, 478.

977. Lehoux, *Jean de France*, III, 235.

978. *RSD*, IV, 464.

979. « Stultiloqui homines et ad queque adinventa credendum nimis precipites » ; *RSD*, IV, 446.

980. *RSD*, V, 248.

981. *RSD*, V, 542.

982. *RSD*, VI, 142.

983. *RSD*, VI, 156.

984. *RSD*, VI, 398.

985. *Journal d'un Bourgeois de Paris*, § 72.

986. *RSD*, V, 324.

987. *RSD*, VI, 184-198.

988. *RSD*, VI, 442-444.

989. « Inexpiabili odio », 1411, 1416, 1417 ; *RSD*, IV, 446 ; VI, 48, 148. « Odium mortale » ; *RSD*, VI, 196.

990. « Regnicole universi... inveterato odio stimulante in duas partes divisi » ; *RSD*, VI, 168

991. *RSD*, IV, 446

992. 1416 ; *RSD*, VI, 48. 1417 ; *RSD*, VI, 64, 168. 1419 ; *RSD*, VI, 322. En français . *Journal d'un Bourgeois de Paris*, § 85, 91.

993. *RSD*, VI, 296.

994. *RSD*, VI, 322.

995. *RSD*, V, 278.

996. *Journal d'un Bourgeois de Paris*, § 85.

997. *RSD*, IV, 552.

998. *RSD*, IV, 474-476.

999. *RSD*, IV, 628.

1000. *RSD*, IV, 434.

1001. *RSD*, V, 52.

1002. *RSD*, V, 46.

1003. *RSD*, V, 138.

1004. « Michi autem pluries sciscitanti tam subite adhesionis, tam insoliti plausus et gaudii causam, responsum est » ; *RSD*, VI, 80.

1005. *RSD*, VI, 172.

1006. *RSD*, VI, 202.

1007. *RSD*, VI, 296.

1008. Guenée, *Un meurtre, une société*, p. 280-285. Guenée, *Un roi et son historien*, p. 455-477.

1009. Guenée, *Un meurtre, une société*, p. 286-287.

1010. *RSD*, VI, 376, 386.

BIBLIOGRAPHIE

Chronique du Religieux de Saint-Denis contenant le règne de Charles VI de 1380 à 1422, publiée en latin et traduite par M. L. Bellaguet, 6 vol., Paris, 1839-1852 ; reproduite avec une introduction de Bernard Guenée en trois volumes contenant chacun deux tomes, Paris, 1994. (*RSD.*)

Les Grandes Chroniques de France, Jules Viard éd., 10 vol., Paris, 1920-1953. (*GCF.*)

Les Grandes Chroniques de France. Chronique des règnes de Jean II et de Charles V, Roland Delachenal éd., 4 vol., Paris, 1910-1920.

Chronographia regum Francorum, Henri Moranvillé éd., 3 vol., Paris, 1891-1897.

Journal d'un Bourgeois de Paris, 1405-1449, Alexandre Tuetey éd., Paris, 1881. Autre édition : *Journal d'un Bourgeois de Paris de 1405 à 1449*, Colette Beaune éd., Paris, 1990.

Le Livre des Fais du bon messire Jehan Le Maingre, dit Bouciquaut, mareschal de France et gouverneur de Jennes, Denis Lalande éd., Genève, 1985.

Le Songe du Vergier, Marion Schnerb-Lièvre éd., 2 vol., Paris, 1982.

Christine de Pisan, *The « Livre de la Paix » of Christine de Pisan*, Charity Cannon Willard ed., La Haye, 1958.

Christine de Pisan, *Le Livre des fais et bonnes meurs du sage roy Charles V*, Suzanne Solente éd., 2 vol., Paris, 1936-1940.

Christine de Pisan, *Le Livre du corps de policie*, Robert H. Lucas éd., Genève-Paris, 1967.

Enguerran de Monstrelet, *La Chronique d'Enguerran de Monstrelet en deux livres avec pièces justificatives, 1400-1444*, Louis Douët-D'Arcq éd., 6 vol., Paris, 1857-1862.

Guillaume de Tyr, *Chronique*, Robert B.C. Huygens éd., 2 vol., Turnhout, 1986.

Jacques Legrand, *Archiloge Sophie, Livre de bonnes meurs*, Evencio Beltran éd., Paris, 1986.

Jean Courtecuisse, *L'œuvre oratoire française de Jean Courtecuisse*, Giuseppe Di Stefano ed., Turin, 1969.

Jean Froissart, *Œuvres de Froissart*, le baron Kervyn de Lettenhove éd., 28 vol., Bruxelles, 1867-1877.

Jean Gerson, *Œuvres complètes*, Palémon Glorieux éd., 10 vol., Paris-Tournai, 1960-1973.

Jean Juvénal des Ursins, *Histoire de Charles VI, roy de France...*, *Nouvelle Collection des Mémoires pour servir à l'Histoire de France...*, Michaud et Poujoulat éd., II, Paris, 1836, p. 333-569.

Jean de Montreuil, *Opera*, Ezio Ornato, Gilbert Ouy et Nicole Pons éd., 4 vol., Turin puis Paris, 1963-1986.

Maistre Nicole Oresme, *Le Livre de Politiques d'Aristote*, Albert Douglas Menut ed., Philadelphie, 1970. (*LPA*.)

Nicolas de Baye, *Journal de Nicolas de Baye, greffier du parlement de Paris, 1400-1417*, Alexandre Tuetey éd., 2 vol., Paris, 1885-1888.

Autrand (Françoise), *Charles VI. La folie du roi*, Paris, 1986.

Beltran (Evencio), *L'idéal de sagesse d'après Jacques Legrand*, Paris, 1989.

Chiffoleau (Jacques), « Les processions parisiennes de 1412. Analyse d'un rituel flamboyant », *Revue historique*, 284 (1900), p. 37-76.

Cosneau (Emile) éd., *Les grands traités de la Guerre de Cent Ans*, Paris, 1889.

Dictionnaire des Lettres françaises. Le Moyen Age, ouvrage préparé par Robert Bossuat, Louis Pichard et Guy Raynaud De Lage. Edition entièrement revue et mise à jour sous la direction de Geneviève Hasenohr et Michel Zink, Paris, 1992 (*DLF-MA*.)

Dumont (Jean), *Corps universel diplomatique du droit des gens...*, 8 vol., Amsterdam, 1726-1731.

Les Elites urbaines au Moyen Age. XXIVe Congrès de la Société des Historiens médiévistes de l'Enseignement supérieur public (Rome, mai 1996), Paris-Rome, 1997.

L'Etat moderne et les élites, Jean-Philippe Genet et G. Lottes éd., Paris, 1996.

Le Forme della Propaganda Politica nel Due e nel Trecento..., Paolo Cammarosano ed., Rome, 1994.

Grandeau (Yann), « Les enfants de Charles VI. Essai sur la vie privée des princes et des princesses de la maison de France à la fin du Moyen Age », *Bulletin philologique et historique (jusqu'à 1610) du Comité des travaux historiques et scientifiques*, année 1967, II, Paris, 1969, p. 809-849.

Grévy-Pons (Nicole) et Ornato (Ezio), « Qui est l'auteur de la chronique latine de Charles VI dite du Religieux de Saint-Denis ? », *Bibliothèque de l'Ecole des Chartes*, 134 (1976), p. 85-102.

Jarry (Eugène), *La vie politique de Louis de France, duc d'Orléans, 1372-1407*, Paris-Orléans, 1889.

Krynen (Jacques), « Les légistes "idiots politiques". Sur l'hostilité des théologiens à l'égard des juristes, en France, au temps de Charles V », *Théologie et droit dans la science politique de l'Etat moderne. Actes de la table ronde organisée par l'Ecole française de Rome avec le concours du CNRS, Rome, 12-14 novembre 1987*, Rome, 1991, p. 171-198.

La Selle (Xavier de), *Le Service des âmes à la Cour. Confesseurs et aumôniers des rois de France du xiii* au xv* siècle*, Paris, 1995.

Lehoux (Françoise), *Jean de France, duc de Berri, sa vie, son action politique (1340-1416)*, 4 vol., Paris, 1966-1968.

Nebbiai-Dalla Guarda (Donatella), *La Bibliothèque de l'Abbaye de Saint-Denis en France du ix* au xviii* siècle*, Paris, 1985.

Petit (Ernest), « Séjours de Charles VI (1380-1400) », *Bulletin historique et philologique du Comité des travaux historiques et scientifiques*, 1893, p. 405-492.

Schnerb (Bertrand), *Enguerrand de Bournonville et les siens. Un lignage noble du Boulonnais aux xiv* et xv* siècles*, Paris, 1997.

Solente (Suzanne), Christine de Pisan, *Histoire littéraire de la France*, XL, Paris, 1974, p. 335-422.

Thomassy (Raimond), *Essai sur les écrits politiques de Christine de Pisan*, Paris, 1838.

Valois (Noël), Jacques de Nouvion et le Religieux de Saint-Denis, *Bibliothèque de l'Ecole des Chartes*, 63 (1902), p. 233-262.

Valois (Noël), *La France et le Grand Schisme d'Occident*, 4 vol., Paris, 1896-1902.

Guenée (Bernard), *Tribunaux et gens de justice dans le bailliage de Senlis à la fin du Moyen Age (vers 1380-vers 1550)*, Publications de la Faculté des lettres de Strasbourg, 1963,

Guenée (Bernard), *L'Occident aux xive et xve siècles. Les Etats*, Paris, Presses Universitaires de France, 1971 (Nouvelle Clio, 22) ; 6e éd., Paris, 1998.

Guenée (Bernard), *Politique et Histoire au Moyen Age. Recueil d'articles sur l'histoire politique et l'historiographie médiévale (1956-1981)*, Paris, Publications de la Sorbonne, 1981.

Guenée (Bernard), « Catalogue des gens de justice de Senlis et de leurs familles (1380-1550) », *Comptes Rendus et Mémoires de la Société d'Histoire et d'Archéologie de Senlis*, années 1979-1980, Compiègne, 1981, p. 20-84 ; et années 1981-1982, Compiègne, 1983, p. 3-96.

Guenée (Bernard), « Les Grandes Chroniques de France. Le Roman aux roys (1274-1518) », *Les Lieux de Mémoire*, sous la direction de Pierre Nora, II, *La Nation*, I, Paris, Gallimard, 1986, p. 189-214.

Guenée (Bernard), *Entre l'Eglise et l'Etat. Quatre vies de prélats français à la fin du Moyen Age (xiiie-xve siècles)*, Paris, Gallimard, 1987.

Guenée (Bernard), *Un meurtre, une société. L'assassinat du duc d'Orléans, 23 novembre 1407*, Paris, Gallimard, 1992.

Guenée (Bernard), *Un roi et son historien. Vingt études sur le règne de Charles VI et la* Chronique du Religieux de Saint-Denis, Paris, Diffusion de Boccard, 1999 (Mémoires de l'Académie des Inscriptions et Belles-Lettres, nouvelle série, XVIII).

Guenée (Bernard) et Lehoux (Françoise), *Les Entrées royales françaises de 1328 à 1515*, Paris, Editions du CNRS, 1968.

Saint-Denis et la royauté (actes du colloque de Saint-Denis, Créteil-Université Paris-XII, Institut de France, les 2-4 mai 1996 ; textes rassemblés par Françoise Autrand, Claude Gauvard, Jean-Marie Moeglin), Paris, Publications de la Sorbonne, 1999.

INDEX DES NOMS
DE PERSONNES ET DE LIEUX

Quelques mots, qui reviennent constamment, n'ont pas été indexés : Charles VI, la France et les Français, Paris (en général) et les Parisiens, Michel Pintoin, Religieux de Saint-Denis.

Table